거의 모든 영어의
구두법

THE BEST PUNCTUATION BOOK, PERIOD

거의 모든 영어의 구두법

문장의 의미와 인상을 좌우하는 사소하지만 큰 것. 우리말엔 맞춤법, 영어에는 구두법.

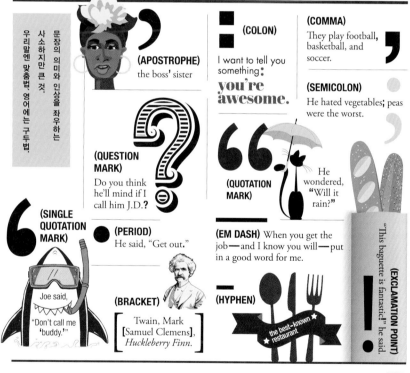

(APOSTROPHE)
the boss' sister

(COLON)
I want to tell you something: **you're awesome.**

(COMMA)
They play football, basketball, and soccer.

(SEMICOLON)
He hated vegetables; peas were the worst.

(QUESTION MARK)
Do you think he'll mind if I call him J.D.?

(QUOTATION MARK)
He wondered, "Will it rain?"

(SINGLE QUOTATION MARK)
Joe said, "Don't call me 'buddy.'"

(PERIOD)
He said, "Get out."

(EM DASH) When you get the job — and I know you will — put in a good word for me.

(BRACKET)
Twain, Mark [Samuel Clemens], Huckleberry Finn.

(HYPHEN)
the best-known restaurant

(EXCLAMATION POINT)
"This baguette is fantastic!" he said.

PUNCTUATION BOOK

June Casagrande 준 카사그랜드 지음 | 서영조 역

사람in

구두법은 쉽습니다. 어려울 때만 빼고.

아래 영어 문단은 구두점이 빠져 있습니다. 구두점을 찍어 보세요.

In general the writer who did well in college earning As and Bs knows that a young aspiring middle grade novelist has an equally good reason to join the writers group because what it is is a line up of super creative people who for conscience sake treat it like a sub group of their audience to gauge the readers sensibilities and practice copy editing something they started in the 1960s and 70s because it was in the founders words far out

---

in general 뒤에 쉼표를 찍으셨나요? writer, college, Bs, group, was, words 뒤에 쉼표를 찍으셨나요? A's, B's, writers', conscience', readers', '70s, founder's처럼 아포스트로피를 찍으셨나요? middle-grade, super-creative, sub-group처럼 하이픈을 쓰셨나요? something 앞에 대시는요? far out을 큰따옴표로 묶으셨나요? 그리고 out 뒤에 마침표를 찍은 다음 그 뒤에 큰따옴표를 쓰셨나요?

그렇게 하셨다면 위의 글은 다음과 같은 형태를 갖췄을 것입니다.

In general, the writer, who did well in college, earning A's and B's, knows that a young aspiring middle-grade novelist has an equally good reason to join the writers' group, because what it is is a line up of super-creative people who for conscience' sake treat it like a sub-group of their audience to gauge the readers' sensibilities and practice copy editing—something they started in the 1960s and '70s because it was, in the founder's words, "far out."

그리고 곳곳에 주의 깊게 구두점을 찍어서 다듬은 이 글이 완벽하다고 생각하겠지만 안타깝게도 그렇지가 않습니다.

〈로스앤젤레스 타임스(Los Angeles Times)〉는 As and Bs에 A's and B's처럼 아포스트로피를 찍은 것에 동의하지 않을 것입니다. 그 신문에 따르면 A's and Bs라고 써야 할 테니까요. 《시카고 표기법 매뉴얼(The Chicago Manual of Style)》은 다른 이유로 동의하지 않을 것입니다. 거기서는 As and Bs라고 써야 한다고 할 테니까요. 도서 편집자들은 copy editing을 copyediting이라고 바로 수정할 것이고 "far out."의 경우, 미국 외에 다른 나라 편집자들 대부분은 마침표와 큰따옴표의 위치를 "far out". 이라고 쓸 것입니다.

이게 다가 아닙니다. 구두점은 사실과 관련한 오류를 범할 수도 있습니다. the writer, who did well in college는 쉼표가 없는 the writer who did well in college와 의미가 다릅니다. 쉼표는 주어의 정체성과 주어가 나타내는 사람들의 수까지 바꾸기 때문에 the writer who did well in college는 대학에서 공부를 잘한 모든 학생을 지칭할 수 있습니다.

여러분은 앞의 글에서 정말 단 한 명의 founder가 그것을 far out이라고 말했다고 확신하시나요? 아니면 여러 founders가 한 말일까요? 또 the reader's sensibilities가 아니라 the readers' sensibilities에 대해 말하고 있다고는 얼마나 확신하시나요? line up은 하이픈으로 연결하지 않고 두 단어로 그냥 두실 건가요? 여러분은 앞의 글에서 엠 대시(긴 줄표)가 괄호나 콜론보다 마지막 의미를 이끄는 데 더 나은 선택이라고 자신하시나요? what it is is에서 첫 번째 is 뒤에 쉼표를 쓰지 않기로 한 이유는 어떻게 설명하시겠습니까?

여러분은 young aspiring middle-grade novelist에서 young과 aspiring 사이에 쉼표를 찍지 않았는데, 평판 좋은 어떤 출판사에서 나온 출간물에 동일한 어구인데 young과 aspiring 사이에 쉼표를 찍은 걸 보게 된다면 어떤 기분이 드시겠어요?

표면적으로 보면 구두법은 간단합니다. 우리가 학교에서 배운 명확하고 잘 문서화된 규칙 체계니까요. 하지만 여러분이 기사나 소설, 비즈니스 이메일, 블로그 포스트를 쓰려고 책상 앞에 앉으면, 갑자기 그것은 그렇게 간단한 문제가 아니게 됩니다. 알고 있다고 생각했던 기본 규칙들이 전혀 도움이 안 되는 상황들이 속속 발생합니다. 정답을 찾기 시작하면 훨씬 더 혼란스러워질 수도 있습니다.

사실, 구두법은 무척 어려운 것이기도 합니다. 전문 작가들도 그것을 다 모르고 심지어 전문 편집자들도 사전을 찾아보고, 동료들과 토론하고, 가끔은 여전히 추측에 따라 구두점을 처리합니다. 모든 문장 부호에 대해 다 아는 사람은 아무도 없고, 누구도 그럴 것이라고 기대하지 않습니다.

많은 사람들이 모든 구두법 문제에 하나의 정답이 있을 거라고 생각합니다. 하지만 정답이 둘인 경우도 흔합니다. 특정한 문장 부호를 사용할지 말지는 선택의 문제일 수도 있고요. 문장 부호를 쓰는 것은 자신이 뜻하는 바를 강조하고, 문장에 리듬을 만들고, 단어를 더 보기 좋게 만드는 작가의 방식입니다. 그 외의 경우, 이것은 표기법의 문제입니다. 출판계의 공식적인 해설서가 정한 표기법을 따르는 것입니다. 물론 올바른 선택지가 하나뿐이고, 그것을 선택하지 않으면 자기도 모르는 사이에 뜻하는 바와 다르게 전달할 경우도 있습니다.

이 책의 목표는 여러분이 모든 영어 문장에 자신 있게 구두점을 찍을 수 있게 해 주는 것입니다. 구두법 규칙이나 표기법 차이의 회색 지대에 속하는 문장들까지도요.

표기법이란 무엇인가?

편집에서 표기법(style)은 《AP통신 표기법 책(The Associated Press Stylebook)》, 《시카고 표기법 매뉴얼》, 미국 현대 언어 협회(the Modern Language Association), 미국 심리학 협회(the American Psychological Association), 그리고 특정 출판사들의 셀 수 없이 다양한 표기법 규칙처럼 권위 있는 단체에서 마련한 표기법 지침을 가리킵니다. 예를 들어, 〈뉴욕 타임스〉와 〈로스앤젤레스 타임스〉를 포함한 대형 신문사에는 자체 표기법 지침이 있습니다. 이런 표기법 지침은 문법, 단어 사용법, 대문자 사용법 등을 포함해 광범위한 문제들을 다룹니다. 물론 구두법 규칙도 다루고요. 그리고 이러한 규칙에 주요 지침서들이 동의하지 않는 경우가 종종 있습니다. 예를 들어, 창간 이후 상당 기간 〈뉴욕 타임스〉에서는 '몇 십 년대'를 표현할 때 1970's, 1980's처럼 아포스트로피를 붙였습니다. 하지만 대부분의 다른 출판사들은 아포스트로피를 붙이지 않고 1970s, 1980s처럼 표기합니다. 〈로스앤젤레스 타임스〉는 African-American이라는 단어를 표기하는 독자적인 규칙이 있습니다. 이 신문사는 기자들에게 African American 단어에 하이픈을 쓰지 말라고 지시합니다.

출판사들도 독자적인 규칙을 쓰는 경우가 흔한데, 신문사의 사내 표기법 지침보다 훨씬 더 구체적이기도 합니다. 대부분의 도서 편집은 《시카고 표기법 매뉴얼》을 따르지만, 교정 교열을 보는 도서 편집자들은 매번 진행하는 책을 관리하기 위해 표기법 점검표를 만듭니다. 표기법 점검표는 단어의 철자와 맞춤법, 단어 선택(사전이나 표기법 지침서에 나와 있지 않을 수 있는 문제들)뿐만 아니라 구두법과 관련한 매우 구체적인 문제에 대한 편집자의 결정 사항을 문서로 정리한 것으로, 그 사항들이 책 전체에 일관되게 적용되도록 합니다. 예를 들어, 편집자는 green farming procedures 같은 합성 명사에 하이픈이 필요한지 필요하지 않은지를 판단하고, 표기법 점검표에 그 판단 결과를 기록하여 책 전체에 일관되게 적용하는 것이죠. 마찬가지로, 조지 R. R. 마틴(George R. R. Martin)의 《얼음과 불의 노래(Song of Ice and Fire)》 시리즈 표기법 점검표에는 '회색' 단어를 쓸 때 미국에서 선호되는 철자 gray가 아니라 grey라고 쓰고 sir와 peas 대신 ser와 pease라고 쓴다고 적혀 있을 것입니다.

여기에 사전이 더해지면 문제가 한층 더 복잡해집니다. 사전들마다 많은 문제에 대해 의견이 서로 다르니까요. 특히 underway나 face-lift 같은 용어가 하이픈으로 연결되어야 하는지, 한 단어로 쓰는지, 두 단어로 쓰는지 하는 오래된 난제에 대해서는 사전마다 견해가 다릅니다. 주요 표기법 지침서들은 일반적으로 사용자가 어떤 사전을 따라야 하는지를 명시합니다. 《시카고 표기법 매뉴얼》은 표기법 지침서에 구체적으로 언급되어 있지 않은 모든 문제에 대해 《메리엄 웹스터 대학생용 사전(Merriam-Webster's Collegiate Dictionary)》을 참조하라고 합니다. 《AP통신 표기법 책》은《웹스터 뉴월드 대학 사전(Webster's New World College Dictionary)》을 찾아보라고 합니다. 결과는 어떨까요? 책에서는 health care policy라고 쓸지 모르지만, 신문에서는 healthcare policy라고 씁니다. 물론, 각 기업의 사내 표기법 기준이나 표기법 지침이 있다면 그것이 사전보다 우선합니다.

이 때문에 혼란이 더 가중됩니다. 어떤 책에서는 하이픈이 있는 green-farming procedures라는 표현을 만나고, 같은 날 다른 출판물에서는 하이픈 없이 green farming procedures라고 쓴 것을 볼 수 있습니다. 표기법 차이와 미묘한 구두법을 이해하지 못하면, 둘 중 하나는 틀렸을 거라고 생각할 것입니다. 둘 중 어떤 것이 틀렸는지 모르기 때문에 어떻게 써야 할지 알 수 없겠지요. 이 책은 그런 상황에 마주했을 때 판단의 기준을 제시하면서, 구두법과 표기법을 올바르게 사용하는 모든 방법을 보여 줍니다.

이 책은 네 가지 주요 표기법과 관련한 모든 구두법 상황에서 사용자들에게 해답을 제공하고자 합니다.

첫째, 도서 표기법은 《시카고 표기법 매뉴얼》과 그 지정 사전인 《메리엄 웹스터 대학생용 사전》을 따릅니다.

둘째, 기사 표기법은 《AP통신 표기법책》과 그 지정 사전인 《웹스터 뉴월드 대학 사전》을 따릅니다.

셋째, 과학 문헌 표기법은 미국 심리학 협회와 그곳에서 선호하는 사전인 《메리엄 웹스터 대학생용 사전》을 따릅니다.

넷째, 학술적 글 표기법은 미국 현대 언어 협회가 잡은 윤곽을 따릅니다.

비즈니스 글쓰기는 기사 표기법을 반영하는 경우가 많은데, 특히 자료를 작성하는 경우가 그렇습니다. 그래서 비즈니스 글을 쓰는 사람들은 기사 표기법을 따르는 것을 고려하는 것이 좋습니다.

문제가 너무 모호해서 표기법 지침서와 사전이 명확한 답을 제공하지 못할 때는 뉴스 미디어와 서적 출판계에서 일하는 전문 도서 편집자들로 구성된 '구두법 자문단'에게 구두점을 찍는 방법에 대해 의견을 구했습니다. 구두법 자문단의 제안에는 ✚를 표시했습니다. 자문위원들에게는 해당 지문을 편집하는 경우 각 상황에서 어떻게 하겠느냐고 질문했습니다. 때로는 모든 자문위원이 같은 의견을 보였고, 때로는 대다수가 특정 방식을 선호했으며, 때로는 자문위원들의 의견이 모두 갈라져 전문 편집자들이 자신의 판단에 의존해야 할 때 어떻게 반응하는지를 잘 보여 주었습니다. 이러한 구두법 자문단의 결정은 선택 사항으로 제공하는 것일 뿐, 권장 사항은 아닙니다. 이 전문가들이 어떻게 하는지 보고 나서 여러분 스스로 어떻게 할지 결정하세요.

이 책의 목표는 구두점을 올바르게 사용할 수 있는 모든 방법을 보여 주는 것입니다.

이 책의 목표는 글을 쓰는 모든 사람들에게 포괄적인 구두법 자료를 제공하는 것입니다. PART 1에서는 각 장에서 한(두) 가지 문장 부호의 쓰임에 관한 기본 규칙을 설명합니다. 네 가지 주요 표기법에 모두 적용되는 규칙에는 따로 기호가 붙지 않습니다. 표기법마다 다른 규칙에는 아래와 같이 기호를 달아서 특정 글쓰기에는 어떤 표기법을 따르는 것이 알맞은 선택인지 알려 줍니다.

B 도서 표기법

주로 《시카고 표기법 매뉴얼》과 《메리엄 웹스터 대학생용 사전》을 포함한 《시카고 표기법 매뉴얼》 지정 참고서적의 권고안을 기반으로 합니다.

N 뉴스 매체와 비즈니스 글쓰기용 표기법

주로 《AP통신 표기법책》과 《웹스터 뉴월드 대학 사전》에 기초했습니다.

S 과학 문헌 표기법

《미국 심리학 협회 출판 매뉴얼(Publication Manual of the American Psychological Association)》과 《메리엄 웹스터 대학생용 사전》에 기초했습니다.

A 학술적 글 표기법

《연구 논문 작성자를 위한 미국 현대 언어 협회 핸드북(MLA Handbook for Writers of Research Papers)》에 기초했습니다.

예를 들어, 열거용 쉼표(serial comma)에 관한 설명에서 이를 확인할 수 있습니다.

B **S** **A** 단어나 구문 몇 개가 나열되고 마지막 항목 앞에 등위 접속사가 올 때, 특히 접속사 and가 올 때, 그 접속사 앞에 열거용 쉼표를 씁니다.

They play football, basketball, and soccer.
그들은 미식축구, 농구, 축구를 한다.

N 나열된 단어나 구문의 마지막 항목 앞에 등위 접속사가 올 때, 특히 접속사 and가 올 때, 그 접속사 앞에 열거용 쉼표를 쓰지 않습니다.

They play football, basketball and soccer.
그들은 미식축구, 농구, 축구를 한다.

이러한 기호들은 'PART 2. 구두법 A to Z'에서도 쓰입니다.
PART 2에서는 다음과 같이 표기되어 있습니다.

half dollar	**B N**
half-dollar	S

표기법 지침서에 특정 글쓰기에 대한 지침이 없는 경우, 그것이 제외된 것입니다. half dollar/half-dollar 사례에 학술적 글 표기법이 제외된 것처럼요. 표기법 지침서가 가이드라인을 명시하지는 않더라도 어느 쪽을 더 선호하는지를 드러내는 경우, 이를 표시했습니다.

구두법 자문단이 선호하는 표기법은 ✚로 표시했습니다.

이 책의 구두법 가이드라인은 미국식 표기법을 강조하는데, 영국식 표기법과는 차이가 있습니다. 가장 큰 차이점은 미국식 표기법에서 마침표나 쉼표는 항상 마지막 따옴표 앞에 온다는 점입니다.

'PART 2. 구두법 A to Z'에서는 흔히 혼동하는 단어들의 구두법 및 구두법과 관련 있는 용어들을 목록으로 소개합니다.

PART 1   구두점의 기본 쓰임

한눈에 정리하는 구두법 (▶ PART 1의 상세 목차를 p.374−379에서 확인하세요.)

PART 2   구두법 A to Z

PART
I

구두점의 기본 쓰임

구두점의 기본 쓰임

CHAPTER 1

아포스트로피

|

APOSTROPHE

> **,**

아포스트로피의 역할은 크게 세 가지입니다.
첫째, 소유 관계를 나타냅니다.
둘째, 글자나 숫자가 생략됐음을 나타냅니다.
셋째, 아포스트로피로 복수형을 만들기도 합니다. 아포스트로피를 안 쓰면 복수형인지 아닌지 헷갈릴 수 있는 경우에 그렇게 하지요. 예를 들어, Mind your p's and q's(언행을 조심하라). 처럼 소문자를 복수형으로 써야 할 때, 도서 편집에서는 복수형에 아포스트로피를 쓰는 걸 선호합니다.
다음은 아포스트로피를 쓰는 기본 규칙이며, 뒤에 이어서 예외를 소개합니다.

소유를 나타내는 아포스트로피

대부분의 단수 명사

고유명사를 포함하여 s로 끝나지 않는 단수 명사의 소유격은 명사 끝에 아포스트로피를 찍고 s를 붙입니다. 단어가 x, z, ce, ch, sh로 끝나도 '아포스트로피+s'를 붙여서 소유격을 만듭니다.

the **cat's** tail 고양이의 꼬리

Emily's grades 에밀리의 성적

the **ax's** blade 도끼의 날

mace's properties 철퇴의 특성

the **hatch's** handle (항공기) 비상구의 손잡이

the **quiz's** questions 퀴즈의 문제들

s로 끝나는 단수 보통명사

s로 끝나는 단수 보통명사의 소유격은 '아포스트로피+s'를 붙입니다.

the **boss's** house 사장의 집

the **hostess's** job 식당 접객원이 하는 일

N 예외 뒤에 오는 단어가 s로 시작하면 아포스트로피만 씁니다.

the **boss'** sister 사장의 여자 형제

the **hostess'** station 식당의 접객 카운터

s로 끝나는 단수 고유명사

B **S** **A** '아포스트로피+s'를 붙입니다.

James's house 제임스의 집

Serena **Williams's** victory 세레나 윌리엄스의 승리

N 아포스트로피만 붙입니다.

James' house 제임스의 집

Serena **Williams'** victory 세레나 윌리엄스의 승리

s로 끝나는 복수 명사

s로 끝나는 복수명사의 소유격은 아포스트로피만 붙입니다. (뒤에 소개하는 예외를 참고하세요.)

> the **cats'** tails 고양이들의 꼬리
>
> my **grandparents'** house 우리 할아버지 할머니 집
>
> the **girls'** grades 그 여자아이들의 성적
>
> the **Smiths'** yard 스미스 씨 부부 집의 마당

s로 끝나지 않는 복수 명사

s로 끝나지 않는 불규칙 변화형 복수 명사의 소유격은 '아포스트로피+s'를 붙입니다.

> the **children's** nap time 아이들의 낮잠 시간
>
> the **geese's** migration 거위들의 이동
>
> the **women's** restroom 여자 화장실
>
> the **data's** implications 자료의 시사점

이름에서 성(姓)의 복수형

이름의 성(family name) 역시 앞에 제시한 것과 같은 규칙을 따르지만, 아포스트로피 오류가 많이 발생해서 Happy holidays from the Smith's., We'll see you at the Miceli's house., Have you met the Norris's daughter? 처럼 잘못 쓴 표현들을 자주 봅니다.
이런 오류는 조금만 주의하면 피할 수 있습니다. 먼저, 성이 한 사람을 지칭하는지 두 사람 이상을 지칭하는지, 즉 단수를 지칭하는지 복수를 지칭하는지를 확인하세요.

> Mr. Smith plus Mrs. Smith equals two **Smiths**.
> 스미스 씨와 스미스 부인을 합하면 스미스 씨 부부다.
>
> Bob Wilson plus Sue Wilson together are the **Wilsons**.
> 봅 윌슨과 수 윌슨을 함께 말하면 윌슨 씨 부부다.

s나 s와 발음이 비슷한 글자로 끝나는 이름들도 마찬가지인데, 그런 이름들은 복수형을 만들 때 보통명사와 마찬가지로 es를 쓰는 경우가 많습니다.

one boss, two **bosses** 사장 한 명, 사장 두 명

one latch, two **latches** 걸쇠 하나, 걸쇠 둘

one Norris, two **Norrises** 노리스 한 명, 노리스 두 명

one Walsh, two **Walshes** 월시 한 명, 월시 두 명

Bob Thomas and Sue Thomas are the **Thomases**.
봅 토머스와 수 토머스는 토머스 씨 부부다.

Venus Williams and Serena Williams are **Williamses**.
비너스 윌리엄스와 세레나 윌리엄스는 윌리엄스 자매이다.

Smith나 Williams 같은 단수인지, Smiths나 Williamses 같은 복수인지를 파악했으면, 소유격을 만드는 기본 규칙을 적용하면 됩니다. 즉, 단수형에는 아포스트로피와 s를 붙이고, 복수형에는 아포스트로피만 붙입니다.

The **Smiths** live in the **Smiths'** house.
스미스 가족은 스미스 가족 집에 산다. (복수)

I will visit **Mr. Smith's** house.
나는 스미스 씨 집을 방문할 것이다. (단수)

Bob and Sue Thomas live in the **Thomases'** house.
봅과 수 토머스는 토머스 가족의 집에 산다. (복수)

Bob **Thomas's** house is on the corner.
봅 토머스의 집은 모퉁이에 있다. (단수)

We're visiting the home of the **Walshes**, so we'll see you at the **Walshes'** house.
우리가 월시 가족의 집을 방문할 예정이니, 월시 가족의 집에서 만나요. (복수)

We'll see you at **Ms. Walsh's** house.
월시 씨 집에서 봐요. (단수)

Two **Williamses** are together researching the **Williamses'** ancestry.
두 윌리엄스 씨가 함께 윌리엄스 가(家)의 가계를 연구하고 있다. (복수)

고유명사에 쓰는 아포스트로피		
	s로 끝나지 않는 이름	**s로 끝나는 이름**
단수 소유격	**Brian's** That is **Brian's** hat. 저것은 브라이언의 모자다. **Smith's** That is **Mr. Smith's** car. 저것은 스미스 씨의 차다. **Chavez's** That is **Mr. Chavez's** car. 저것은 차베스 씨의 차다. **Miceli's** That is **Mr. Miceli's** car. 저것은 미첼리 씨의 차다.	**(B) (S) (A)** **James's** That is **James's** car. 저것은 제임스의 차다. **(N)** **James'** That is **James'** car. 저것은 제임스의 차다. **(B) (S) (A)** **Jones's** That is **Mr. Jones's** car. 저것은 존스 씨의 차다. **(N)** **Jones'** That is **Mr. Jones'** car. 저것은 존스 씨의 차다.
복수	**Brians** There are **two Brians** in my class. 우리 반에는 브라이언이 두 명 있다. **Smiths** There are **two Smiths** in my class. 우리 반에는 스미스가 두 명 있다. **Chavezes** There are **two Chavezes** in my class. 우리 반에는 차베스가 두 명 있다. **Micelis** There are **two Micelis** in my class. 우리 반에는 미첼리가 두 명 있다.	**Jameses** There are **two Jameses** in my class. 우리 반에는 제임스가 두 명 있다. **Joneses** There are **two Joneses** in my class. 우리 반에는 존스가 두 명 있다.
복수 소유격	**Brians'** Both **Brians'** test scores were high. 두 브라이언의 시험 점수는 모두 높았다. **Smiths'** We visited the **Smiths'** house. 우리는 스미스 부부의 집을 방문했다. **Chavezes'** Both **Chavezes'** test scores were high. 두 차베스의 시험 점수는 모두 높았다. **Micelis'** We visited the **Micelis'** house. 우리는 미첼리 부부의 집을 방문했다.	**Jameses'** Both **Jameses'** test scores were high. 두 제임스의 시험 점수는 모두 높았다. **Joneses'** We visited the **Joneses'** house. 우리는 존스 부부의 집을 방문했다.

it의 소유격 its에는 아포스트로피를 쓰지 않는다

'아포스트로피+s'가 소유격을 나타내기에 (the dog's tail 그 개의 꼬리, the house's roof 그 집의 지붕, the book's cover 그 책의 표지 등) it's를 it의 소유격으로 잘못 생각하는 경우가 있습니다. 하지만 it의 소유격은 아포스트로피가 없는 its입니다. 소유대명사 hers, his, ours, theirs에 아포스트로피를 안 쓰는 것처럼 its에도 아포스트로피를 쓰지 않습니다.

> The dog wagged **its** tail. 그 개는 꼬리를 흔들었다.

소유대명사 his, hers, yours, ours, theirs에는 아포스트로피를 쓰지 않는다

소유대명사 his, hers, yours, ours, theirs에도 아포스트로피를 쓰지 않습니다.

> The job is **hers**. 그 일은 그녀가 할 일이다.

> Instead of my car, we will take **yours** or **theirs**.
> 내 차 대신, 우리는 네 차나 그 사람들 차를 탈 것이다.

소유격을 만드는 기본 규칙의 예외

B politics처럼 s로 끝나고 복수형과 단수형이 동일한 단어의 소유격은 아포스트로피만 붙입니다.

> **politics'** repercussions 정치적 파장

> **economics'** failings 경제학의 결함

> this **species'** peculiar traits 이 종의 고유한 특징들

> those **species'** peculiar traits 그 종들의 고유한 특징들

B 끝이 s인 복수형 단어로 끝나는 장소나 조직, 출판물의 소유격은 아포스트로피만 붙입니다.

> **United States'** boundaries 미국의 국경

> **Chino Hills'** location 치노 힐스의 위치 * **Chino Hills** 미국 캘리포니아주에 있는 도시

> *Better Homes and Gardens'* illustrations 〈베터 홈스 앤드 가든스〉의 삽화
> * **Better Homes and Gardens** 1922년에 창간된 요리, 정원 가꾸기를 주제로 한 미국의 월간지

B 'for ~ sake(~를 위하여)' 표현에서 ~ 자리에 goodness처럼 s로 끝나는 단수 명사가 들어가는 경우, 아포스트로피만 붙입니다.

for **goodness'** sake 제발, 아무쪼록, 부디

for **righteousness'** sake 정의를 위하여

하지만 ce나 x, 그 외에 s 발음으로 끝나는 단어가 들어가는 경우에는 아포스트로피와 s를 붙입니다.

for **expedience's** sake 편의상

for **appearance's** sake 체면상

N for ~ sake 표현에 convenience처럼 ce로 끝나는 단수 명사가 쓰이는 경우, 아포스트로피만 붙입니다.

for **conscience'** sake 양심상

for **appearance'** sake 체면상

S 단수 명사가 s로 끝나는데 그 s가 묵음일 경우, 아포스트로피만 붙입니다.

Descartes' methods 데카르트의 방법론

Blanche **Dubois'** journey 블랜치 두브와의 여행

Arkansas' policies 아칸소주의 정책

하지만 s가 발음될 때는 아포스트로피와 s를 붙입니다.

Jesus's teachings 예수의 가르침

B s로 끝나는 모든 단수 명사에 대해 도서 표기법에서는 아포스트로피만 붙이는 규칙을 따를 수도 있습니다.

James' house 제임스의 집

Serena **Williams'** victory 세레나 윌리엄스의 승리

공동 소유 vs. 독립 소유

둘 혹은 그 이상의 명사가 어떤 것을 공동으로 소유할 때는 마지막 명사에만 아포스트로피와 s를 붙입니다.

Bob and Jane's house 봅과 제인의 집

Bob and Jane's friends 봅과 제인의 친구들 (친구들은 봅의 친구들이자 제인의 친구들)

각 명사가 무언가를 각각 독립적으로 소유할 때는 각 명사에 아포스트로피와 s를 따로따로 붙입니다.

Bob's and Jane's jobs 봅과 제인의 직업

Bob's and Jane's friends 봅과 제인의 친구들 (봅의 친구들과 제인의 친구들은 다른 사람들)

준 소유격 (Quasi Possessives)

a week's vacation(1주일간의 휴가), two days' notice(2일간의 고지), a dollar's worth(1달러의 가치), your money's worth(당신 돈의 가치) 같은 표현들을 준 소유격이라고 합니다. 이런 표현들은 아포스트로피를 이용하여 소유격처럼 표현합니다. 그러나 소유의 의미를 나타내지는 않습니다.

합성어의 소유격

anyone else(다른 누군가), everyone else(다른 모든 사람), teacher's aide(교사의 보조), attorney general(미국 연방 정부의 법무장관, 각 주의 검찰총장), brother-in-law(시동생, 형부, 매형, 매제, 처남 등), queen mother(왕의 어머니, 모후), major general(육군과 공군 소장), student driver(운전 교습생) 등 둘 이상의 단어들로 이루어진 합성어는 마지막 단어에 아포스트로피와 s를 붙여서 소유격을 만듭니다.

anyone else's family 다른 누군가의 가족

everyone else's experience 다른 모든 사람들의 경험

the **attorney general's** case 그 법무장관의 사건

my **brother-in-law's** attitude 내 시동생의 태도

the **teacher's aide's** schedule 교사 보조의 일정

the **queen mother's** duties 모후의 임무

the **major general's** quarters 소장의 숙소
* **quarters** '숙소'라는 의미일 때 항상 복수로 씀

the **student driver's** experience 운전 교습생의 경험

합성어가 복수일 때도 같은 규칙이 적용됩니다. 즉, 합성어를 이루는 단어들 중 어떤 단어가 복수형이든 상관없이 마지막 단어를 소유격으로 만듭니다.

the **major generals'** quarters (숙소에 두 명 이상의 육군/공군 소장들이 지내고 있음)

the **student drivers'** experience (두 명 이상의 운전 교습생들이 한 경험)

the **attorneys general's** responsibilities
(두 명 이상의 법무장관들의 책임 – 앞 단어가 복수형)

my **brothers-in-law's** attitudes (두 명 이상의 시동생들의 태도 – 앞 단어가 복수형)

the **teacher's aides'** schedules (교사 한 명을 돕는 두 명 이상의 교사 보조의 일정)

the **teachers' aides'** schedules (두 명 이상의 교사들을 돕는 두 명 이상의 교사 보조의 일정)

attorney general, brother-in-law, passerby(행인) 같은 합성어들은 첫 번째 단어에 s를 붙여서 복수형을 만듭니다. 하지만 소유격을 만드는 방식은 같아서 합성어를 이루는 단어 중 어떤 단어가 복수형이 되든, 마지막 단어에 아포스트로피와 s를 붙입니다.

one attorney general, two **attorneys general** 법무장관 한 명, 법무장관 두 명

one passerby, two **passersby** 행인 한 명, 행인 두 명

attorneys general's 법무장관들의

passersby's 행인들의

소유격 vs. 형용사형

teachers union(교원 노조), homeowners policy(주택 소유자 종합 보험), couples massage(커플 마사지), farmers market(농산물 직거래 장터)처럼 아포스트로피가 안 쓰인 표현을 보면 틀렸다고 생각할 수 있지만, 글쓴이가 일부러 그렇게 썼을 가능성이 높습니다. 특히 신문 기

사에서는 teachers, farmers 등을 소유격이 아니라 형용사(한정형이라고도 부릅니다)로 해석하는 경우가 많습니다. 논리적인 이유에서 그렇기도 하고 미적인 이유에서 그렇기도 합니다. 실제로 일부 편집자들은 아포스트로피가 페이지를 어지럽히고 시각적 흐름을 방해한다고 느끼거든요.

논리적으로, farmers' market과 farmers market의 차이점은 아포스트로피를 쓰면 시장을 farmers가 소유하고 있는 걸 암시하는 반면, 아포스트로피를 안 쓰면 시장이 farmers에 대한 것임을 암시합니다. 이런 경우, 글쓴이는 두 해석 중 하나를 자유롭게 선택할 수 있습니다. 하지만 farmers market(농산물 직거래 장터), workers' compensation(산재 보상), teachers college(사범대)를 포함한 특정 표현에 대해서는 편집 스타일마다 특별한 규칙이 있으니, 이와 관련해서는 'Part 2. 구두법 A to Z'의 개별 항목들을 참고하세요.

참고로, 이것은 s로 끝나는 복수형에만 적용됩니다. men, women, children, sheep, deer 같은 불규칙 복수형은 반드시 아포스트로피와 s를 모두 붙여야 합니다.

> 맞는 표기: a **children's** hospital 어린이 병원
>
> 틀린 표기: a childrens hospital
>
> 틀린 표기: a children hospital

> 맞는 표기: the **men's** department 남성(복) 매장
>
> 틀린 표기: the mens department
>
> 틀린 표기: the men department

복수 명사 앞에 부정관사 a와 an을 쓰면 보통 뒤에는 소유격을 쓰지 않습니다.

> 맞는 표기: a **Cubs** game 시카고 컵스 팀의 경기
>
> 틀린 표기: a Cubs' game

이는 부정관사는 보통 소유격이 한정하는 단어와 동일한 단어를 한정하기 때문입니다. 따라서 a Cubs' game이라고 쓰면 a Dave's car나 a Jane's house처럼 논리적 문제가 생기게 되므로 잘못된 표현입니다.

하지만 정관사 the는 뒤에 소유격과 형용사형 두 가지가 모두 올 수 있습니다. the Cubs game에서 Cubs는 '(시카고) 컵스 팀의'라는 뜻의 형용사로, 특정한 game을 가리

켜서 앞에 정관사 the가 올 수 있습니다. 한편, the Cubs' game은 game이 the Cubs팀의 것임을 암시합니다. 이처럼 the 뒤에는 두 형식이 모두 올 수 있습니다.

✚ 구두법 자문단이 단수 소유격, 복수 소유격, 형용사형 중 어느 것을 선호하는지는 어떤 표현이냐에 따라 달랐습니다. 자문단이 선호한 아래의 형태들이 글을 쓸 때 지침이 될 수 있을 것입니다.

Check your **homeowner's** policy. 당신의 주택 소유자 보험을 확인하십시오.

Consult the **owner's** manual. 사용 설명서를 참조하십시오.

They had a **girls'** night out.
그들은 여자들끼리 밤에 모여 술을 마시고 놀았다.

Ask about the **chocolate lover's** package.
초콜릿 애호가의 패키지에 대해 문의하세요. (대다수가 선호)

Welcome to **fashion lovers'** paradise.
패션 애호가들의 천국에 오신 것을 환영합니다. (대다수가 선호)

They got new logos for the **boys'** team.
그들은 소년 팀에 쓸 새 로고를 만들었다. (대다수가 선호)

They formed a **teachers'** union.
그들은 교원 노조를 결성했다. (도서 표기법 전문가들이 선호)

They formed a **teachers** union.
그들은 교원 노조를 결성했다. (기사 표기법 전문가들이 선호)

He joined a **taxpayers'** association.
그는 납세자 협회에 가입했다. (도서 표기법 전문가들이 선호)

He joined a **taxpayers** association.
그는 납세자 협회에 가입했다. (기사 표기법 전문가들이 선호)

We go to the weekly **farmers'** market.
우리는 주간 농산물 직거래 장터에 간다. (도서 표기법 전문가들이 선호)

We go to the weekly **farmers** market.
우리는 주간 농산물 직거래 장터에 간다. (기사 표기법 전문가들이 선호)

동명사의 소유격

I appreciated Bob's visiting.(나는 봅이 와 줘서 고마웠다.) 같은 문장에서 동명사의 소유격으로 '아포스트로피+s'를 쓸지, I appreciated Bob visiting.이라고 쓸지 고민이 됩니다. 전문적으로 글을 쓰는 사람들은 오래전부터 '아포스트로피+s'를 쓴 형태를 선호했고, 아포스트로피를 쓰지 않은 형태를 틀렸다고 했습니다. 주요 편집 스타일에는 이 두 형태 중 어느 것을 써야 한다는 규칙은 없지만, 도서 편집 스타일에서는 '아포스트로피와 s'를 쓴 형태가 적합하다고 합니다.

비판을 피하는 데 도움이 될 간단하고 안전한 가이드라인이 필요하다면 다음 원칙을 생각하면 됩니다. 즉, 가능한 경우, 늘 '소유격'을 선택하세요.

> I enjoyed **Bob's visiting**. 나는 봅의 방문이 즐거웠다.
>
> I appreciate **your taking** the time to meet with me.
> 시간을 내어 만나 주셔서 감사합니다.
>
> I appreciate **his helping** me with my homework.
> 나는 그가 내 숙제를 도와주는 것이 고맙다.
>
> **Jane's ascending** to the CEO position will be good for the company. 제인이 CEO 자리에 오르는 것이 그 회사에 좋을 것이다.
>
> **Our getting along** is important. 우리가 잘 지내는 것이 중요하다.
>
> **The teacher's shouting** got their attention.
> 그 선생님이 소리를 질러서 그들의 주의를 끌었다.

이중 소유격

a friend of Bob's 같은 표현을 이중 소유격(double possessive나 double genitive)이라고 합니다. '이중'이라고 하는 이유는 소유를 나타내는 표현이 of와 '아포스트로피+s' 등 두 가지가 쓰이기 때문입니다. the friend of Sue와 Sue's friend를 비교해 보세요. 둘은 같은 의미입니다. 이런 이유로, of와 '아포스트로피+s'를 함께 쓰면 틀린 표현이거나 불필요한 중복이라고 생각할 수 있습니다. 하지만 이런 이중 소유격 형태가 가능한 경우들이 분명 있습니다.

B 도서 표기법에서 '여럿 중 하나'의 뜻이 암시돼 있을 때는 of 뒤에 소유격을 쓸 수 있습니다. 따라서 a friend of hers(그녀의 친구 하나)와 마찬가지로 a friend of Sue's(수의 친구 하나)도 쓸 수 있습니다.

Ⓝ 기사 표기법에서는 다음 두 가지 조건에 부합할 때 이중 소유격을 쓸 수 있습니다.

> 1. of 뒤의 단어가 사람처럼 생물일 때
>
> 2. of 앞의 단어가 생물이 소유한 것 전체가 아니라 일부를 가리킬 때

따라서 수의 친구 중 일부를 가리킬 때만 friends of Sue's attended(수의 친구들이 참석했다)라고 할 수 있습니다. 수의 친구들 전체가 참석했다면, 신문 기사에서는 friends of Sue attended라고 써야 합니다.

축약형에서의 아포스트로피와 기타 생략된 글자를 나타내는 아포스트로피

– 아포스트로피는 축약형을 만들어서 글자나 숫자가 생략됐음을 나타냅니다. 예를 들어, don't는 do not의 축약형으로, 아포스트로피는 o가 생략됐음을 나타냅니다. 그리고 it's에서 아포스트로피는 is의 i가 생략된 걸 나타냅니다.
walkin'에서 아포스트로피는 g가 생략된 것을 나타내는데, 발음에 대한 단서로 g를 생략했을 가능성이 높습니다. 특히 글쓴이가 화자의 말씨를 전달하고 싶을 때 그렇게 합니다.

– 십 년 단위의 표현에서 아포스트로피는 숫자가 생략된 것을 나타냅니다.

> the music of the '80s 80년대의 음악
>
> The family emigrated in the '50s. 그 가족은 50년대에 이주했다.
>
> Bob drove an '07 Camry. 밥은 07년산 캠리를 운전했다.

위의 예에서 아포스트로피는 각각 1980과 1950의 1과 9, 2007의 2와 0이 생략된 것을 나타냅니다.
아포스트로피는 십 년 단위의 복수형에는 사용하지 않습니다. 그래서 도서, 기사, 과학 문헌, 학술적 글 표기법에서 올바른 형태는 1980's가 아니라 1980s입니다.

– 몇 가지 흔한 축약형은 형태가 불규칙합니다. 예를 들어, won't는 will not의 축약

형이고, ain't는 am not이나 is not의 축약형입니다. dos and don'ts와 rock 'n' roll 같은 독특한 표현을 포함한 특정 단어들은 'Part 2. 구두법 A to Z'의 알파벳순 목록을 참고하세요.

– 주요 편집 스타일에서 축약형은 항상 아포스트로피를 사용합니다. 단, 축약형을 언제 사용하는지에 대해서는 관점이 다릅니다.

S **A** 과학 문헌 및 학술적 글은 좀 더 격식을 갖추는 편이어서, 이런 글을 쓸 때는 축약형을 피해야 합니다. 예를 들어, Smith didn't attend 대신 Smith did not attend라고 쓰는 게 좋습니다.

B **N** 도서와 기사에서는 축약형이 더 흔히 쓰이고 용인됩니다. 축약형을 쓸지 말지에 대한 판단은 일반적으로 그 글의 전반적인 어조와 작가의 목소리를 기초로 합니다.

축약형 's vs. 소유격 's

's는 소유격일 수도 있고, is나 has의 축약형일 수도 있으므로 주의해야 합니다.

We took **Bob's** car. 우리는 봅의 차를 탔다. (소유격)

Bob's here. = **Bob is** here. 봅이 여기 있다./봅 왔다. (is의 축약형)

Bob's been late twice this week. = **Bob has** been late twice this week. 봅은 이번 주에 두 번 지각했다. (has의 축약형)

아포스트로피의 방향

아포스트로피가 단어 앞에 올 때, 많은 워드 프로그램은 글쓴이가 왼쪽 작은따옴표를 쓰려고 했다고 생각해서 아포스트로피(오른쪽 작은따옴표와 형태가 같음)를 왼쪽 작은따옴표로 자동으로 바꿔 버립니다. 아포스트로피가 쉼표처럼 왼쪽에 구멍이 뚫린 형태가 아니라 C자처럼 오른쪽에 구멍이 뚫린 형태가 되는 것이죠. 서체에 따라 아포스트로피가 구부러지지 않은 형태도 있지만, 아포스트로피가 구부러진 형태의 서체라면, 쉼표처럼 왼쪽에 구멍이 뚫려야 합니다.

The band was popular in the **'80s**. 그 밴드는 80년대에 인기가 있었다.

아포스트로피나 작은따옴표가 구부러지지 않는 서체에서는 문제가 안 될 수도 있습니다. 하지만 대부분의 서체에서는 단어 앞에 오는 아포스트로피가 왼쪽 작은따옴표로 입력되지 않게 주의해야 합니다.

아포스트로피로 시작하는 문장의 첫 글자는 대문자로

문장이 아포스트로피로 시작할 때, 예를 들어 'Twas (It was) 또는 'Tis (It is) 같은 축약형으로 시작하는 문장일 때, 해당 단어의 첫 글자는 대문자로 써야 합니다.

'Tis the season to be jolly. 행복한 계절이다.

복수형 만들 때 혼란을 방지하는 아포스트로피

복수형을 만들 때 아포스트로피를 쓰면 일반적으로 틀린 것입니다. 예를 들어, Eat your carrot's.는 틀린 표현이고, Eat your carrots.(당근 먹으렴.)라고 써야 합니다.
그러나 주요 표기법 지침서 몇 가지가 인정하는 것처럼, 때로는 아포스트로피가 복수형, 특히 개별 문자의 복수형을 만드는 가장 좋은 방법이기도 합니다.

개별 문자의 복수형을 만드는 아포스트로피

Mind your p's and q's.에서처럼 소문자를 하나의 문자로 쓸 때 ps, qs처럼 s만 쓰지 않고 '아포스트로피+s'를 써서 복수형을 만들면 복수형이라는 게 명확해집니다. 이 방식은 도서, 기사, 과학 문헌, 학술적 글에서 허용됩니다. 그러나 대문자의 복수형을 만드는 법은 편집 스타일마다 다릅니다.

B 도서 표기법에서 대문자는 복수형에 아포스트로피를 쓰지 않습니다.

Rs, Ss Ts

N 기사 표기법에서 단일 대문자는 아포스트로피를 사용하여 복수형을 만듭니다. 하지만 대문자 여러 개로 이루어진 약어의 경우에는 아포스트로피를 사용하지 않습니다.

A's B's

ABCs 어떤 주제의 기초, 입문　　IOUs 약식 차용증서

TVs 텔레비전　　　　　　　　VIPs 귀빈, 요인

S **A** 과학 문헌 및 학술적 글 표기법에는 복수형을 만드는 규칙이 없습니다. 단지 약어의 복수형에 아포스트로피를 쓰면 안 된다는 것만 명시되어 있습니다.

TVs 텔레비전　　　　　　PhDs 박사　　　　　　IQs 지능지수

숫자의 복수형에는 아포스트로피를 쓰지 않는다

숫자의 복수형에는 아포스트로피를 쓰지 않습니다.

His SAT score was in the **1500s**. 그의 SAT 점수는 1,500점대였다.

The company was founded in the **1980s**. 그 회사는 1980년대에 설립되었다.

단어로 쓰인 숫자 역시 복수형에서 아포스트로피를 사용하지 않습니다.

There are some **fours** and **fives** in his phone number.
그의 전화번호에는 4와 5가 몇 개씩 들어 있다.

소유격 아포스트로피가 들어간 고유명사

Macy's, Chili's, McDonald's, Denny's, Friendly's처럼 소유격으로 쓰인 상표명이 있습니다. 그런 상표명을 복수형, 단수 소유격, 복수 소유격으로 쓸 때, 구두법 자문단은 만장일치로 그 이름의 원래 형태를 그대로 썼습니다.

복수형

＋이런 고유명사의 복수형은 단수형을 그대로 씁니다.

There are **two Macy's** in this county.
이 카운티에는 메이시스 백화점이 두 개 있다.

He worked at **five different Denny's**.
그는 다섯 곳의 데니스 레스토랑에서 일했다.

단수 소유격

> ✚ 이 고유명사들의 소유격은 비소유격과 동일한 형태를 씁니다.
>
> **Macy's location** is perfect. 메이시스 백화점의 위치는 완벽하다.
>
> **Denny's menu** changes often. 데니스 레스토랑의 메뉴는 자주 바뀐다.

복수 소유격

> ✚ 이런 고유명사의 복수 소유격은 단수 비소유격과 같은 형태를 씁니다.
>
> The **three Macy's staffs** trained together.
> 메이시스의 직원 세 명이 함께 훈련했다.
>
> The **seven Denny's locations** are equally convenient.
> 데니스 레스토랑 일곱 곳의 위치는 똑같이 편리하다.

동사로 쓰이는 약어들

OK(공식적으로 동의하다) 같은 약어가 동사로 쓰일 때, 과거형과 진행형은 아포스트로피를 써서 만듭니다. 약어에 마침표가 쓰이든 쓰이지 않든 마찬가지입니다.

OK'd 공식적으로 동의했다	OK'ing 공식적으로 동의하는
O.K.'d 공식적으로 동의했다	O.K.'ing 공식적으로 동의하는

N 주어가 3인칭 단수인 현재 시제 문장에서 약어가 동사로 쓰일 때, 기사 표기법에서는 아포스트로피를 생략합니다.

I hope the boss **OKs** my raise. 난 사장님이 내 임금 인상을 승인해 주기를 바란다.

다른 구두점과 함께 쓰이는 아포스트로피

아포스트로피는 다른 문장 부호 옆에 쓰일 때 혼동을 일으키기도 합니다.

> "The suspects told me they were just 'walkin' and talkin'," the detective recalled.
>
> "용의자들은 제게 자신들은 그냥 '걸으며 얘기하고 있었다'고 말했어요."라고 형사가 회고했다.

위 문장에서 talkin'은 아포스트로피로 끝나고, 작은따옴표가 달려 있으며, 그다음에 큰따옴표가 있습니다. 이런 문장에 문장 부호를 쓰려면 아포스트로피를 단어나 숫자의 일부로 취급해야 합니다. talking에서의 g처럼요. talkin' 뒤의 작은따옴표는 walkin' and talkin'을 묶어 주는 작은따옴표입니다. 그리고 talkin' 뒤의 쉼표는 The suspects told me they were just 'walkin' and talkin'이라는 인용문과 the detective recalled라는 인용문 소개 어구를 구분해 줍니다. 따옴표와 쉼표를 쓰는 규칙에 따라 작은따옴표 앞에 쉼표를 써야 합니다. 그리고 큰따옴표는 전체 인용문을 묶어 주므로 작은따옴표 밖에 씁니다. 단계별로 정리하면, talkin' 뒤에 쉼표를 찍고, 그 뒤에 작은따옴표, 그다음에 큰따옴표를 찍습니다(talkin',").

소유를 나타내는 아포스트로피도 마찬가지입니다. 아포스트로피를 단어의 일부로 취급해야 하며, 단어에서 분리할 수 없습니다.

> The phone number he called was the **Wilsons'**.
>
> 그가 전화한 전화번호는 윌슨네 번호였다.

위 문장에서처럼 마침표는 아포스트로피 뒤에 옵니다. 아포스트로피를 오른쪽 작은따옴표와 혼동하지 마세요. 오른쪽 작은따옴표는 'the Wilsons.'처럼 마침표 뒤에 옵니다.

CHAPTER 2

쉼표

|

COMMA

쉼표는 분리해 주는 역할을 합니다. 흔히 쉼표는 끊어 읽는 부분을 나타내지만, 끊어 읽어야 하는 부분에만 쉼표를 써야 한다고 생각하는 것은 오산입니다. 예를 들어, 다음 두 문장을 비교해 보세요.

I talked to my brother Steve.
나는 내 동생 스티브와 이야기를 나눴다.
(남자 형제가 한 명 이상 있다.)

I talked to my husband, Stan.
나는 남편 스탠과 이야기를 나눴다.
(남편이 한 명뿐이다.)

이런 경우는 쉼표를 단순히 끊어 읽는 부분으로 생각하면 안 됩니다.
쉼표의 몇 가지 용법은 엄격한 규칙을 따르지만, 다른 용법들은 글쓴이의 판단과 미적 고려 사항에 따라 달라지기도 합니다.

쉼표는 표기법에 따라 쓰임에 거의 차이가 없다

뒤에서 배울 하이픈과 달리, 쉼표는 표기법 관계자들 사이에서 크게 의견이 갈리지 않습니다. 쉼표와 관련하여 명백하게 의견이 충돌하는 유일한 문제는 열거용 쉼표(serial comma)에 관해서입니다. 즉, red, white, and blue처럼 3개 이상의 항목을 열거할 때 마지막 항목 앞의 접속사 and나 or 앞에 쉼표를 쓸 것이냐 말 것이냐 하는 문제이죠. 기사 표기법을 제외한 모든 표기법에서는 쉼표를 쓰라고 합니다. 기사에서는 쉼표를 생략하고 red, white and blue라고 씁니다.

이런 열거용 쉼표를 제외하면 이 장에서 소개하는 모든 규칙은 어떤 표기법을 사용해 글을 쓰든 글쓴이에게 좋은 지침이 될 것입니다.

열거된 항목을 구분하는 쉼표

셋 이상 열거되는 단어, 구, 절을 쉼표로 구분할 수 있습니다. 예외는 아래를 참고하세요.

B S A   열거된 단어나 구 중 마지막 항목 앞에 등위 접속사, 특히 and가 올 때 그 접속사 앞에 쉼표를 찍습니다.

They play **football, basketball, and soccer**.
그들은 미식축구, 농구, 축구를 한다.

N   열거된 단어나 구 중 마지막 항목 앞에 등위 접속사, 특히 and가 올 때 그 접속사 앞에 쉼표를 찍지 않습니다.

They play **football, basketball and soccer**.
그들은 미식축구, 농구, 축구를 한다.

다음은 구가 열거된 문장의 예입니다.

B S A Ours is a government **of the people, by the people, and for the people**.
우리 정부는 국민의, 국민에 의한, 그리고 국민을 위한 정부이다.

N   Ours is a government **of the people, by the people and for the people**.
우리 정부는 국민의, 국민에 의한, 그리고 국민을 위한 정부이다.

B **N** **S** **A** 절이 열거되는 경우에는, 열거된 절들 가운데 마지막 절 앞에 등위 접속사, 특히 and가 올 때 모든 표기법에서 접속사 앞에 쉼표를 찍는 것을 선호합니다.

In the 1980s, **music was loud, hair was big, and clubs were hopping along Sunset Boulevard.**
1980년대에 음악은 시끄러웠고, 머리카락은 길었으며, LA의 선셋 대로에는 클럽들이 여기저기 생겼다.

N 열거된 항목 중 마지막에 오는 것이나 뒤에서 두 번째 것 자체에 접속사가 들어 있으면, 열거용 쉼표를 찍습니다.

Sandwiches on the menu include **tuna, turkey, and peanut butter and jelly.**
메뉴의 샌드위치에는 참치, 칠면조, 땅콩버터와 잼이 들어 있다. (마지막 항목 peanut butter and jelly에 접속사 and)

Sandwiches on the menu include **tuna, peanut butter and jelly, and turkey.**
메뉴의 샌드위치에는 참치, 땅콩버터와 잼, 칠면조가 들어 있다. (뒤에서 두 번째 항목 peanut butter and jelly에 접속사 and)

예외 **명사 앞의 비등위 형용사**

명사 앞에 형용사가 여러 개 올 때, 형용사와 명사의 관계에 따라 그 형용사 사이에 쉼표를 찍을 수도 있고 안 찍을 수도 있습니다. 각 형용사가 독립적으로 명사를 꾸며 주는 등위 형용사들(coordinate adjectives)일 때는 각 형용사 사이에 쉼표를 찍어서 구분합니다.

He wants to meet a **kind, gentle, sweet** girl.
그는 친절하고, 온화하고, 상냥한 여자를 만나고 싶어 한다.

한편, 명사와 각기 다른 관계를 지닌 비등위 형용사들(noncoordinate adjectives)은 각 형용사 사이에 쉼표를 찍지 않는 경우가 많습니다.

He wore **bright red wingtip** shoes.
그는 밝은 빨간색 윙팁 구두를 신고 있었다.

위 문장에 쓰인 형용사 bright, red, wingtip 가운데 wingtip(날개 모양의 구두코를 지닌)은 다른 형용사보다 명사 shoes에 더 필요불가결하고, bright는 shoes가 아니라 바로 뒤에 오는 형용사 red를 꾸밉니다. 따라서 bright red wingtip shoes에 쓰인 형용사들은 대등하지 않으며(비등위) 쉼표로 분리되지 않습니다.

등위 형용사와 비등위 형용사의 차이는 미묘할 수 있고, 때로는 의도의 문제에 불과할 수도 있습니다. 다음 테스트는 형용사들이 서로 대등한지 아닌지, 그래서 쉼표로 구분해야 하는지 아닌지를 판단하는 데 도움이 됩니다.

1. 등위 형용사들은 각 형용사 사이에 and를 썼을 때 뜻이 통합니다.

He wants to meet a **kind, gentle, sweet** girl. (O)

He wants to meet a **kind and gentle and sweet** girl. (O)

이 문장에서는 kind, gentle, sweet가 등위 형용사입니다. '등위 형용사'라는 용어의 바탕이 되는 등위 접속사(and)로 연결할 수 있는 형용사라는 뜻이지요. 반면에, 비등위 형용사들은 각 형용사 사이에 and를 쓰면 말이 안 됩니다.

He wore **bright red wingtip** shoes. (O)

He wore bright and red and wingtip shoes. (X)

2. 등위 형용사들은 각 형용사의 위치를 바꿔도 괜찮습니다.

He wants to meet a **sweet, kind, gentle** girl. (O)

He wants to meet a **gentle, kind, sweet** girl. (O)

반면, 비등위 형용사들은 위치를 바꾸면 의미가 달라지거나 강조하는 부분이 달라집니다.

He wore **red wingtip bright** shoes.
그는 빨간색 윙팁이 있는 밝은색 구두를 신고 있었다.

He wore **bright wingtip red** shoes.
그는 밝은색 윙팁이 있는 빨간색 구두를 신고 있었다.

하지만 이 지침에서는 쉼표 사용에 관해 글쓴이에게 일부 결정권을 줍니다.

> 맞는 표기: A **young single** person 젊고 독신인 사람

> 맞는 표기: A **young, single** person 젊고 독신인 사람

독신인 사람을 뜻하는데 그 사람이 우연히 젊다면 쉼표를 찍으면 안 됩니다. 그러나 독신이고 젊은 사람을 얘기하려고 한다면, 즉 독신이라는 것과 젊다는 것이 서로 관련된 거라면 쉼표를 찍을 수 있습니다.

예외 자체 쉼표가 쓰인 열거 항목과 복잡한 열거 항목의 경우: 쉼표 대신 세미콜론

자체 쉼표가 쓰인 항목들이 열거되는 경우, 때로는 세미콜론으로 나눠 주는 게 최선입니다.

> We visited **Tucson, Arizona; Boise, Idaho; Savannah, Georgia; and Fargo, North Dakota.**
> 우리는 애리조나주 투손, 아이다호주 보이시, 조지아주 서배너, 노스다코타주 파고를 방문했다.

> Decisions were handed down on **January 1, 2015; September 1, 2014; February 15, 2013; and April 4, 2012.**
> 결정은 2015년 1월 1일, 2014년 9월 1일, 2013년 2월 15일, 그리고 2012년 4월 4일에 내려졌다.

마찬가지로, 열거된 항목들이 길거나 너무 복잡한 경우, 쉼표 대신 세미콜론을 쓰는 것을 고려하세요.

> Sandwiches on the menu include **albacore tuna salad with pesto mayonnaise on toasted brioche; pan-roasted turkey breast and smoked gouda on sourdough; and organic crunchy peanut butter and grape jelly on white bread.** 메뉴의 샌드위치에는 구운 브리오슈에 페스토 마요네즈를 곁들인 날개다랑어 참치 샐러드, 팬에 구운 칠면조 가슴살과 사워도우에 얹은 훈제 고다치즈, 그리고 식빵에 유기농 크런치 땅콩버터와 포도잼을 바른 것이 들어 있다.

세미콜론에 대한 더 자세한 내용은 Chapter 5를 참고하세요.

and 대신 & 기호를 쓴 경우의 쉼표

& 기호 앞에는 절대 쉼표를 쓰지 않습니다.

Special Today: Corned Beef, Cabbage **&** Potatoes
오늘의 특선 요리: 콘비프, 양배추와 감자

여러 개의 부사나 반복되는 부사들을 구분하는 쉼표

동사나 형용사, 다른 부사를 꾸며 주는 여러 개의 부사 또는 반복되는 부사들은 형용사와 같은 규칙을 따르며, 보통 쉼표로 사이를 구분합니다.

He **happily, passionately, and energetically** followed the instructions.
그는 행복하게, 열정적으로, 그리고 정력적으로 그 지침들을 따랐다. (동사 followed 수식)

He was an **extremely, fully, and thoroughly** dedicated public servant. 그는 극도로, 완전히, 철저하게 헌신적인 공복(公僕)이었다. (형용사 dedicated 수식)

He was a **very, very, very** wise man.
그는 아주, 아주, 아주 현명한 사람이었다. (형용사 wise 수식)

He sang **utterly, absolutely, completely** beautifully.
그는 완전히, 절대적으로, 완벽히 아름답게 노래했다. (부사 beautifully 수식)

문장의 첫 단어나 구 뒤의 쉼표

– 문장의 도입부 단어나 구 뒤에는 쉼표를 찍어도 되고 안 찍어도 됩니다. 이건 글쓴 이나 편집자가 판단하면 됩니다.

맞는 표기: **On Tuesday** there was a small earthquake.
화요일에 작은 지진이 발생했다.

맞는 표기: **On Tuesday,** there was a small earthquake.
화요일에, 작은 지진이 발생했다.

문장의 도입부 단어나 구 뒤에 쉼표를 찍을지 말지 결정할 때 가장 중요한 건 의미의 명확성과 가독성입니다. 일반적으로, 문장의 도입 어구가 길수록 쉼표를 찍어 주면 문장을 이해하는 데 도움이 됩니다.

쉼표 필요함: On the second Tuesday of every month that has thirty days or fewer, Joe cleans the coffee maker.

날짜가 30일 이하인 달의 두 번째 화요일에 조는 커피메이커를 닦는다.

– 짧은 전치사구가 문장 앞에 올 때는, 글쓴이의 선호도와 글쓴이가 의도하는 문장의 리듬이 쉼표를 찍을지 말지를 결정하는 주요인입니다.

맞는 표기: Without him, I'd be lost. 그가 없으면, 나는 길을 잃을 것이다.

맞는 표기: Without him I'd be lost. 그가 없으면 나는 길을 잃을 것이다.

– 문장 앞에 오는 분사구문 뒤에는 보통 쉼표를 찍어야 합니다.

Seething, she turned to face him.
분노로 속이 끓어오른 채 그녀는 몸을 돌려 그를 마주했다.

Seething with contempt, she turned to face him.
경멸로 속이 끓어오른 채 그녀는 몸을 돌려 그를 마주했다.

– 문장 앞에 오는 부사 중에는 뒤에 쉼표를 찍는 것들이 있습니다. 특히 끊어 읽으라고 의도하는 부사 뒤에는 쉼표를 찍습니다.

Frankly, I don't like him. 솔직히, 나는 그가 마음에 들지 않는다.

그러나 다른 부사들 뒤에는 쉼표를 찍지 않을 가능성이 더 높습니다.

Recently I discovered sushi. 최근에 나는 초밥을 알게 됐다.

– 문장 앞에 오는 단어나 구 뒤에 쉼표를 찍지 않아서 의미가 잘못 전달될 우려가 있다면 쉼표를 찍어야 합니다.

On the ground below, the belt from the car's radiator fan lay melted and smoking.
아래 땅바닥에서는 자동차 라디에이터 팬의 벨트가 녹아서 연기가 나고 있었다. (찍지 않을 경우, below 가 the belt에 연결되는 걸로 오독 가능)

절을 구분하는 쉼표

쉼표로 절을 구분하는 규칙은 절의 길이와 절이 독립절인지 종속절인지에 따라 다릅니다.

독립절

접속사가 연결해 주는 독립절들은 보통 쉼표로 구분합니다. 독립절은 주어와 동사를 포함하며 완전한 문장으로 홀로 설 수 있습니다.

I know that you're going skiing without me on Tuesday, **and** I found out who you're bringing instead.
나는 네가 화요일에 나 빼고 스키 타러 갈 거라는 걸 알고 있고, 나 대신 누굴 데리고 가는지도 알아냈어.

I know that you're going skiing without me on Tuesday, **but** I don't care. 나는 네가 화요일에 나 빼고 스키 타러 갈 거라는 걸 알고 있지만, 신경 안 써.

I know that you're going skiing without me on Tuesday, **so** I'm going without you on Wednesday.
나는 네가 화요일에 나 빼고 스키 타러 갈 거라는 걸 알고 있어서, 나는 수요일에 너 없이 갈 거야.

하지만 다음 예문에 유의하세요.

I know that you're going skiing without me on Tuesday, **so** leave. 나는 네가 화요일에 나 빼고 스키 타러 갈 거라는 걸 알고 있으니까, 가.

주어가 없어서 헷갈릴 수 있지만 명령문도 엄연한 독립절입니다. 명령문에는 (You) Leave. (You) Eat. (You) Look! 처럼 암묵적 주어 you가 들어 있으므로 위 예문에서 leave는 독립절입니다.

접속사가 연결하는 독립절들이 짧고 의미가 명확할 때는 쉼표를 안 써도 됩니다.

Jane likes pizza **and** she also likes pasta. 제인은 피자를 좋아하고 파스타도 좋아한다.

You could stay **or** you could go. 너는 여기 있어도 되고 가도 된다.

I walked there **but** I ran home. 나는 거기에 걸어갔지만 집에는 뛰어갔다.

Vegetables are packed with vitamins **and** that's important.
채소는 비타민이 풍부하며 그 점이 중요하다.

Pack your things **and** go. 네 짐 싸서 가.

복합 술어, 복합 주어 등

접속사로 연결된 단위들이 독립절이 아닐 때는 그 사이에 쉼표를 찍지 않습니다.

▶ **문장에 주어는 하나이고 동사는 둘일 때**

I <u>know</u> that you're going skiing without me on Tuesday **and** <u>don't</u>
<u>care</u>. 나는 네가 화요일에 나 빼고 스키 타러 갈 거라는 걸 알고 있고 신경 안 써.

They <u>brought</u> wine **but** <u>forgot</u> the corkscrew.
그들이 포도주를 가져왔지만 코르크 따개는 잊었다.

Houses in this area <u>require</u> flood insurance **and** <u>have</u> other
disadvantages.
이 지역 주택들은 홍수 보험에 들어야 하고 그 외에 다른 단점들이 있다.

He <u>was admired</u> in the business community **but** <u>was admired</u>
most for his work with children.
그는 업계에서 존경을 받았지만 아이들과 함께한 작업으로 가장 존경을 받았다.

▶ **문장에 동사는 하나이고 주어는 둘일 때**

<u>A palm tree</u> that appeared to be dying **and** <u>some parched-looking</u>
<u>scrub brush</u> **came** into view.
죽어 가는 것 같은 야자나무와 바싹 말라 보이는 청소용 솔이 눈에 들어왔다.

▶ **문장에 동사는 하나이고 목적어가 둘일 때**

He **prepared** <u>a brief presentation</u> on the new product line **and** <u>a</u>
<u>handout</u> for all the attendees.
그는 신제품군에 대한 간략한 발표와 모든 참석자에게 돌릴 유인물을 준비했다.

▶ **하나의 요소에 붙는 다른 두 성분을 연결할 때**

The city **is cracking down on** parking scofflaws <u>by adding</u>
supplemental fines for late payment **and** <u>by putting</u> boot locks
on the tires of vehicles with excessive unpaid tickets.
그 시는 벌금을 늦게 납부하면 추가 벌금을 부과하고 과도한 미납 딱지가 있는 차량의 타이어에는 자
물쇠를 채워서 상습 주차 위반자들을 엄중히 단속하고 있다. (by adding ~, by putting ~이 is cracking
down on ~에 연결)

이런 주어, 목적어, 동사, 그 외의 다른 성분들은 독립절이 아니라서 그것들을 이어주
는 접속사 앞에 쉼표를 찍지 않습니다.

주절 앞에 종속절이 올 때

종속절에도 주어와 동사는 있지만 독립절과 달리 단독으로는 못 쓰입니다. 보통 종속절은 if, although, because, before, when, until, unless 같은 종속 접속사로 시작하기 때문입니다. 종속절이 주절보다 앞에 올 때는 보통 종속절 뒤에 쉼표를 찍습니다.

If the mall is open, we will go shopping.
쇼핑몰이 문을 열면 우리는 쇼핑하러 갈 것이다.

When the levee breaks, things will go from bad to worse.
제방이 무너지면 상황이 더 악화될 것이다.

Until I hear from you, I will continue to worry.
너에게서 소식을 들을 때까지 나는 계속 걱정이 될 거야.

Because Mary's computer is broken, she didn't get any work done. 컴퓨터가 고장 나서 메리는 아무 일도 하지 못했다.

Unless you're looking for trouble, you should keep quiet.
문제 일으키지 않으려면 조용히 있어.

하지만 종속절이 짧고 쉼표를 안 찍어도 의미가 명확하면 쉼표를 안 찍기도 합니다.

If you want me I'll be in my room.
내가 필요하면 난 내 방에 있을 거니까 그리로 와.

주절 뒤에 종속절이 올 때

주절 뒤에 종속절이 올 때는 보통 두 절 사이에 쉼표를 찍지 않습니다.

We will go shopping if the mall is open.
쇼핑몰이 문을 열면 우리는 쇼핑하러 갈 것이다.

Things will go from bad to worse when the levee breaks.
제방이 무너지면 상황이 더 악화될 것이다.

I will continue to worry until I hear from you.
너에게서 소식을 들을 때까지 나는 계속 걱정이 될 거야.

Mary didn't get any work done because her computer is broken.
컴퓨터가 고장 나서 메리는 아무 일도 하지 못했다.

You should keep quiet unless you're looking for trouble.
문제 일으키지 않으려면 조용히 있어.

종속절이 주절과 밀접하게 관련되어 있지 않으면 쉼표를 찍어서 거기서 잠시 멈추라는 표시를 하기도 합니다.

I donate to children's charities every year, **because that's the kind of guy I am.** 저는 해마다 어린이 자선단체에 기부하는데, 제가 그런 남자이기 때문이죠.

Please complete these forms, **if you would.** 이 양식들을 작성하세요. 원하시면요.

He'll be there, **whether he wants to or not.**
그는 거기 갈 겁니다. 그가 원하든 원하지 않든.

계속적이거나 삽입된 단어/구/절을 구분하는 쉼표

문장에 삽입되어 묘사를 더하거나 생각을 보충해 주는 단어, 구, 절은 흔히 쉼표로 구분합니다. 여기에 속하는 것으로 계속적 용법의 관계대명사절, 동격, 명사 뒤에 오는 형용사, 문장 부사, 부사구, 그리고 by the way나 it should be noted 같은 삽입 어구가 있지요. 영어로는 parenthetical words, phrases, clauses라고 합니다. 이 어구들에 담긴 내용은 핵심 문장에 필수적이지 않은 추가 정보입니다.

다음에 소개하는 짝을 이룬 두 문장들을 비교해 보세요.

The woman, **who works hardest,** will get the promotion.
그 여성이, 가장 열심히 일하는 사람인데, 승진을 할 것이다.

The woman **who works hardest** will get the promotion.
가장 열심히 일하는 여성이 승진할 것이다.

The man, **with great courage,** went off to battle.
그 남자가, 큰 용기를 내어, 전투에 나갔다.

The man **with great courage** went off to battle.
무척 용감한 그 남자가 전투에 나갔다.

The store, **where I got these shoes,** is on the corner.
그 상점은, 내가 이 신발을 산 곳인데, 모퉁이에 있다.

The store **where I got these shoes** is on the corner.
내가 이 신발을 산 그 상점은 모퉁이에 있다.

The proverb, **known to all,** influenced the decision.
그 속담이, 모두에게 알려진 건데, 결정에 영향을 미쳤다.

The proverb **known to all** influenced the decision.
모두에게 알려진 그 속담이 결정에 영향을 미쳤다.

My brother, **Lou,** has a nice house. 내 동생이, 이름이 루인데, 좋은 집을 갖고 있다.

My brother **Lou** has a nice house. 내 동생 루가 좋은 집을 갖고 있다.

Karen, **happily,** joined the army. 캐런은, 기쁘게, 군에 입대했다.

Karen **happily** joined the army. 캐런은 기쁘게 군에 입대했다.

위 예문들에서 쉼표는 정보가 추가적이라서 그 정보를 문장에서 빼도 의미가 손상되지 않는다는 것을 나타냅니다. 한편, 쉼표를 쓰지 않은 예문에서는 같은 정보가 문장의 의미에서 더 중요한 역할을 합니다. 지금부터 각 경우를 설명합니다.

계속적 용법의 관계대명사절 앞에 있는 쉼표

관계대명사절은 관계대명사 that, which, who(whom, whose 포함) 중 하나로 시작하며, 바로 앞에 있는 명사를 꾸밉니다.

Spiders, **which have eight legs,** live in every region of the United States. 거미는, 다리가 여덟 개인데, 미국 전역에 산다.

The racket **that I prefer** is lighter. 내 마음에 드는 라켓이 더 가볍다.

Barbara, **who is my favorite stylist,** is off on Mondays.
바바라는, 내가 좋아하는 스타일리스트인데, 월요일에는 쉰다.

The candidate, **whom I considered perfect for the job,** withdrew his application. 그 후보는, 내가 그 자리에 적역이라고 생각했던 사람인데, 지원을 철회했다.

- 관계대명사절 앞에 쉼표가 찍힌 것은 그 관계대명사절의 정보가 전체 문장의 의미에 결정적이지 않고, 관계대명사절 앞의 명사를 구체적으로 설명하려는 의도가 없음을 뜻합니다. 그런 관계대명사절의 용법을 계속적 용법이라고 합니다. 계속적 용법의 관계대명사절(nonrestrictive[nonessential, nondefining] relative clauses)은 생략해도 문장의 의미에 지장을 주지 않으며 앞에 있는 명사도 구체성을 잃지 않습니다.

- 반대로, 우리가 흔히 쓰는 한정적(제한적) 용법의 관계대명사절(restrictive[essential, defining] relative clauses)은 명사나 전체 문장의 의미에 필수적이어서 생략하면 문장의 전체 의미가 온전하지 않습니다. 한정적 용법의 관계대명사절 앞에는 쉼표를 찍지 않습니다.

- 쉼표는 관계대명사절의 정보가 어떤 역할을 하는지에 대한 유일한 단서이기도 합니다.

  > The woman **who works hardest** will get the promotion.

  > The woman, **who works hardest,** will get the promotion.

  첫 번째 문장에서는 관계대명사절이 글쓴이가 '다른 사람들 중에서 가장 열심히 일하는 한 여성'에 대해 이야기하고 있다는 것을 나타냅니다. 두 번째 문장에서는 앞뒤에 쉼표가 찍힌 관계대명사절에 담긴 정보가 추가적인 내용임을 나타냅니다. 이 문장에서 the woman은 따로 설명이 필요 없는 존재로, 독자가 the woman이 누구인지 이미 알고 있음을 암시하죠.

- that이 이끄는 관계대명사절은 한정적 용법으로만 쓰이고, 앞에 쉼표를 찍은 계속적 용법으로는 쓰지 않습니다.

  > The car **that he was driving** was red. 그가 운전하던 차는 빨간색이었다.

  > The racket **that I prefer** is lighter. 내 마음에 드는 라켓이 더 가볍다.

- which로 시작하는 절은 보통 계속적 용법으로, 앞에 쉼표가 찍혀 있습니다.

  > The menu, **which includes a wide selection of pastas,** changes daily.
  > 그 메뉴는, 다양한 종류의 파스타가 포함되는데, 매일 바뀐다.

- who와 whom으로 시작하는 관계대명사절은 글쓴이의 의도에 따라 한정적 용법으로 쓸 수도 있고, 쉼표를 찍어서 계속적 용법으로 쓸 수도 있습니다.

동격 앞의 쉼표

동격은 다른 명사구 옆에서 그 명사구를 다시 한 번 서술해 주는 명사구입니다. 명사구는 a great man처럼 두 단어 이상일 수 있습니다.

The CEO, **a great man**, will speak.
위대한 인물인 그 최고 경영자가 연설을 할 것이다.

The car, **a maroon Honda**, sped from the scene of the crime.
그 차는 고동색 혼다로, 범죄 현장에서 빠르게 달아났다.

You'll get to work with the best in the business, **a team that has won more awards than I can count**, my sales staff.
당신은 업계 최고 팀, 내가 셀 수 있는 것보다 더 많은 상을 받은 제 영업진과 일하게 될 겁니다.

The cab driver, **a gregarious Armenian**, dropped us off out front.
택시 기사는 사교성 좋은 아르메니아인이었는데 우리를 입구에 내려 주었다.

She was a great person, **the kind of woman you could confide in, a wonderful mother and a true friend**.
그녀는 멋진 사람이자, 속마음을 털어놓을 수 있는 여성이며 멋진 엄마이고, 진정한 친구였다.

Lawson's book, ***Voyage to Tomorrow***, came out earlier this year.
로슨의 책 《내일로의 여행》이 올해 초에 나왔다.

I talked to my brother, **Steve.** 나는 내 동생 스티브와 이야기했다.

The carpenter, **Charlie Carson**, designed the set.
목수 찰리 카슨이 그 세트를 디자인했다.

동격 앞에는 쉼표를 찍습니다. 그런데 마지막 세 예문을 보면 쉼표를 찍느냐 마느냐 하는 것이 쉽지 않아 보입니다. 나란히 놓인 명사들이 가끔은 서로 다른 역할을 할 수 있기 때문입니다. 다음 두 문장을 비교해 보세요.

The carpenter, Charlie Carson, designed the set.
목수 찰리 카슨이 그 세트를 디자인했다.

The carpenter Charlie Carson designed the set.
목수 찰리 카슨이 그 세트를 디자인했다.

－ 첫 번째 예문에서는 the carpenter가 문장의 주어이고, Charlie Carson은 그 주어를 다시 한 번 말해 주는 것에 불과합니다. 여기서 Charlie Carson은 동격입니다. 그러나 두 번째 예문에서는 Charlie Carson이 문장의 주어이고 the carpenter는 수식어 역할을 합니다. 따라서 쉼표가 없다는 건 두 단어가 동격 관계가 아니라는 뜻입니다. 글쓴이가 무엇을 강조할 것이냐에 따라 둘 중 한 가지를 쓰면 됩니다.

- 이렇게 명사구 여러 개를 함께 쓸 때, 글을 쓰는 사람은 어떤 것이 핵심 명사인지 유의해야 합니다. 그래야 쉼표를 쓸지 말지 결정할 수 있기 때문입니다. 쉼표를 쓰면 의도하시 않은 의미를 선날할 수 있으니 주의해야 합니다. 예를 들어, I talked to my brother, Steve. 에서 쉼표는 Steve가 my brother와 동격임을 나타냅니다. 이는 독자에게 Steve가 중요한 정보가 아니며 Steve가 없어도 my brother가 누구인지 아는 데 지장이 없음을 시사합니다. 글쓴이에게 brother가 한 명뿐이며, 그 이름이 스티브라는 것을 작은 목소리로 덧붙여 주는 것입니다.

  그러나 I talked to my brother Steve. 처럼 쉼표가 없는 경우에는 Steve가 동격이 아닙니다. 이 경우 Steve는 명사구 my brother Steve에서 핵심 명사입니다. 이는 독자에게 Steve라는 이름이 my brother가 누구를 지칭하는지 이해하는 데 결정적이라는 걸 표시합니다. Steve는 이 문장에서 말하는 my brother가 누구인지 범위를 좁혀 주며, 쉼표가 없다는 건 글쓴이에게 brother가 두 명 이상이라는 것을 나타냅니다.

  비슷하게, Lawson's book *Voyage to Tomorrow* came out earlier this year. 라는 문장을 보면 Lawson이 출간한 책이 두 권 이상이라고 추정 가능합니다. 그러나 쉼표를 써서 Lawson's book, *Voyage to Tomorrow*, came out earlier this year. 라고 쓴 경우 Lawson's book과 *Voyage to Tomorrow*는 동격으로, Lawson이 출간한 책은 이것 하나뿐임을 알 수 있습니다.

- 동격이 길거나 문형이 복잡할 때는 반드시 동격 뒤에도 쉼표를 써야 합니다. 그래야 독자가 어떤 명사가 동사의 주어인지 헷갈리지 않습니다.

    맞는 표기: **Maracas, the world's best Venezuelan restaurant,** is located in Phoenix. 세계 최고의 베네수엘라 레스토랑인 마라카스는 피닉스에 있다.

    틀린 표기: Maracas, the world's best Venezuelan restaurant is located in Phoenix.

하지만 다음 두 문장을 보세요.

  A durable fabric, cotton is still widely used today.
  내구성이 뛰어난 직물인 면은 오늘날에도 여전히 널리 쓰인다.

  A popular tourist destination, Hawaii is warm year-round.
  인기 있는 관광지인 하와이는 일 년 내내 따뜻하다.

이 두 예문에서는 첫 번째 명사구가 아니라 두 번째 명사가 동사의 주어라는 것이 명확합니다. 이런 구조에서는 두 번째 명사 뒤에 쉼표를 찍지 않습니다.

형용사, 부사, 기타 삽입된 묘사어들을 구분해 주는 쉼표

형용사나 부사 등 묘사해 주는 단어와 구들은 흔히 쉼표로 구분합니다. 다음과 같은 경우가 포함되지요.

▶ **형용사가 명사를 뒤에서 꾸밀 때**

The roses, **fragrant and beautiful,** overwhelmed our senses.
향기롭고 아름다운 장미가 우리의 감각을 압도했다.

▶ **부사가 동사 앞이나 뒤에 삽입되어 그 동사를 꾸밀 때**

The deer, **quickly and noiselessly, bolted** from the clearing.

The deer **bolted, quickly and noiselessly,** from the clearing.
사슴은 빠르게 소리를 내지 않고 공터에서 도망쳤다.

▶ **전치사구가 동사 앞이나 뒤에 삽입되어 그 동사를 꾸밀 때**

The patient, **with great difficulty, learned** to walk again.

The patient **learned, with great difficulty,** to walk again.
그 환자는 아주 힘들게 다시 걷는 법을 배웠다.

▶ **많은 경우, 굳이 분리할 필요를 못 느낄 때는 쉼표를 안 찍기도 한다.**

The deer bolted quickly and noiselessly from the clearing.
사슴은 빠르게 소리를 내지 않고 공터에서 도망쳤다.

The patient learned with great difficulty to walk again.
그 환자는 아주 힘들게 다시 걷는 법을 배웠다.

생각이나 관찰에 따른 의견을 나타내는 삽입 어구 앞의 쉼표

문장 안에 for example(예를 들어), as a result(결과적으로), to say the least(최소한으로 말해도), it is true ~(~는 사실이다), in spite of ~(~에도 불구하고), you should note ~(~는 유념해야 한다), indeed(실로, 정말로), as we will see(보게 되겠지만), for instance(예를 들어), therefore(그러므로, 따라서), if not ~(~가 아니라면), then(그렇다면), it is often said ~(흔히들 ~라고 한다), most among them being ~(그들 중 최고는 ~) 같은 어구들이 삽입되기도 합니다. 보통 이런 어구들은 쉼

표로 구분하는데, 종종 쉼표를 찍지 않기도 합니다.

> Walter was fidgeting with the radio and, **as a result**, missed the freeway exit. 월터는 라디오를 만지작거리다가, 그 결과 고속도로 출구를 놓쳤다.

라틴어 약어인 i.e.('즉', that is의 뜻)와 e.g.('예를 들어', for example로 읽음)은 주로 괄호 안에 쓰이는데, 뒤에 쉼표를 찍습니다. 괄호 안에 쓰이지 않을 때는 앞뒤에 쉼표를 찍어야 합니다.

> His prom date (**i.e.**, his cousin) arrived late.
> 그의 무도회 데이트 상대(즉, 그의 사촌)가 늦게 도착했다.

> His prom date, **i.e.**, his cousin, arrived late.
> 그의 무도회 데이트 상대, 즉 그의 사촌이 늦게 도착했다.

호칭을 구분해 주는 쉼표

호칭이란 누군가를 부를 때 쓰는 단어입니다. Joe(조), sir(선생님), Mom(엄마), lady(부인, 아가씨), dude(자네, 야), friend(친구야), darling(여보, 자기, 애), jerk(바보야, 멍청아, 얼간아), bub(젊은이, 자네, 형, 꼬마야), miss(아가씨), professor(교수님), ma'am(부인), copper(경찰관님), doctor(박사님, 의사 선생님, 선생님), young man(젊은이) 등이 그 예입니다.
이름을 포함해 호칭은 쉼표로 구분합니다.

> Hello, **Joe**. 안녕, 조.

> No, **Mom**, it wasn't like that. 아뇨, 엄마, 그런 게 아니었어요.

> Tell me, **lady**, are you this nice to everyone?
> 말해 봐요, 아가씨, 당신은 이렇게 모두에게 친절해요?

> **Dude**, that's so wrong. 야, 그건 너무 잘못된 거야.

> Hello, **friend**, and welcome. 안녕, 친구, 환영해.

> Good to see you, **darling**. 만나서 기뻐, 자기야.

> Step off, **jerk**. 꺼져, 멍청아.

> Hey, **bub**. 어이, 야.

> **Miss**, can you tell me if the bus stops here?
> 아가씨, 버스가 여기 서는지 알려 줄래요?

Excuse me, **professor.** 실례합니다, 교수님.

This way, **ma'am,** if you will. 이쪽으로 오시겠어요, 부인.

Young man, go to your room. 젊은이, 자네 방으로 가게.

이메일이나 편지에서 인사말을 할 때 다음과 같은 쉼표 실수를 흔히 합니다.

Hey Jane,　Hi Pete,　Hello everyone,　Howdy stranger,

여기서 Jane, Pete, everyone, stranger는 호칭으로, 쉼표로 구분해야 합니다.

맞는 표기: Hey, **Jane.** 안녕, 제인.

Hi, **Pete.** 안녕, 피트.

Hello, **everyone.** 안녕하세요, 여러분.

Howdy, **stranger.** 안녕하세요, 낯선 분.

이런 인사말은 Dear John, 또는 Dear Sirs, 같은 고전적인 인사말과 문법적 구조가 다릅니다. Dear John,과 Dear Sirs,에서 dear는 형용사이므로 호칭이자 명사구의 일부입니다. hey나 hello와 달리 dear는 완전한 생각의 덩어리가 아니라서 Dear 바로 뒤가 아니라 Dear John 뒤에 쉼표를 찍고, 이메일이나 편지 첫 문장에 통합되어야 합니다. 그러나 Hey, Jane과 Hi, Pete는 완전한 문장으로, 뒤에 마침표 등의 종지 부호를 찍을 수 있습니다.

인용문을 구분해 주는 쉼표

쉼표는 문장의 다른 부분들과 인용문을 구분할 때도 쓰입니다. 특히 Wilson said, Jane replied처럼 인용문을 유도하는 표현과 인용문 사이에 쉼표를 찍습니다.

Wilson said, "Try the ignition." 윌슨은 "시동을 켜 봐."라고 말했다.

"That's not what I meant," **Jane replied.**
"내 말은 그런 뜻이 아니었어."라고 제인이 대답했다.

"I think," **whispered Allen,** "that we're being followed."
"제 생각에" 앨런이 속삭였다. "우리, 미행당하는 것 같아요."

인용문은 원래 마침표로 끝나지만, 다음 예문처럼 인용문을 유도하는 표현보다 앞에 오면 쉼표가 마침표를 대신합니다.

"Don't go," he said. "가지 마."라고 그가 말했다.

인용문이 물음표나 느낌표로 끝날 때는 다음 예문들처럼 인용문을 유도하는 표현보다 앞에 오더라도 쉼표를 쓰지 않고 물음표나 느낌표를 그대로 씁니다.

"Are you going?" she asked. "너 갈 거니?"라고 그녀가 물었다.

"Get out!" he screamed. "나가!" 그가 소리 질렀다.

어떤 문장에서는 쉼표를 안 쓰고 인용문의 일부를 문장에 통합하기도 합니다. 특히 that이 쓰였을 경우 그렇게 합니다.

Lynne said it's true **that "the place is swarming with mosquitoes."**
린은 "그곳은 모기들이 우글거리는" 것이 사실이라고 말했다.

Barry replied **that some people "are just cruel."**
배리는 어떤 사람들은 "그냥 잔인하다"고 대답했다.

어떤 때는 인용문이 문장에 통합된 건지 아니면 쉼표로 구분되어야 하는지 불분명하기도 합니다. 다음 문장의 노래 제목은 인용문이 아니라 동사의 목적어로 인식될 수도 있습니다.

He sang **"Burning Love."**
그는 〈불타는 사랑〉을 불렀다.

He sang "Burning Love."에서 "Burning Love."는 인용문이라기보다는 동사의 목적어입니다. 따라서 sang은 인용문을 유도하는 동사가 아니므로 쉼표로 구분하면 안 됩니다. 그러나 노랫말이나 저작물의 일부인 글은 인용문으로 볼 수 있고, 따라서 앞에 쉼표를 찍을 수 있습니다. 참고로 주요 표기법 지침서들은 이 문제를 다루지 않습니다.

✚ 구두법 자문단 대다수는 다음 문장에서 sang 뒤에 쉼표를 찍는 것을 지지했습니다.

He sang, "I feel my temperature rising."

그는 〈내 체온이 올라가는 게 느껴져요〉를 불렀다.

✚ 구두법 자문단은 다음 문장에는 쉼표를 찍지 않아야 한다고 만장일치로 동의했습니다.

We read "*The Road*." 우리는 《길》을 읽었다.

(각 표기법에서 책 제목을 어떻게 표기하는가는 p. 97의 '작품 제목 표시: 큰따옴표 vs. 이탤릭체'를 참고하세요.)

✚ 구두법 자문단 구성원 대다수가 다음 문장에서는 쉼표를 찍는 것을 지지했습니다.

He opened the book and read, "Call me Ishmael."

그는 책을 펴서 "내 이름을 이슈마엘이라고 해두지."라고 읽었다.

책 제목 The Road는 동사 read의 직접 목적어로 인식되지만, "Call me Ishmael"은 동사의 목적어보다는 인용문으로 인식될 가능성이 더 높았고, 따라서 동사 read와 쉼표로 구분되어야 하는 것입니다.

✚ 구두법 자문단 구성원들은 titled(~라는 제목의) 뒤에는 쉼표를 찍지 않는 것을 만장일치로 지지했습니다.

We enjoyed the skit **titled "Star Snores."**

우리는 〈별이 코 고는 소리〉라는 촌극을 재미있게 봤다.

read(읽었다), sang(노래 불렀다), recited(암송했다) 등의 동사를 쓸 때는 큰따옴표 안에 있는 내용을 문장 안에 통합할지 아니면 직접 인용할지를 결정해야 합니다.

큰따옴표를 쓰지 않고 어떤 사람의 말이나 생각을 인용할 때도 보통 큰따옴표를 썼을 때와 같은 방식으로 쉼표를 찍습니다.

Wendy wondered, **why is he so cruel?**

웬디는 그가 왜 그렇게 잔인한지 궁금했다.

Karl said to himself, **this is going to be a problem.**
칼은 이것이 문제가 될 텐데라고 혼잣말을 했다.

예외

N 기사 표기법에서는 인용문이 둘 이상의 문장일 때, 인용문을 유도하는 문장 뒤에 쉼표 대신 콜론을 씁니다.

Wilson said: "Try the ignition. If that doesn't work, pop the hood." 윌슨은 "시동을 걸어 보세요. 그게 안 되면 보닛을 열어 보세요."라고 말했다.

B 도서 표기법에서도 인용문을 강조하고 싶을 때는 쉼표 대신 콜론을 쓸 수 있습니다.
(p. 85의 '인용문, 대화, 발췌문을 소개하는 콜론' 부분을 참고하세요.)

반복되는 패턴에서 생략된 단어들을 나타내는 쉼표

쉼표는 어떤 단어가 생략돼 있다는 걸 나타내기도 합니다. 주로 문맥을 통해 생략된 단어가 어떤 단어인지 유추할 수 있을 때 그렇습니다. 특히 앞 문장의 일부를 그대로 반복하는 경우, 그 반복하는 부분을 생략하고 쉼표로 대신합니다.

Harry ordered a scotch; **Bob,** a gin and tonic.
해리는 스카치를 주문했고, 봅은 진토닉을 주문했다. (Bob 뒤의 쉼표가 생략된 ordered를 나타냄)

is is, in in, that that처럼 반복되는 단어들 사이의 쉼표

가끔 명사구나 동사구의 마지막 단어가 문장의 나머지 부분의 첫 단어와 동일한 경우가 있습니다. 정상적인 상황에서라면 쉼표가 주어와 동사를 가르면 안 됩니다. 하지만 주어가 is로 끝나는데 동사구가 is로 시작한다면, 표기법 지침서에서는 독자의 이해에 도움이 될 경우 두 is 사이에 쉼표를 찍으라고 명시합니다. 이와 비슷하게, 다른 단어들이 나란히 반복될 때도 표기법 지침서는 글쓴이가 재량껏 그 두 단어 사이에 쉼표를 찍거나 찍지 말라고 합니다.

맞는 표기: The reality **that is is** the reality he must accept.

맞는 표기: The reality **that is, is** the reality he must accept.
현존하는 현실이 그가 받아들여야 하는 현실이다.

맞는 표기: I'll **check in in** the morning.

맞는 표기: I'll **check in, in** the morning.
아침에 체크인할 거예요.

맞는 표기: He **found that that** was best.

맞는 표기: He **found that, that** was best.
그는 그것이 최선이라는 것을 알았다.

✚ 구두법 자문단의 구성원 대다수는 다음 문장의 경우 쉼표를 안 찍는 쪽을 선택했습니다.

What it is is a good idea. 그것은 좋은 생각이다.

영어 주소에서의 쉼표

일반적으로, 거리 이름과 도시 이름이, 도시 이름과 주 이름이 같은 줄에 나올 때는 둘 사이에 쉼표를 찍습니다. 그러나 주 이름과 우편번호(zip code) 사이나 43rd Ave. SE. 처럼 거리 이름과 방위 사이에는 쉼표를 찍지 않습니다. (p.197~200의 '거리 주소' 부분을 참고하세요.)

나이, 거주 도시, 소속 정당 뒤의 쉼표

기사에서는 사람 이름 뒤에 나이와 거주 도시를, 그리고 투표로 선출된 정치인의 경우에는 소속 정당과 지역을 표기하는 것이 일반적입니다. 기사 표기법에서는 그런 정보는 쉼표로 구분해야 한다고 명시합니다.

John Doe, 43, Whittier, was among the attendees.
휘티어 시에 거주하는 43세 존 도우 씨가 참석자 중에 있었다.

Sen. Al Franken, D-Minn., chaired the committee.
알 프랑켄 민주당 미네소타주 상원의원이 그 위원회 의장을 맡았다.

측정 단위에서의 쉼표

일반적으로, 연월 같은 시간 단위와 피트, 인치 같은 물리적 측정 단위들 사이에는 쉼표를 찍지 않습니다.

- **B** She is five feet nine. / She is five foot nine. 그녀는 5피트 9인치이다.

- **N** He is 6 feet 2 inches tall. 그는 키가 6피트 2인치이다.

- **S** 11 years 3 months 11년 3개월

- **S** 20 min 40 s 20분 40초

특정 단어와 용어에서의 쉼표

too, also, either

주요 표기법에는 too(~도), also(또한), either(~도) 같은 단어를 쉼표로 구분해야 하는지 말아야 하는지에 관한 지침이 없습니다.

> ✚ 구두법 자문단도 다음과 같은 경우에는 쉼표로 구분해야 하는지 말아야 하는지에 대해 의견이 일치하지 않았습니다.
>
> I like it, **too**. 나도 그것 좋아해. (대다수가 선호함)
>
> I **too** saw that movie.
> I, **too**, saw that movie. 나도 그 영화 봤어. (의견이 갈림)
>
> I didn't see that movie, **either**.
> I didn't see that movie **either**. 나도 그 영화 안 봤어. (의견이 갈림)
>
> He wrote "Love Story," **also**.
> He wrote "Love Story" **also**. 그는 《러브스토리》도 썼다. (의견이 갈림)

however, therefore, indeed

however(하지만), therefore(그러므로, 따라서), indeed(정말)처럼 문장을 꾸미는 부사들은 쉼표로 구분해도 되고 안 해도 됩니다. 이는 글쓴이가 그 부사를 문장의 삽입 어구라고 판단하느냐, 문장에 통합된다고 판단하느냐에 달렸습니다. 어느 쪽인지 확실치 않다면, 다음을 기억하세요. 현대 출판에서는 문장의 흐름을 돕고 가독성을 위해 문장 부호를 적게 쓰는 표기법을 선호합니다.

> 맞는 표기: The parking garage, **however,** was almost empty.

> 맞는 표기: The parking garage **however** was almost empty.
> 하지만 주차장은 거의 비어 있었다.

> 맞는 표기: The solution, **therefore,** is simple.

> 맞는 표기: The solution **therefore** is simple.
> 따라서 해결책은 간단하다.

> 맞는 표기: Sharon is **indeed** a lucky girl.

> 맞는 표기: Sharon is, **indeed,** a lucky girl.
> 섀런은 정말 운이 좋은 애야.

> 맞는 표기: Joe is **therefore** the best candidate.

> 맞는 표기: Joe is, **therefore,** the best candidate.
> 그러므로 조는 최고의 후보자이다.

including, such as, 그 외 유사한 표현

including(~을 포함하여), such as(~ 같은) 같은 표현 앞에는 흔히 쉼표를 찍습니다(찍지 않아도 됩니다). 그러나 뒤에는 쉼표를 찍지 않습니다.

> 맞는 표기: America has many great cities, **including** New York, Chicago, and San Francisco.

> 맞는 표기: America has many great cities **including** New York, Chicago, and San Francisco.
> 미국에는 뉴욕, 시카고, 샌프란시스코를 포함하여 훌륭한 도시들이 많다.

> 틀린 표기: America has many great cities including, New York, Chicago, and San Francisco.

맞는 표기: The store is having a sale on many items, **such as** clothes, books, and electronics.

맞는 표기: The store is having a sale on many items **such as** clothes, books, and electronics.
그 상점은 옷, 책, 전자제품 같은 많은 제품들을 세일하고 있다.

틀린 표기: The store is having a sale on many items such as, clothes, books, and electronics.

etc.

et cetera(기타 여러 가지, 기타 등등)의 약어인 etc.는 쉼표로 구분합니다.

Toiletries, linens, **etc.,** can be purchased at your destination.
세면도구, 속옷 등은 도착지에서 구입할 수 있다.

et al., and so forth, and the like

B et al., and so forth, and the like처럼 '기타 등등' 표현은 보통 쉼표로 구분합니다. 앞에 쉼표를 찍고, 문장 끝에 오지 않을 때는 뒤에도 쉼표를 찍습니다.

Johnson, Smith, Brown, **et al.,** wrote the definitive article on that topic. 존슨, 스미스, 브라운 등이 그 주제에 대해 거의 완벽한 기사를 썼다.

Bedding, linens, **and so on,** can be purchased upstairs.
침구류와 속옷 등은 위층에서 구입할 수 있다.

Muffins, croissants, **and the like,** are served in the lobby.
머핀, 크루아상 등이 로비에서 제공된다.

Yes와 No

N 기사 표기법에서는 yes와 no는 쉼표로 구분해야 한다고 명시합니다.

Yes, I want some cake. 네, 케이크 좀 먹고 싶네요.

B **S** **A** 다른 표기법에서 yes와 no는 흔히 쉼표로 구분하지만, 꼭 그래야 하는 것은 아닙니다. 쉼표가 문장이 더 쉽게 읽히는 데 도움이 안 되면 쉼표를 찍지 않아도 됩니다.

Yes, there is a Santa Claus. 네, 산타클로스는 있어요.

No, coyotes don't come this far north.
아뇨, 코요테는 이렇게 먼 북쪽까지는 오지 않아요.

Yes I want some cake. 네, 케이크 좀 먹고 싶네요.

No you don't. 아뇨, 당신은 안 그래요.

> ✚ 구두법 자문단은 Yes, thank you.에서 Yes 뒤에 쉼표를 찍는 것을 만장일치로 선호했습니다.

respectively

> ✚ 구두법 자문단은 respectively(각자, 각각, 제각기)를 쉼표로 구분하는 것을 만장일치로 지지했습니다.
>
> Sandy, Colleen, and Mark went to Harvard, Yale, and Tufts, **respectively**.
> 샌디, 콜린, 그리고 마크는 각각 하버드, 예일, 터프츠 대학교에 갔다.

oh, um, ah, well 등

oh, um, ah, well 같은 단어는 흔히 쉼표로 구분하지만, 반드시 그래야 하는 건 아닙니다. 쉼표가 문장이 더 쉽게 읽히는 데 도움이 안 되면 쉼표를 찍지 않아도 됩니다.

Oh, I see what you're up to. 오, 당신이 무슨 꿍꿍이인지 알겠어.

Ah, that's the ticket. 아, 그게 그 표군요.

Well, you're the one who wanted to come here.
음. 여기 오고 싶었던 건 당신이잖아요.

Oh you. 오 당신.

Inc., Ltd., 그리고 유사한 약어

도서와 기사 표기법에서 Inc.(Incorporated, 주식회사)와 Ltd.(Limited, 유한책임회사, 주식회사), 그리고 이와 유사한 약어들은 생략되는 경우가 많은데, 이 표현들은 보통 문장과 관련 없는 정보를 전달하기 때문입니다. 하지만 그런 약어들이 쓰일 때는 다음의 지침이 적용됩니다.

ⓑ 도서 표기법에서 Inc., Ltd. 등의 약어에는 쉼표를 찍지 않아도 됩니다. 도서 표기법에 따라 글을 쓸 때는 Inc. 같은 약어 앞에 쉼표를 찍으면 뒤에도 쉼표를 찍어야 합니다.

맞는 표기: He has worked for **ABC Inc.** for three years.

맞는 표기: He has worked for **ABC, Inc.,** for three years.
그는 ABC사에서 3년 동안 일해 왔다.

틀린 표기: He has worked for ABC, Inc. for three years.

ⓝ 기사 표기법에서 Inc., Ltd. 등의 약어 앞뒤에는 쉼표를 찍지 않습니다.

He has worked for **ABC Inc.** for three years.
그는 ABC사에서 3년 동안 일해 왔다.

PhD, MD, MA, DDS, JD, 그 외의 학력 표현

이름 뒤에 머리글자로 표시된 학력 표현은 가능하면 피하는 게 좋지만, 사용해야 할 때는 약어 앞뒤에 쉼표를 찍습니다.

ⓑ **Jason Wellsley, PhD,** gave a presentation.

ⓝ **Jason Wellsley, Ph.D.,** gave a presentation.
제이슨 웰슬리 박사가 발표를 했다.

(학력 표현에 언제 마침표를 쓰는지에 대해서는 p. 75~76의 '약어와 마침표'와 'Part 2. 구두법 A to Z'를 참고하세요.)

Jr., Sr., II, III 등

B 도서 표기법에서는 Jr.(Junior, 주니어, 2세)와 Sr.(Senior, 시니어, 아버지, 손위의) 앞뒤에 쉼표를 찍을 필요가 없고, II, III 등에는 쉼표를 찍으면 안 됩니다.

Dr. **Martin Luther King Jr.** spoke. 마틴 루터 킹 주니어 박사가 연설을 했다.

N 기사 표기법에서는 Jr., Sr. 등을 구분하기 위해 쉼표를 사용하지 않습니다.

Dr. **Martin Luther King Jr.** spoke. 마틴 루터 킹 주니어 박사가 연설을 했다.

A 학술적 글 표기법에서는 보통 Jr.와 Sr. 등의 앞뒤에 쉼표 찍는 것을 선호합니다.

Dr. **Martin Luther King, Jr.,** spoke. 마틴 루터 킹 주니어 박사가 연설을 했다.

주, 국가, 지방, the District of Columbia (DC/D. C.)

도시 뒤에 언급하는 주, 국가, 지방(Provinces) 이름 앞에는 쉼표를 찍어야 하고, 문장 맨 뒤에 오지 않는 한 그 이름 뒤에도 쉼표를 찍습니다.

They stopped in **Bangor, Maine,** on their way to Massachusetts.
그들은 매사추세츠주로 가는 길에 메인주 뱅고르에 들렀다.

Vancouver, B.C., is beautiful this time of year.
브리티시컬럼비아주의 밴쿠버는 해마다 이맘때면 아름답다.

Lyon, France, is a popular tourist destination.
프랑스의 리옹은 인기 있는 관광지이다.

B 도서 표기법에서 the District Of Colombia의 약어인 DC나 D.C.는 보통 쉼표로 구분합니다. 그러나 DC에 마침표를 쓰지 않았을 때는 쉼표로 구분해도 되고 안 해도 됩니다. DC에 언제 마침표를 쓰느냐에 대해서는 p.73의 '미국의 주, 캐나다의 주(Provinces), District of Columbia의 약어' 부분을 참고하세요.

맞는 표기: **Washington, DC,** gets hot in the summer.

맞는 표기: **Washington DC** gets hot in the summer.

맞는 표기: **Washington, D.C.,** gets hot in the summer.
워싱턴 D.C.는 여름에 더워진다.

N 기사 표기법에서 D.C.는 쉼표로 구분합니다.

Washington, D.C., gets hot in the summer. 워싱턴 D.C.는 여름에 더워진다.

전체 주소를 쓸 때 쉼표를 어디에 찍는지는 Chapter 18의 p. 199를 참고하세요.

날짜와 연도

요일 뒤에 날짜가 올 때 날짜 표현 앞에 쉼표를 찍고, 날짜가 문장 맨 끝에 오지 않는 한 뒤에도 쉼표를 찍습니다.

Monday, Oct. 4, is when the meeting took place.

Monday, October 4, is when the meeting took place.
10월 4일 월요일이 그 회의가 열렸던 날이다.

날짜 뒤에 연도가 올 때 연도 앞에 쉼표를 찍고, 연도가 문장 맨 끝에 오지 않는 한 뒤에도 쉼표를 찍습니다.

Oct. 4, 2014, is when the meeting took place.
2014년 10월 4일이 그 회의가 열렸던 때다.

월일이 아니라 월 뒤에, 그리고 계절 뒤에 연도가 올 때는 쉼표로 구분하지 않습니다.

October 2014 is when the meeting took place.
2014년 10월이 그 회의가 열렸던 때다.

Spring 2010 was a memorable time.
2010년 봄은 기억할 만한 때였다.

중간에 쉼표가 들어가는 기관명

기관 이름에, 특히 학교 이름에 쉼표가 들어 있으면 보통 그 이름 뒤에도 쉼표를 찍는 것이 적절합니다.

University of California, Riverside, has many commuter students.
캘리포니아 대학교 리버사이드 캠퍼스에는 통학하는 학생들이 많다.
(University of California, Riverside가 학교 이름으로, 이름 안에 쉼표가 들어 있다.)

중간에 쉼표가 들어가는 작품명

책, 노래, 연극 등의 작품 제목 중간에 쉼표가 있고, 그 작품명이 문장에 쓰일 때는 그 뒤에 쉼표를 또 쓰지 않습니다.

God Bless You, Mr. Rosewater is one of his favorite books.
《로즈워터 씨, 신의 축복이 있기를요》는 그가 좋아하는 책 중 하나다.

not으로 시작하는 명사구

not으로 시작하는 명사구가 대조를 위해 문장 안에 삽입될 때, 쉼표로 구분합니다.

The student with the best grades, **not the most popular student,** will be appointed.
가장 인기 있는 학생이 아닌 가장 성적이 좋은 학생이 임명될 것이다.

It was Rick, **not Alan,** who cleaned the microwave.
전자레인지를 청소한 사람은 앨런이 아니라 릭이었다.

not only A but B 구 등

not only A but (also) B(A뿐만 아니라 B도 역시) 구문에서 but 앞에는 일반적으로 쉼표가 필요 없습니다.

Not only children on vacation from school **but also** adults on vacation from work flocked to the theater.
학교 방학을 맞은 아이들뿐만 아니라 직장에서 휴가를 받은 어른들도 극장으로 몰려들었다.

please

편집 스타일에는 please를 언제 쉼표로 구분하는지에 대해 명확한 규칙이 없습니다.

> ✚ 구두법 자문단 대다수는 May I have your attention, please?에서 please 앞에 쉼표를 찍는 쪽을 선호했습니다.

the more ~ the less, the more ~ the more 등

the more ~ the less …(~하면 할수록 더… 아니다), the more ~ the more …(~하면 할수록 더… 하다) 같은 구조에는 보통 쉼표가 필요합니다.

> **The more** I go on blind dates, **the more** I appreciate my dog.
> 소개팅을 하면 할수록, 나는 내 반려견에게 더 감사해.

하지만 이런 구조여도 문장 길이가 아주 짧으면 쉼표를 생략할 수 있습니다.

> The more the better. 다다익선(多多益善, 많으면 많을수록 좋다).

다른 문장 부호와 함께 쓰일 때 쉼표의 위치

큰따옴표와 함께 쓰일 때

쉼표는 항상 오른쪽 큰따옴표 앞에 옵니다.

> He said, **"Get out,"** but I know he didn't mean it.
> 그가 "나가."라고 말했지만, 난 그게 그의 진심이 아니라는 것을 안다.

> She peppers her speech with words like **"awesome," "neato,"** and **"fantabulous."**
> 그녀는 말을 할 때 '대박', '끝장나', '환상적이야' 같은 단어들을 수시로 섞어 쓴다.

작은따옴표와 함께 쓰일 때

작은따옴표와 아포스트로피를 헷갈리지 마세요. 쉼표는 항상 오른쪽 작은따옴표 앞에 옵니다.

> "Don't call me **'jerk,'"** he yelled.
> "나를 '멍청이'라고 부르지 마."라고 그가 소리쳤다.

> "Teenagers of years gone by favored terms like **'neato,' 'far out,'** and **'keen,'"** he said.
> "예전 십대들은 '끝장나', '끝내줘', '죽여줘' 같은 단어들을 좋아했어요."라고 그가 말했다.

아포스트로피와 함께 쓰일 때

생략된 문자를 대신하는 아포스트로피는 쉼표 앞에 옵니다.

"I know you were just **talkin'**," he said.
"너는 그냥 얘기하고 있었다는 것 알아."라고 그가 말했다. ('가 생략된 문자 g를 대신)

I've been **thinkin'**, Dad. 생각해 봤어요, 아빠. ('가 생략된 문자 g를 대신)

괄호와 함께 쓰일 때

닫는 괄호 바로 앞에는 쉼표를 쓰지 않지만 닫는 괄호 뒤에는 쉼표를 쓸 수 있습니다.

The siren was loud **(the ambulance was close by)**, so he covered his
ears. 사이렌 소리가 커서(구급차가 근처에 있었다) 그는 귀를 막았다.

줄임표와 함께 쓰일 때

쉼표는 줄임표와는 안 쓰이지만 의미를 이해하는 데 도움이 되면 쉼표를 쓰기도 합
니다.

"To question why, to ponder causes, . . . to try to change
outcomes is usually futile," she said.
"왜인지 의문을 제기하고, 원인을 곰곰이 생각하고,⋯ 결과를 바꾸려고 하는 것은 보통 헛된 일입니다."
라고 그녀가 말했다.

하이픈이나 엔 대시가 쓰일 때

> ✚ 하이픈이나 엔 대시를 쓰면 쉼표를 쓰지 않아도 됩니다. 구두법 자문단 대다수는
> 아래 문장의 D.C. 뒤에 쉼표를 생략하는 것을 지지했습니다.
>
> The **Washington, D.C.–based** company 워싱턴 D.C.에 기반을 둔 회사
>
> (D.C. 뒤에 언제 쉼표를 쓰는지에 대해서는 p. 61의 '주, 국가, 지방, the District of Columbia (DC/
> D. C.)'부분을 참고하세요.)

프라임 기호나 기타 측정 기호와 함께 쓰일 때

프라임 기호(′)나 기타 측정 기호를 따옴표와 헷갈리지 마세요. 문장에 그런 기호가 나오는 경우는 흔치 않지만, 그런 기호가 나오면 쉼표를 _그_ 뒤에 찍어야 합니다.

The javelin went **22′**, then it fell.
창이 22피트까지 갔다가 떨어졌다.

쉼표 사용이 애매한 경우

편집자들은 문장의 가독성을 높이고 독자들이 문장의 의미를 더 잘 이해하도록 쉼표 사용 규칙을 종종 무시하기도 합니다. 또 쉼표 사용 규칙에서는 다양한 선택이 가능하지만, 전문 편집자들은 이에 동의하지 않기도 하지요.

명확성을 위해 쉼표를 쓰는 경우

규칙상 쉼표가 필요하지 않지만 쉼표가 문장 성분을 분리하고 무리를 구분하는 최선의 방법일 때가 있습니다. 그리고 많은 경우, 문장 구조를 바꿀 수 없을 때 글쓴이가 판단하여 쉼표를 쓸 수 있습니다.

> ✚ 쉼표 사용 규칙에 따르면 등위 접속사 and와 or로 연결되는 항목들은 쉼표로 구분하지 않습니다. 그러나 구두법 자문단 대다수는 그 항목들이 너무 길 때는 쉼표를 찍어 독자의 이해에 도움을 주겠다고 했습니다.
>
> ### She yelled to the man who took her purse, **and** grabbed her cellphone to call the police.
> 그녀는 자기 지갑을 가져간 남자를 향해 소리를 질렀고, 경찰을 부르려고 휴대폰을 집어 들었다.
>
> ### The dog chased the squirrel that ran through the park, **but** not fast enough.
> 그 개는 공원을 가로질러 달려가는 다람쥐를 쫓았지만, 다람쥐를 잡을 만큼 빠르지는 못했다.

> This Ford packs an I-4 rated up to 32 mpg through a smooth six-speed automatic transmission, **or** a supercharged 221-horsepower V-8.
>
> 이 포드 자동차는 부드러운 6단 자동 변속기나 강력한 221마력 V-8을 통해 최대 갤런당 32 마일로 평가된 I-4 엔진을 장착하고 있다.

✚ 구두법 자문단은 등위 접속사로 연결된 항목 중 하나에 등위 접속사가 이미 들어 있는 경우, 그 항목들 사이에 쉼표를 찍을지 말지에 대해 의견이 일치하지 않았습니다.

> The resort offers elegantly appointed rooms, casitas, and villas **and** four swimming pools, along with other exciting amenities.
>
> 그 리조트는 우아하게 설비를 갖춘 객실, 방갈로, 별장, 그리고 수영장 네 곳과 기타 흥미로운 편의시설들을 제공한다.

느낌표나 물음표로 끝나는 고유명사 뒤의 쉼표

B 도서 표기법에서는 쉼표를 찍어야 하는 경우라면, 느낌표나 물음표로 끝나는 고유명사가 왔어도 그 뒤에 쉼표를 찍습니다.

Shows playing this week include *Greg London: Impressions that Rock!*, *Who's Afraid of Virginia Woolf?*, and *Jersey Boys*.

이번 주에 공연될 쇼에는 〈그레그 런던: 임프레션스 댓 록!〉, 〈누가 버지니아 울프를 두려워하랴?〉, 〈저지 보이즈〉가 있다.

✚ 도서 표기법 외의 다른 표기법에는 이에 관한 규칙이 없습니다. 구두법 자문단 중 기사 표기법 전문가들은 고유명사의 일부인 느낌표나 물음표 뒤에 쉼표를 찍을지 말지에 대해 의견이 갈렸습니다.

문장 부호가 너무 많아서 쉼표를 생략하는 경우

✚ 다음 예문에서 규칙을 엄격하게 지키자면 husband와 dog 뒤에 쉼표를 찍어야 하고 Tim과 Bruno 뒤에 세미콜론을 찍어야 합니다. 그러나 구두법 자문단 대다수는 그 규칙을 따르지 않고 문장 부호를 다음과 같이 사용하겠다고 했습니다.

She lives with **her husband Tim, her dog Bruno,** and two cats, Bella and Charlie.
그녀는 남편 팀, 개 브루노, 그리고 고양이 두 마리인 벨라, 찰리와 함께 산다.

✚ 구두법 자문단은 다음 예문에서 보통은 which 앞에 쉼표를 쓴다는 규칙을 무시할지 말지에 대해(문장 구조를 바꾸지는 못하는 경우임) 의견이 나뉘었습니다.

Starting at less than $50,000, the Spider-12 is a classy and capable midsize **SUV which, with its 7-seat Comfort Package,** becomes a flexible family friend.
(자문단 절반이 선호한 표기법)

Starting at less than $50,000, the Spider-12 is a classy and capable midsize **SUV, which, with its 7-seat Comfort Package,** becomes a flexible family friend.
(자문단 절반이 선호한 표기법)

가격이 5만 달러 미만부터 시작하는 스파이더-12는 고급스럽고 성능 좋은 중형 SUV로, 7인승 컴포트 패키지를 탑재하여 유연한 온 가족의 친구가 되어 준다.

✚ 구두법 자문단의 쉼표 사용법 판정 몇 가지

✚ 일부 경우, 쉼표를 찍을 필요가 있느냐 없느냐는 개인의 취향뿐만 아니라 규칙을 어떻게 해석하느냐에도 달려 있습니다.
구두법 자문단 대다수는 전치사 for와 그 목적어 사이에는 쉼표가 오면 안 된다는 데 동의합니다. 다음 예문에서 for의 목적어는 what Jones lacks in age인데, 이 목적어가 문장 맨 앞에 오고 다소 길고 추상적입니다. 그래서 일부 사람들은 그것을 도입절로 해석하는데, 도입절은 흔히 쉼표로 구분해 줍니다.

What Jones lacks in age she makes up **for** in energy.
(대다수가 선호)

What Jones lacks in age, she makes up **for** in energy.
(소수가 선호)

존스는 나이에서 부족한 부분을 에너지로 보충한다.

✚ at a variety of prices 같은 전치사구는 보통 쉼표 뒤에 오지 않습니다. 하지만 다음 문장에서 언뜻 보면 이 구가 바로 앞의 women을 꾸며 주는 것으로 오해할 수가 있는데, 구 앞에 쉼표를 찍으면 그렇게 혼동할 가능성이 줄어듭니다.

Centrally located on Main Street, La Jolla Timepieces displays a carefully chosen selection of watches for men and women **at a variety of prices**.
(대다수가 선호)

Centrally located on Main Street, La Jolla Timepieces displays a carefully chosen selection of watches for men and women, **at a variety of prices**.
(소수가 선호)

메인스트리트 중앙에 위치한 라 졸라 타임피시즈는 엄선된 남성용과 여성용 시계를 다양한 가격대로 전시한다.

✚ 보통은 동사와 그 목적어를 쉼표로 분리하지 않습니다. 하지만 여러 단어로 이루어진 긴 목적어가 문장 맨 앞으로 나올 때는(다음 예문에서의 Some of the technology coming in the next few years) 가끔 그 뒤에 쉼표를 찍기도 합니다. 하지만 구두법 자문단 구성원 전원은 쉼표를 찍지 않는 데 동의했습니다.

Some of the technology coming in the next few years most people can't even imagine.
앞으로 몇 년 안에 나올 기술 중 일부는 대부분의 사람들은 상상조차 할 수 없다.

CHAPTER 3

마침표

—

PERIOD

마침표는 문장을 끝내고, 일부 축약형과 두문
자어(initialisms, 머리글자로 된 약어)에 쓰입니다.

문장이나 문장의 단편을 끝내는 마침표

평서문을 끝낼 때 문장 끝에 마침표를 찍습니다. 또 명령문에 느낌표를 찍으면 너무 강하게 느껴질 때도 느낌표 대신 마침표를 찍습니다.

Joe works here. 조는 여기서 일한다.

Eat. 먹으렴.

Leave now. 지금 떠나.

평서문이 완전한 문장이 되는 최소한의 기준은 주어와 동사를 갖추는 것입니다(Joe slept.). 명령문은 주어 you가 생략돼 있는 것으로 보기에 동사 한 단어만으로도 완전한 문장이 됩니다(Leave., Eat.). 이 외에 '문장의 단편(Sentence Fragment)'이 있습니다. 이것은 완전한 문장의 자격을 갖추지는 못했지만 문장으로 쓰이는 것으로, 문장처럼 구두점을 찍습니다.

공식적인 글쓰기와 학술적 글쓰기에서는 문장의 단편을 부적절한 것이나 오류로 보기도 하지만, 일상적인 글이나 문학적인 글에서는 문장의 단편이 흔히 쓰입니다.

Makes you think. 생각하게 만들죠.

Another gloomy day. 또 우울한 하루네.

Probably. 그럴지도 모르지.

The reason? A girl. 이유? 여자지.

마침표 뒤의 간격

B **N** 문장과 문장 사이는 두 칸을 띄우지 않고, 마침표는 뒤에 한 칸만 띄웁니다.

S 과학 문헌 표기법에서는 문장과 문장 사이에 몇 칸을 띄우라고 명시하지 않지만, 원고 초안에서 종지 부호 뒤에 두 칸을 띄우면 편집자와 독자에게 도움이 되기는 합니다.

A 학술적 글 표기법에서는 문장과 문장 사이에 한 칸만 띄우는 것을 선호하지만, 글쓴이가 원하면 두 칸을 띄어도 됩니다. 어느 쪽이든 글 전체에서 일관되게 간격을 유지하는 것이 중요합니다.

이니셜, 약어, 두문자어(acronyms)에 쓰이는 마침표

사람 이름의 이니셜(머리글자)

B **S** **A** 도서 표기법, 과학 문헌 표기법, 학술적 글 표기법에서 사람 이름의 이니셜(머리글자)에는 각 글자에 마침표를 찍고 각 글자 사이에 한 칸씩 띄웁니다.

H. L. Mencken H. L. 멘켄

W. E. B. DuBois W. E. B. 뒤부아

JFK나 FDR처럼 전체 이름을 나타내는 이니셜에는 마침표도 안 찍고 사이도 안 띄웁니다.

N 기사 표기법에서 사람 이름을 나타내는 이니셜에는 마침표를 찍지만 한 칸씩 띄우지는 않습니다.

H.L. Mencken H.L. 멘켄

W.E.B. DuBois W.E.B. 뒤부아

JFK나 FDR처럼 전체 이름을 나타내는 이니셜에는 마침표도 안 찍고 사이도 안 띄웁니다.

사람 이름 외의 고유명사 이니셜 (미국의 주와 지방 이름 제외)

B **S** **A** 사람 이름 외의 고유명사 이니셜은 각 글자에 마침표를 찍지 않습니다.

US 미국   USA 미국

UK 영국   AA 알코올 중독자 갱생회

N 고유명사 이니셜 중 두 글자로 된 것은 보통 각 글자에 마침표를 찍지만 각 글자 사이를 띄우지는 않습니다.

U.S. 미국   U.K. 영국

U.N. 국제연합   B.C. 브리티시컬럼비아주

세 글자 이상의 이니셜은 각 글자에 마침표도 찍지 않고 글자 사이를 띄우지도 않습니다.

USA 미국   FBI 미국연방수사국

CIA 미국 중앙정보부   GOP 미국 공화당

B 도서 표기법에서는 전통적인 주 명칭의 약어가 쓰이는 경우(두 글자로 된 주 이름의 우편번호 말고) U.S.에 마침표를 찍는 것을 용인합니다.

N 기사 헤드라인에서는 마침표를 생략합니다. AA에는 절대 마침표를 찍지 않습니다.

S 과학 문헌 표기법에서는 U.S.가 형용사로 쓰일 때 마침표를 찍습니다.

the **U.S.** Army 미군

미국의 주, 캐나다의 주(Provinces), District of Columbia의 약어

도시나 다른 주소 정보 없이 주만 지칭할 때는 주 이름을 약어로 쓰지 않고 New Jersey, Arizona, Georgia처럼 전체를 다 씁니다. 도시 이름이나 주소와 함께 주를 언급할 때는 주 이름을 줄여서 쓰기도 하는데, 이처럼 도시 이름과 주소와 함께 쓸 때 주 이름은 쉼표로 구분하여 주 이름 앞뒤에 쉼표를 찍습니다. (주소에서 주 이름을 줄여 쓰는 것은 p. 198~199 의 '주 이름 약어'를 참고하세요.)

Springfield, Ill., is nearby.
일리노이주 스프링필드가 근처에 있다.

Findlay, Ohio, gets cold.
오하이오주 핀들리 지역이 추워진다.

District of Columbia는 거의 항상 Washington 뒤에서 DC나 D.C.로 줄여 씁니다. 이런 약어에서 언제 마침표를 쓸지에 관한 표기법 규칙으로 다음 두 가지를 소개합니다.

▶ **주 이름의 약어**

B 도서 표기법에서 주 이름은 보통 약어로 쓰지 않고 전체 철자를 다 씁니다. 주 이름을 줄여서 쓸 때, 도서 표기법에서는 우편번호에 쓰는 주 이름 약어를 선호합니다. 이때는 마침표 없이 씁니다.

AL 앨라배마주 　　　　　　　　 MD 메릴랜드주

NH 뉴햄프셔주 　　　　　　　　 SC 사우스캐롤라이나주

그러나 기사 표기법의 약어를 써도 됩니다.

Ala. 앨라배마주 　　　　　　　　 Md. 메릴랜드주

N.H. 뉴햄프셔주 　　　　　　　　 S.C. 사우스캐롤라이나주

N 기사 표기법에서는 주 이름만 별도로 표기할 때는 약어로 쓰지 않고 전체 철자를 다 쓰지만, 도시명이나 주소 일부 뒤에 올 때는 약어를 씁니다. (주 이름의 약어에 대해서는 p.197의 '거리 주소'를 참고하세요.) 기사 표기법에서 주 이름의 약어는 Ala. (Alabama)나 Md.(Maryland)처럼 대문자와 소문자로 이루어진 약어이든, N.H.(New Hampshire)나 S.C.(South Carolina)처럼 두 글자로 된 이니셜이든, 각 글자에 마침표를 찍습니다. 하지만 기사 헤드라인에서는 두 글자로 된 약어에 마침표를 찍지 않습니다.

S 참고 문헌 목록을 포함하여 많은 경우, 과학 문헌 표기법에서는 우편번호에 쓰는 주 이름의 약어로 써야 합니다. 이때는 마침표를 찍지 않습니다.

AZ 애리조나주 　　　　　　　　 IL 일리노이주

NY 뉴욕주 　　　　　　　　　　 TN 테네시주

A 학술적 글 표기법에서는 두 글자로 된 주 이름 약어와 DC에 마침표를 찍지 않습니다.

NJ 뉴저지주 　　　　 NY 뉴욕주 　　　　 FL 플로리다주

▶ 캐나다 주 이름 약어와 **District of Columbia**의 약어

B　도서 표기법에서는 DC나 캐나다 주(provinces) 이름에 마침표를 안 찍는 것을 선호합니다. 하지만 미국의 다른 주 이름 약어에 마침표를 찍는다면 D.C.에도 마침표를 찍을 수 있습니다. 캐나다의 주 이름은 두 글자로 된 우편용 약어를 쓰는 것을 선호합니다.

BC 브리티시컬럼비아주　　　ON 온타리오주　　　QC 퀘벡주

N　기사 표기법에서는 D.C.에 마침표를 찍어야 합니다. 캐나다의 주 이름은 약어로 쓰면 안 됩니다.

A　학술적 글 표기법에서는 DC와 캐나다 주 이름의 약어에 마침표를 안 찍습니다.

약어와 마침표

B **S** **A**　다음 약어들은 관례상 마침표를 찍지 않습니다.

CPR　　　cardiopulmonary resuscitation, 심폐소생술

CT scan　computed tomography scan, 컴퓨터 단층 촬영

CD　　　compact disc, 콤팩트디스크

DVD　　　digital video disc, 디지털 비디오 디스크

DVR　　　digital video recorder, 디지털 영상 저장 장치

BC　　　before Christ, 기원전

BB　　　base on balls, 사구(四球), 볼넷

DNS　　　domain name system, 도메인 이름 시스템

GPA　　　grade point average, 평점

IM　　　instant message, 인스턴트 메시지

IQ　　　intelligence quotient, 지능지수

GI　　　government issue, general issue, 미군 병사

IP address　Internet protocol address, 인터넷 프로토콜 주소

Ⓝ 기사 표기법에서는 두 글자로 된 약어는 보통 마침표를 찍습니다.

A.D. Anno Domini, 서기   B.C. before Christ, 기원전

M.A. Master of Arts, 문학 석사   B.A. Bachelor of Arts, 분학사

M.S. Master of Science, 이학 석사

하지만 CD, CT scan, IM, IQ, IP address처럼 잘 알려진 두 글자 용어들은 예외로, 마침표를 찍지 않습니다. ('Part 2. 구두법 A to Z'에서 구체적인 항목들을 확인하세요.) 그리고 세 글자 이상으로 된 약어에도 마침표를 찍지 않습니다.

CPR   DVD   GPA

Ⓑ Ⓝ Ⓢ Ⓐ 소문자로 끝나는 약어들은 보통 마침표를 찍습니다.

Dr. drive, (도로명에 쓰는) 드라이브   Gov. government, 정부

Jr. junior, 2세, 주니어   e.g. exempli gratia, 예를 들어

i.e. id est, 즉   etc. etcetra, 등등

Inc. incorporated, 주식회사   et al. et alii/alia, 외

Mr. mister, ～ 씨(남성)   Mrs. ～ 씨(기혼 여성)

예외

Ⓝ 기사 표기법에서 aka(also known as, ～라고도 알려진)에는 마침표를 찍지 않습니다.

Ⓢ 과학 문헌 표기법에서 투약 경로와 측정 단위의 약어에는 마침표를 찍지 않습니다.

iv intravenous, 정맥 내의, 정맥 주사의   im intramuscular, 근육 내의

icv intracerebroventricular, 뇌실 내의   ip intraperitoneal, 복강 내의

cd current density, 전류 밀도   cm centimeter, 센티미터

ft feet, 피트   lb (라틴어 libra에서 나온) 파운드

kg kilogram, 킬로그램

단, 인치의 약어인 in.에는 마침표를 찍는데, 전치사 in과 헷갈릴 수 있어서입니다.

두문자어와 마침표

다음 두문자어들은 관습적으로 마침표를 찍지 않습니다.

NAFTA North America Free Trade Agreement, 북미자유무역협정

radar radio detection and ranging, 레이더, 전파 탐지기

GLAAD Gay Lesbian Alliance Against Defamation, 게이 레즈비언 비방 반대 연대

laser light amplification by simulated emission of radiation, 레이저

AIDS Acquired Immune Deficiency Syndrome, 에이즈(후천성 면역 결핍증)

URL 주소 뒤의 마침표

B 문장 맨 끝에 오는 웹사이트 URL 주소 뒤에는 마침표가 바로 올 수 있습니다. 마침표 앞에
한 칸을 띄우지 않습니다.

Visit the company at **www.companyname.com**.
www.companyname.com으로 회사를 방문하세요.

S 과학 문헌 표기법에서 URL 주소로 끝나는 문장 뒤에는 마침표를 찍지 않습니다.

Visit the company at **www.companyname.com**
www.companyname.com으로 회사를 방문하세요.

하지만, 과학 문헌에서 종지 부호가 없으면 어색해 보일 수 있으므로, URL 주소를 괄호 안에
넣고 괄호 뒤에 마침표를 찍을 것을 권합니다.

Visit the company at its website **(www.companyname.com)**.
회사 웹사이트(www.companyname.com)를 방문하세요.

다른 문장 부호와 함께 쓰일 때 마침표의 위치

마침표는 같이 쓰이는 문장 부호가 무엇이냐에 따라, 그리고 문장의 의미에 따라 다른 문장 부호의 앞이나 뒤에 올 수 있습니다.

큰따옴표와 함께 쓰일 때

마침표는 항상 오른쪽 큰따옴표 앞에 옵니다.

맞는 표기: He said, **"Get out."** 그는 "나가."라고 말했다.

틀린 표기: He said, "Get out".

맞는 표기: She peppers her speech with words like **"fantabulous."**
그녀는 말을 할 때 '환상적이야' 같은 말을 자주 섞어 쓴다.

틀린 표기: She peppers her speech with words like "fantabulous".

작은따옴표와 함께 쓰일 때

마침표는 항상 오른쪽 작은따옴표 앞에 옵니다.

He said, "Don't call me **'jerk.'"** 그는 "날 '멍청이'라고 부르지 마."라고 말했다.

According to Jones, "Teenagers of years gone by favored terms like **'neato.'"** 존스에 따르면, "옛날 십대들은 '끝장나' 같은 단어들을 좋아했어요."

아포스트로피와 함께 쓰일 때

작은따옴표와 아포스트로피를 헷갈리지 마세요. 생략된 글자를 대신하는 아포스트로피는 마침표 앞에 옵니다.

He said, "I know you were just **talkin'."**
그는 "네가 그냥 얘기하고 있었던 거 알아."라고 말했다. (아포스트로피가 g의 생략을 의미)

소괄호( )나 대괄호[ ]와 함께 쓰일 때

괄호 안의 내용이 완전한 문장일 때는 괄호 안에 마침표를 찍습니다.

> The siren was loud. (The ambulance was close by.)
> 사이렌 소리가 컸다. (구급차가 근처에 있었다.)

괄호가 다른 문장에 삽입돼 있을 때는 괄호 속 문장에 마침표를 찍지 않고 괄호 밖에 마침표를 찍습니다.

> The siren was loud (the ambulance was close by).
> 사이렌 소리가 컸다(구급차가 근처에 있었다).

> (The siren was loud [the ambulance was close by].)

프라임 기호와 기타 측정 기호와 함께 쓰일 때

프라임 기호(′)나 그와 비슷하게 생긴 측정 기호를 작은따옴표와 헷갈리지 마세요. 그런 기호가 글에 나오는 경우는 매우 드물지만, 그럴 때도 마침표를 문장 끝에 찍습니다.

> The javelin went 22′. 창이 22피트 날아갔다.

대시와 함께 쓰일 때

대시 앞이나 뒤에는 마침표를 찍지 않습니다.

> There is something you should know—it's something crucial.
> 네가 알아야 할 게 있어. 아주 중요한 거야.

줄임표와 함께 쓰일 때

완전한 문장 뒤에 줄임표가 올 경우, 마침표는 줄임표 앞에 옵니다.

> "I have a dream. . . . I have a dream today." (dream 바로 뒤의 것이 마침표)
> "나는 꿈이 있어요.… 나는 오늘 꿈이 있어요."

그러나 줄임표 바로 앞의 단어들이 완전한 문장을 이루지 않으면 마침표를 찍지 않습니다.

"This dream . . . still rings true today."

"이 꿈은… 오늘도 여전히 사실처럼 느껴진다."

이중 구두점을 방지하기 위한 마침표의 생략

마침표로 끝나는 약어나 이니셜이 문장 끝에 올 때, 문장 끝에 마침표를 또 찍지 않습니다.

Talk to **J.D.** J.D.한테 말해요.

They studied biology, chemistry, **etc.**
그들은 생물학, 화학 등을 공부했다.

I know Hal Adams **Sr.** 나는 할 애덤스 시니어를 안다.

마침표가 올 자리에 물음표나 느낌표가 쓰인 문장의 경우, 마침표는 생략합니다.

Alfred E. Neuman's catch phrase is **"What, me worry?"**
알프레드 E. 노이만의 캐치프레이즈는 "뭐, 내가 걱정한다고?"이다.

He read the book *What Color Is Your Parachute?*
그는 《당신의 낙하산은 무슨 색인가요?》라는 책을 읽었다.

The company bought a thousand shares of **Yahoo!**
그 회사는 야후!의 주식 천 주를 매수했다.

정상적이라면 마침표로 끝날 문장이 인용문으로 쓰이고 그 인용문을 유도하는 표현이 인용문 뒤에 올 때, 인용문 끝에는 마침표 대신 쉼표를 씁니다.

"Pizza is wonderful."
"피자는 정말 맛있어."

"Pizza is wonderful," Joe said.
"피자는 정말 맛있어."라고 조가 말했다.

정상적이라면 마침표로 끝날 인용문이 물음표나 느낌표로 끝나는 더 큰 문장 안에서 인용문으로 쓰일 때는 마침표를 생략합니다.

Do you agree that, as Joe says, **"Pizza is wonderful"?**
조가 말하는 것처럼 너도 "피자는 정말 맛있다."라는 데 동의하니? (?는 Do you agree ~에 붙는 물음표)

수사 의문문

N 형태상으로는 의문문이지만 의미상으로는 평서문인 문장은 글쓴이가 원한다면 물음표 대신 마침표로 끝낼 수 있습니다.

How about that. 그건 어때.

Well, what do you know. 글쎄, 네가 뭘 알겠어.

Really. 정말이지.

Why don't you just go. 그냥 가지 그래.

CHAPTER 4

콜론

COLON

콜론은 여러 가지 역할을 합니다.

1. 해당 문장을 설명하거나 강조하는 글을 이끕니다.
2. 열거되는 내용을 이끕니다.
3. 특정 인용문을 이끕니다.
4. 공식 서신의 인사말에서 호칭 옆에 쓰입니다.
5. 시각(시:분), 비율(몇:몇), 성서의 각 권(장:절)처럼 특정 형식의 숫자로 된 항목에서 쓰입니다.
6. 제목과 부제목 사이, 학술적으로 인용된 내용의 출처 사이에 쓰입니다.

콜론의 용법 중 몇 가지는 다른 문장 부호와 겹칩니다. 예를 들어, 두 독립절을 콜론으로 연결하여 한 문장으로 쓰는 대신 마침표를 써서 두 문장으로 만들 수도 있고, 아니면 콜론 대신 세미콜론을 쓸 수도 있습니다.

I want to tell you something: you're awesome.

I want to tell you something. You're awesome.

I want to tell you something; you're awesome.

너에게 하고 싶은 말이 있어. 너는 굉장해.

다른 문장 부호와의 차이점은 콜론이 독자의 기대감을 만들어 내는 데 가장 좋은 선택이라는 것입니다. 주요 편집 스타일에서 콜론의 사용 규칙은 매우 비슷합니다.

앞의 내용을 설명하거나 강조하는 내용을 이끄는 콜론

콜론을 사용해 앞의 내용을 설명하거나 강조하는 글을 소개할 수 있습니다.

> Refrigerator temperature is critical: **if it's not cold enough, food will spoil.**
> 냉장고 온도는 무척 중요하다. 충분히 차갑지 않으면 음식이 상할 것이다. (앞의 내용을 설명)

B **S** 콜론은 완전한 독립절 뒤에 와야 합니다. 콜론 앞에 있는 글이 완전한 문장으로 홀로 쓰일 수 없다면 콜론을 쓰면 안 됩니다.

> 맞는 표기: **The point I want to make is important:** never mix acids and bases.
> 내가 강조하고 싶은 것은 중요한 거야. 산과 염기를 절대 섞지 마.

> 틀린 표기: The point I want to make is: never mix acids and bases.

열거되는 것들을 소개하는 콜론

콜론은 다음에 열거되는 단어, 구, 절을 소개할 수 있습니다.

> The pizza came with three toppings: **pepperoni, onion, and mushrooms.**
> 피자는 페퍼로니, 양파, 버섯의 세 가지 토핑이 올려져서 나왔다.

B **S** 열거되는 단어, 구, 절을 소개하는 콜론은 완전한 독립절 뒤에 와야 합니다. 콜론 앞의 글이 완전한 문장이 아니면 콜론을 사용하지 않습니다.

> 맞는 표기: **The pizza came with three toppings:** pepperoni, onion, and mushrooms.
> 피자는 페퍼로니, 양파, 버섯의 세 가지 토핑이 올려져서 나왔다.

> 틀린 표기: The pizza came with: pepperoni, onion, and mushrooms.

열거되는 내용을 소개하는 including 뒤에 콜론 사용 금지

including(~을 포함한) 뒤에 단어, 구, 절이 열거될 때, including 뒤에 콜론을 쓰면 안 됩니다.

맞는 표기: They have many toppings available, **including garlic, pepperoni, and onions.**

마늘, 페퍼로니, 양파를 포함해 (피자에) 올릴 수 있는 토핑이 많이 있다.

틀린 표기: They have many toppings available, including: garlic, pepperoni, and onions.

인용문, 대화, 발췌문을 소개하는 콜론

콜론은 인용문을 소개할 수 있습니다.

B 도서 표기법에서 인용문을 소개할 때, 쉼표 대신 콜론을 쓰기도 합니다. 인용문을 더 강조하고 싶을 때 그렇게 합니다.

Carlyle got straight to the point: **"You're fired,"** he said.

칼라일은 곧장 핵심으로 들어갔다. 그는 "당신은 해고예요."라고 말했다.

N 기사 표기법에서 콜론은 단락 안에서 두 문장 이상으로 된 인용문을 소개할 때 쓰입니다. 한 단락 안에서 한 문장으로 된 인용문은 쉼표로 소개합니다.

B **N** 도서와 기사 표기법에서 대화와 '질문-답' 인터뷰는 각 화자의 말을 콜론으로 소개합니다.

Claudia: I see you brought the new girlfriend.

Larry: She's nobody, really.

클로디아: 새 여자친구를 데려왔군요.

래리: 그 사람은 정말 아무도 아니에요.

Village Herald: You've been busy this year.

Williams: Yes, I've had a lot on my plate.

빌리지 헤럴드: 올해엔 바쁘셨네요.

윌리엄스: 네, 할 일이 많았어요.

as follows, the following 등과 함께 쓰이는 콜론

격식을 차린 글에서 as follows(다음과 같은, 다음과 같이), the following(다음 ~, 다음의 ~) 같은 표현 뒤에는 보통 콜론을 씁니다.

The schedule is **as follows:** roll call at 9:00 a.m., calisthenics at 9:15, breakfast at 9:45.
일정은 다음과 같다. 오전 9시 점호, 9시 15분 건강 체조, 9시 45분 아침 식사.

The following items are not permitted: liquids, matches, and lighters. 다음 항목들은 허용되지 않는다. 액체류, 성냥, 라이터.

인사말 뒤의 콜론

서신의 시작 부분에서 인사말 뒤에 콜론을 사용할 수 있습니다. 콜론을 쓰면 쉼표보다 공식적이고 격식을 차린 것으로 보입니다.

Dear Bob, 밥에게,　　　　　　　　Dear Mr. Roberts: 로버츠 씨께,

비율 표현에서의 콜론

B **S** 도서와 과학 문헌 표기법에서 콜론은 비율을 나타낼 때도 쓰이며, 이때 콜론 앞뒤에 간격을 띄우지 않습니다.

2:1 2 대 1

N 기사 표기법에서는 비율을 나타낼 때 하이픈을 사용합니다.

2-to-1 2 대 1

다른 숫자 표현에서의 콜론

콜론은 숫자가 쓰인 다른 표현에서도 쓰입니다.

시간 – **8:30** p.m. 오후 8시 30분

경과 시간 – His finish time was **1:58:22**. 그의 경기 종료 시간은 1시간 58분 22초였다.

성서 – Genesis **22:10** 창세기 22장 10절

법전 인용 – Fayetteville Municipal Code **3:282** 파예트빌 지방자치법 3조 282항

제목과 부제 사이의 콜론

B **A** 본문과 참고 문헌 목록에 작품 제목을 표기할 때, 제목과 부제 사이에 콜론을 찍습니다.

My Last Year: A Memoir of Illness and Recovery
나의 마지막 해: 질병과 회복의 회고록

Tough Guys 2: The Final Conflict 터프 가이스 2: 최후의 충돌

출처 인용에서의 콜론

책이나 정기간행물 같은 정보의 출처를 인용할 때, 다음과 같이 콜론을 사용합니다.

B 도서 표기법에서 책의 권 번호와 페이지 번호를 인용하는 경우, 콜론을 씁니다. 콜론 좌우의 간격은 띄우지 않습니다.

Journal of English Language Learning **15:220–29**
〈영어 학습 저널〉 15권 220-229쪽

B **S** 도서와 과학 문헌 표기법에서 출간한 장소와 출판사 이름을 인용할 때 그 사이에 콜론을 찍습니다.

New York, NY: Random House 뉴욕주 뉴욕, 랜덤하우스

B **N** 성서와 법전을 인용할 때 콜론을 사용합니다.

Genesis **22:10** 창세기 22장 10절

Fayetteville Municipal Code **3:282** 파예트빌 지방자치법 3조 282항

콜론 뒤의 간격

콜론 뒤에 두 칸을 띄우지 않습니다.

콜론 뒤에 대문자를 쓸지 소문자를 쓸지

B **N** **S** 콜론 뒤에 오는 텍스트가 완전한 문장이 아니면 소문자로 시작합니다. 고유명사나 인
용문의 경우는 예외입니다.

The climate is perfect: **sunny days, warm nights, little rain.**
기후는 완벽하다. 낮에는 화창하고, 밤에는 따뜻하며, 비가 거의 내리지 않는다. (콜론 뒤에 구이므로 소문
자로 시작)

They had a motto: **"All for one and one for all."**
그들은 "하나를 위한 모두, 모두를 위한 하나"라는 좌우명이 있었다. (콜론 뒤에 인용문이므로 구여도 대문
자로 시작)

B **N** **S** 콜론이 둘 이상의 완전한 문장이나 대화나 고유명사를 소개하는 경우, 그것들은 대문
자로 시작합니다.

The climate is perfect: **The days are sunny. The precipitation is very
low.**
기후는 완벽하다. 날이 화창하다. 강수량은 매우 적다. (콜론 뒤에 완전한 문장이 두 개 오므로 각각 대문자
로 시작)

B 콜론 뒤에 오는 글이 하나의 문장으로 홀로 설 수 있더라도, 도서 표기법에서는 일반적으로
그것을 콜론 앞의 글과 같은 문장의 일부로 봅니다. 따라서 콜론 뒤에 오는 글은 소문자로 시
작합니다.

They put it in terms everyone there could understand: **just as
people used to write letters, young people today write e-mails.**
그들은 그곳에 있는 모든 사람이 이해할 수 있는 말로 그것을 표현했다. 사람들이 과거에 편지를 쓰곤
했던 것처럼, 오늘날 젊은이들은 이메일을 쓴다고.

N 기사 표기법에서는 콜론이 소개하는 글이 완전한 문장을 구성하면 대문자로 시작합니다.

They put it in terms everyone there could understand: **Just as
people used to write letters, young people today write e-mails.**
그들은 그곳에 있는 모든 사람이 이해할 수 있는 말로 그것을 표현했다. 사람들이 과거에 편지를 쓰곤
했던 것처럼, 오늘날 젊은이들은 이메일을 쓴다고.

다른 문장 부호와 함께 쓰일 때의 콜론

콜론을 쓰면 보통 다른 문장 부호를 쓸 필요가 없어서 콜론이 다른 문장 부호 옆에 오는 경우는 거의 없습니다. 몇 가지 예외를 소개합니다.

괄호와 함께 쓰일 때

콜론은 닫는 괄호 뒤에는 올 수 있지만, 닫는 괄호 앞에는 올 수 없습니다.

The truth was simple **(almost too simple)**: Dan was guilty.
진실은 단순했다(너무 단순했다). 댄은 유죄였다.

큰따옴표와 함께 쓰일 때

콜론은 오른쪽 큰따옴표 뒤에 올 수 있으나, 왼쪽 큰따옴표 앞에는 올 수 없습니다.

The truth, she said, was **"simple"**: Dan was guilty.
그녀는 진실은 "단순해요"라고 말했다. 댄은 유죄였다.

고유명사나 제목에 느낌표나 물음표가 들어 있을 때

고유명사나 제목이 느낌표나 물음표로 끝날 때는 그 뒤에 콜론이 올 수 있습니다.

Here's what makes up the costumes in *Jubilee!*: rhinestones, sequins, and little else.
〈쥬빌리!〉의 의상은 다음의 것들로 이루어져 있다. 모조 다이아몬드, 스팽글, 그 외에 다른 재료는 거의 없다.

CHAPTER 5

세미콜론

|

SEMICOLON

세미콜론은 두 가지 역할을 합니다.

1. 밀접하게 연관된 독립절들을 연결합니다.
2. 열거된 항목들이 너무 길어서 쉼표로 분리하면
   이해하기 힘든 경우에 항목들을 분리합니다.

밀접하게 연관된 독립절들을 연결하는 세미콜론

접속사로 연결되지 않은 두 독립절을 마침표보다는 약하게 분리하고 싶을 때, 세미콜론을 씁니다.

He hated vegetables; peas were the worst.
그는 채소를 싫어했는데, 완두콩은 최악이었다.

however, therefore, indeed 같은 접속부사 앞에

B however(하지만, 그러나), therefore(그러므로, 따라서, 그러니), indeed(실로, 정말로), accordingly(따라서, 그러므로), thus(따라서, 그러므로), hence(따라서, 그러므로), besides(게다가, 뿐만 아니라) 같은 접속부사가 밀접하게 연관된 두 독립절을 연결할 때, 도서 표기법에서는 이들 앞에 세미콜론을 씁니다.

Rebecca had no compunctions about speaking her mind; **therefore,** John was about to get an earful.
레베카는 자기 생각을 말하는 데 아무런 거리낌이 없었다. 그러니 존은 곧 잔소리를 잔뜩 들을 참이었다.

that is, namely, for example 같은 표현 앞에

B that is(즉, 다시 말해서), namely(즉, 다시 말해서), for example(예를 들어) 같은 표현이 밀접하게 연관된 절들을 연결하면 이런 표현들 앞에 세미콜론을 씁니다.

John was just being helpful; **that is,** he was trying to be helpful.
존은 단지 도움이 되고 있었을 뿐이다. 다시 말해서, 그는 도움이 되려고 노력하고 있었다.

문장 부호가 많이 쓰인 절들 사이에서

N 문장 부호가 많이 쓰인 독립절들을 접속사가 연결할 때, 기사 표기법에서는 세미콜론으로 절들을 연결할 수 있습니다. 하지만 그보다는 여러 개 문장으로 나누는 것을 권합니다.

허용 가능한 형태
The man runs on the treadmill, uses the elliptical machine and lifts weights; **but,** even with all those efforts, plus a low-carb diet consisting mostly of vegetables, he still hasn't lost weight.

The man runs on the treadmill, uses the elliptical machine and lifts weights. **But,** even with all those efforts, plus a low-carb diet consisting mostly of vegetables, he still hasn't lost weight.

그 남자는 러닝머신 위에서 달리고, 일립티컬 머신을 사용하고, 역기를 든다. 하지만 그 모든 노력에 대부분 채소로 구성된 저탄수화물 식단이 더해졌는데도, 그는 여전히 체중이 줄지 않았다.

열거된 항목들을 분리해 주는 세미콜론

열거된 내용이 너무 길 때, 특히 각 항목에 자체적으로 쉼표가 있을 때는 열거되는 항목들을 쉼표가 아니라 세미콜론으로 정확히 구분해 줄 수 있습니다.

The company has retail locations in **Charlottesville, Virginia; Shreveport, Louisiana;** and New Haven, Connecticut.

그 회사는 버지니아주의 샬러츠빌, 루이지애나주의 슈리브포트, 코네티컷주의 뉴헤이븐에 소매점을 두고 있다.

The case worker, trying to paint a favorable picture of her client, noted that Johnny had done charity work for **a local soup kitchen, a senior center, and animal shelter; had gone to school every day;** and had not gotten in trouble with the law for two years.

사회복지사는 자신이 관리하는 복지 수혜자(조니)를 호감 있게 묘사하려 애쓰면서 조니가 지역 무료 급식소, 노인 복지관, 동물 보호소에서 자선 활동을 했으며, 학교에 매일 출석했고, 2년간 법적 문제를 일으키지 않았다는 것을 언급했다.

하지만 쉼표로 분명하게 구분이 되는 항목들은 세미콜론으로 구분할 필요가 없습니다.

The reading materials in the dentist's office included **a copy of** *Newsweek*, which I hate, **a two-week-old newspaper,** and a pamphlet on gingivitis.

그 치과에 비치된 읽을거리에는 내가 싫어하는 〈뉴스위크〉 한 부, 2주 지난 신문, 그리고 치은염 관련 팸플릿이 있었다.

색인, 텍스트 인용 등에서의 세미콜론

B 쉼표로는 항목을 분명하게 구분 못할 수 있는 도서의 색인, 텍스트 인용, 그와 유사한 목록에서는 세미콜론을 사용하는 경우가 많습니다. 특히 도서 표기법에서 그러한데, 도서 표기법에서만 그러는 것은 아닙니다.

Butter, baking with, 150–155, 162, 188–204; sautéing with, 81–83, 97, 99–102.

(Carter and Johnstone 2002; Garnick 1986; VanDuren 1980)

CHAPTER 6

큰따옴표

|

QUOTATION MARK

큰따옴표는 항상 쌍으로 쓰이며 다음 역할을 합니다.

1. 큰따옴표는 직접 인용을 나타냅니다. 가상 인물의 대화를 포함해 누군가가 한 말이나 글을 그대로 제시합니다(p. 164의 '대화에서의 엠 대시'도 참고하세요).
2. 큰따옴표는 단어를 강조할 때나 의문을 제기할 때도 씁니다. 예컨대, 의구심을 나타내거나, 아이러니를 표현하거나, 단어 자체를 지칭할 때 큰따옴표를 씁니다.
3. 큰따옴표는 기사 표기법에서 영화 제목, 도서 표기법에서 기사 제목을 나타낼 때도 씁니다.

대부분의 경우, 주요 편집 스타일들은 큰따옴표를 동일한 방식으로 사용합니다. 다음에 소개하는 규칙들은 특정 표기법으로 명시돼 있지 않으면 네 가지 주요 표기법에 모두 적용됩니다.

직접 인용이나 대화를 나타내는 큰따옴표

말하거나 글 쓴 것을 그대로 전달할 때 큰따옴표를 씁니다. 이런 인용문에는 완전한 문장과 문장의 단편(sentence fragment)이 있는데, 완전한 문장은 보통 쉼표로 인용문과 문장의 나머지 부분을 구분합니다.

Senator Jones said, "I will work with both parties to reach an agreement."

존스 상원의원은 "나는 양당과 협력해 합의에 도달하도록 할 것입니다."라고 말했다.
(완전한 문장–쉼표로 구분)

Senator Jones vowed to "work with both parties to reach an agreement."

존스 상원의원은 "양당과 협력해 합의에 도달하도록 노력할 것"이라고 맹세했다.
(문장의 단편–쉼표로 구분 안 함)

하나의 인용문 안에서 단락이 나뉠 때, 시작 부분은 왼쪽 큰따옴표로 시작합니다. 그러나 전체 인용문의 마지막 단어만이— 각 단락의 마지막 단어가 아니라— 큰따옴표로 끝납니다.

"Years ago, this land was covered with cornfields as far as the eye could see," Grant recalled. "Directly or indirectly, farming supported everyone in town. (오른쪽 큰따옴표 안 씀)

"Today, most of the farms have been replaced with factories. The local economy is completely changed." (전체 인용문이 끝날 때만 오른쪽 큰따옴표를 씀)

"여러 해 전에 이 땅은 끝이 안 보일 정도로 저 멀리까지 옥수수밭으로 덮여 있었어요."라고 그랜트가 회고했다. "직접적이든 간접적이든, 농업이 이 도시 사람들 모두를 먹여 살렸어요."

"오늘날, 농장들 대부분이 공장으로 대체되었죠. 지역 경제가 완전히 바뀌었어요."

B 도서 표기법에서 말로 하지 않은 생각은 큰따옴표로 묶을 수도 있고 묶지 않을 수도 있는데, 이는 글쓴이 취향대로 하면 됩니다. 큰따옴표를 사용하지 않는다면, 도서 표기법에서는 생각을 나타내는 첫 단어를 소문자로 씁니다.

He wondered, "Will it rain?" 그는 궁금했다. '비가 올까?'

He wondered, will it rain? 그는 비가 올지 궁금했다.

긴 인용문을 표현하는 다른 방법

보통 백 단어 이상으로 된 긴 인용문과 발췌문은 블록 인용문(block quotation, 인용문이 길 때 본문과 구별되도록 블록처럼 넣는 것으로, 위아래 한 줄씩 띄우고 좌우를 들여 쓴다) 형식을 취하기도 합니다. 블록 인용문에는 큰따옴표를 쓰지 않습니다. 블록 인용문은 항상 새로운 단락으로 시작하는데, 이는 그 인용문이 앞의 글과 명확히 분리되게 하기 위해서입니다.

발췌문 안에 다른 인용문이 들어 있는 경우, 그 인용문에는 원래대로 큰따옴표를 씁니다.

예외적이거나 아이러니한 의미를 나타내는 큰따옴표

큰따옴표는 단어나 구가 의심스럽거나 표준적이지 않은 방식으로 쓰이고 있음을 나타내기도 합니다. 이런 용법의 큰따옴표를 주의 환기용 인용 부호(scare quotes)라고도 하며, 아이러니를 나타낼 수 있습니다.

> Lucy is a real **"winner."** 루시가 진짜 '승자'예요.

큰따옴표는 어떤 용어가 (글쓴이가 아닌) 다른 사람이 뜻하는 바를 나타내거나 속어로 쓰이고 있음을 표시하기도 합니다.

> The process, which experts call **"spaghettification,"** affects objects in outer space.
> 전문가들이 '스파게티화'라고 부르는 그 과정은 우주에서 물체에 영향을 미친다.

큰따옴표를 써서 어떤 용어가 글쓴이나 화자가 만들어 낸 것임을 나타낼 수 있습니다.

> By watering the plants more often, I'm **"juicifying"** the fruit they will produce.
> 식물에 물을 더 자주 줌으로써, 나는 그 식물들이 맺을 과실을 '과즙화'하고 있다.

글에서 논의하는 단어를 돋보이게 하는 큰따옴표

(N) 기사 표기법에서 큰따옴표는 글에서 논의하는 단어나 구를 돋보이게 합니다.

> The word **"hip"** is becoming less common.
> '엉덩이'라는 단어가 점점 덜 보편적인 단어가 되고 있다.

The expression he used, **"right on,"** did not win over his listeners. 그가 사용한 'right on'이라는 표현은 청중의 마음을 사로잡지 못했다.

B **S** **A** 하지만 도서, 과학 문헌, 학술적 글 표기법에서는 글에서 어떤 단어나 구에 대해 논할 때 그 단어나 구를 이탤릭체로 쓸 것을 추천합니다.

The word *hip* is becoming less common.
'엉덩이'라는 단어는 점점 덜 보편화되고 있다.

B **N** **A** 큰따옴표는 해당 표현이 외국어를 영어로 번역한 것임을 나타낼 때도 씁니다.

The Spanish expression *ay Dios mío* means **"Oh, my God."**
스페인어 표현 ay Dios mío는 '오 마이 갓'이라는 뜻이다.

so-called에는 큰따옴표를 쓰지 않는다

B **N** **A** so-called(소위, 이른바, 흔히 ~라고 일컬어지는) 앞뒤에는 큰따옴표를 찍지 않습니다.

My **so-called** friend didn't show. 소위 내 친구라는 사람은 나타나지 않았다.

The **so-called** child protection act would actually put children in harm's way. 소위 아동보호법이라는 것이 실제로는 아이들을 위험에 처하게 할지 모른다.

작품 제목 표시: 큰따옴표 vs. 이탤릭체

도서, 노래, 영화, 연극, 뮤지컬, 그림 등의 작품 제목을 큰따옴표로 표시할지 이탤릭체로 표시할지에 대해서는 표기법에 따라 견해가 다릅니다. 기사 표기법에서는 대부분의 제목을 큰따옴표로 표시합니다. 하지만 도서, 과학 문헌, 학술적 글에서는 작품 제목을 이탤릭체로 표기하는 것을 더 선호합니다.

N 기사 표기법에서는 작품 제목에 큰따옴표

기사 표기법에서는 거의 모든 창작품의 제목에 큰따옴표를 답니다. 여기에는 책, 연극, 시, 영화, TV 프로그램, 라디오 프로그램, 미술품, 컴퓨터 게임, 오페라, 노래, 앨범, 강연 제목, 연설 제목 등이 포함됩니다.

예외로 성서, 사전 등의 참고 도서류, 안내서, 연감, 백과사전의 제목은 큰따옴표로 표시하지 않습니다.

Ⓢ 과학 문헌 표기법에서는 작품 제목에 큰따옴표 대신 이탤릭체

과학 문헌 표기법은 책, 정기간행물, 영화, 비디오, TV 프로그램 제목을 이탤릭체로 써야 한다고 명시합니다.

Ⓑ Ⓐ 도서와 학술적 글 표기법에서의 이탤릭체 vs. 큰따옴표

다음 도표에 도서 표기법과 학술적 글 표기법에서 어떤 제목은 큰따옴표로 표시하고 어떤 제목은 이탤릭체로 표기하는지를 정리했습니다. 항목이 비어 있는 것은 그 유형의 작품 제목에는 규칙이 없다는 뜻입니다.

작품 제목에 큰따옴표 vs. 이탤릭체		
다음의 제목	**Ⓑ 도서 표기법**	**Ⓐ 학술적 글 표기법**
성서, 코란, 탈무드를 제외한 책	이탤릭체	이탤릭체
성서, 코란, 탈무드	둘 다 안 씀	둘 다 안 씀
도서 시리즈물	둘 다 안 씀	
책의 장(Chapter)	큰따옴표	큰따옴표
영화	이탤릭체	이탤릭체
TV나 라디오 프로그램	이탤릭체	이탤릭체
TV나 라디오 프로그램의 개별 에피소드	큰따옴표	큰따옴표
정기간행물	이탤릭체	이탤릭체
정기간행물의 기사	큰따옴표	큰따옴표
연극	이탤릭체	이탤릭체
이야기	큰따옴표	큰따옴표

시	큰따옴표	큰따옴표
책으로 출간된 긴 시	이탤릭체	이탤릭체
노래	큰따옴표	큰따옴표
오페라나 기타 긴 음악 공연	이탤릭체	이탤릭체
레코드 앨범	이탤릭체	이탤릭체
CD		이탤릭체
팸플릿	이탤릭체	이탤릭체
그림, 조각 같은 시각 예술	이탤릭체	이탤릭체
웹사이트	둘 다 안 씀	이탤릭체
웹사이트의 개별 페이지	큰따옴표	큰따옴표
블로그	이탤릭체	
개별 블로그 포스트	큰따옴표	
온라인 데이터베이스		이탤릭체
보고서	이탤릭체	
배, 항공기, 우주선	이탤릭체	이탤릭체
정기간행물에 연재되는 칼럼이나 특별란	둘 다 안 씀	
에세이		큰따옴표
강연, 연설 등 출간되지 않는 작품	큰따옴표	큰따옴표

다른 문장 부호와 함께 쓰이는 큰따옴표

가장 흔히 발생하는 구두점 오류가 다른 문장 부호와 함께 쓰일 때 큰따옴표의 위치입니다. 주요 표기법에 다음 규칙이 모두 적용됩니다.

마침표와 함께 쓰일 때

마침표는 항상 오른쪽 큰따옴표 앞에 씁니다.

> Joe hates it when people call him "pal."
> 조는 사람들이 자신을 '친구'라고 부르는 것을 싫어한다.

> Lincoln's speech began, "Four score and seven years ago."
> 링컨의 연설은 "87년 전에"라고 시작했다.

> Maria said, "That's not my car." 마리아는 "그건 내 차가 아니에요."라고 말했다.

쉼표와 함께 쓰일 때

쉼표는 항상 오른쪽 큰따옴표 앞에 옵니다.

> When people call him "pal," Joe gets annoyed.
> 사람들이 그를 '친구'라고 부를 때, 조는 짜증을 낸다.

> "Four score and seven years ago," the president began.
> "87년 전에"라고 대통령은 (연설을) 시작했다.

> "That's not my car," Maria said.
> "그건 내 차가 아니에요."라고 마리아가 말했다.

물음표와 함께 쓰일 때

물음표는 오른쪽 큰따옴표 앞에 올 수도 있고 뒤에 올 수도 있습니다. 큰따옴표가 인용된 부분만을 한정하면 물음표가 큰따옴표 뒤에 오고, 큰따옴표가 문장 전체를 한정하면 물음표가 큰따옴표 앞에 옵니다.

> Can he pronounce the word "nuclear"?
> 그는 '핵'이라는 단어를 발음할 수 있나요? (큰따옴표가 인용된 단어 nuclear만 한정)

> Alfred E. Neuman's catch phrase is "What, me worry?"
> 알프레드 E. 노이만의 캐치프레이즈는 "뭐, 내가 걱정한다고?"이다. (큰따옴표가 What, me worry? 전체를 한정)

느낌표와 함께 쓰일 때

느낌표 역시 오른쪽 큰따옴표 앞에 올 수도 있고 뒤에 올 수도 있습니다. 큰따옴표가 인용된 부분만을 한정하면 느낌표가 큰따옴표 뒤에 오고, 큰따옴표가 문장 전체를 한정하면 느낌표가 큰따옴표 앞에 옵니다.

I'm outraged he can't pronounce **"nuclear"**!
나는 그가 '핵'을 발음할 수 없다는 데 화가 나요! (큰따옴표가 인용된 단어 nuclear만 한정)

Every time you see her, Paula screams, **"Hello!"**
당신이 그녀를 볼 때마다 폴라는 "안녕하세요!"라고 소리치죠. (큰따옴표가 문장 Hello! 전체를 한정)

작은따옴표와 함께 쓰일 때

작은따옴표는 인용문 안에 또 인용된 걸 나타내므로, 큰따옴표 안에 작은따옴표를 씁니다.

Joe said, "Don't call me **'buddy.'**" 조는 "나를 '친구'라고 부르지 마."라고 말했다.

이론적으로는 인용문 안에 쓰인 인용문 안에 또 다른 인용문이 쓰일 수 있습니다. 이런 어색한 중첩 구조를 써야 하는 경우가 드물기는 한데, 이럴 때는 큰따옴표와 작은따옴표를 번갈아 가며 씁니다.

Mark reported, "Joe said, **'Don't call me "buddy."'**"
마크는 "조가 '나를 "친구"라고 부르지 마.'라고 했어."라고 전했다.

큰따옴표와 작은따옴표는 모두 짝을 이루어 써야 하기에, 왼쪽 따옴표를 썼으면 반드시 오른쪽 따옴표를 써야 합니다.
작은따옴표와 큰따옴표가 나란히 올 때 그 사이는 간격을 띄우지 않습니다.

콜론과 함께 쓰일 때

콜론은 오른쪽 큰따옴표 뒤에 옵니다. 앞에는 올 수 없습니다.

The truth, she said, was **"simple"**: Dan was guilty.
그녀는 진실은 "단순해요"라고 말했다. 댄은 유죄였다.

세미콜론과 함께 쓰일 때

세미콜론은 오른쪽 큰따옴표 뒤에 옵니다. 앞에는 올 수 없습니다.

> A conviction, she said, was **"inevitable"**; Dan would go to jail.
> 그녀는 유죄 판결이 "불가피합니다"라고 말했다. 댄은 감옥에 갈 것이다.

줄임표와 함께 쓰일 때

인용문 앞이나 끝에는 줄임표를 안 써도 됩니다. 일반적으로 독자는 인용된 텍스트가 화자의 첫 번째나 마지막 말이 아니었으리라는 걸 알기 때문입니다. 줄임표는 흔히 인용문의 중간에 옵니다. (Chapter 10의 '줄임표' 부분을 참고하세요.)

B 인용문이 줄임표로 끝나는 경우는 별로 없는데, 그런 경우 도서 표기법에서는 줄임표 뒤에 쉼표를 찍은 다음 인용문을 소개하는 주어와 동사가 오는 걸 권장합니다.

> **"Um . . . um . . . ,"** said Charles.
> 찰스는 "음… 음…"이라고 말했다.

큰따옴표 안에서 복수형 만들기

B 큰따옴표 안에 있는 표현을 복수형으로 만들 때는 복수형의 s를 큰따옴표 안에 쓰고 아포스트로피는 쓰지 않습니다. (주의: 이 내용에 대해서는 도서 표기법만이 명시적으로 규정하고 있습니다.)

> The act drew a lot of **"wows."**
> 그 행동은 많은 '감탄'을 자아냈다.

> How many **"happy birthdays"** were uttered that day?
> 그날 '생일 축하합니다'라는 말을 몇 번이나 했나요?

> Is it possible that the Beatles wrote two different **"All You Need Is Loves"**?
> 비틀스가 두 개의 다른 〈당신에게 필요한 것은 사랑뿐〉을 썼을 가능성이 있나요?

큰따옴표 안에서 소유격 만들기

> ✚ 주요 표기법에는 큰따옴표 안에 있는 표현의 소유격을 만드는 법에 대해서는 지침이 없습니다. 기사에서 영화 제목을 큰따옴표로 묶은 경우, 구두법 자문단은 다음과 같은 예에서 아포스트로피와 s를 큰따옴표 안에 쓸지 큰따옴표 밖에 쓸지에 대해 의견이 갈렸습니다.
>
> **"Casablanca's"** best scene 〈카사블랑카〉 최고의 장면
> **"Casablanca"'s** best scene 〈카사블랑카〉 최고의 장면

큰따옴표의 방향

대부분의 서체에서 큰따옴표는 형태가 구부러져 있어서 왼쪽 큰따옴표와 오른쪽 큰따옴표의 형태가 구별됩니다. 왼쪽 큰따옴표는 알파벳 C처럼 오른쪽이 뚫려 있고, 인용이 시작됨을 나타냅니다. 오른쪽 큰따옴표는 그 반대로 왼쪽이 뚫려 있고, 인용이 끝났음을 나타냅니다.

"This is fabulous," she said. "이거 정말 멋지네요." 그녀가 말했다.

이중 프라임 기호와 큰따옴표

큰따옴표와 이중 프라임 기호(")를 혼동하지 마세요. 다른 문장 부호와 함께 쓰일 때 큰따옴표의 위치에 관한 규칙이 이중 프라임 기호에는 적용되지 않습니다. 예를 들어, 마침표나 쉼표는 오른쪽 큰따옴표 앞에 오지만, 이중 프라임 기호 뒤에 옵니다.

The ruler is **12″**. 그 자는 12인치다.

CHAPTER 7

작은따옴표

|

SINGLE QUOTATION MARK

작은따옴표는 보통 인용 안의 또 다른 인용을
나타냅니다.

인용 안의 인용

작은따옴표는 인용 어구나 단어가 다른 인용문 안에서 하나의 단어처럼 지칭될 때 씁니다. 따라서 작은따옴표는 큰따옴표 안에서 쓰입니다.

> Joe said, "Don't call me 'buddy.'"
> 조는 "나를 '친구'라고 부르지 마."라고 말했다.

이론적으로는 인용문 안에 쓰인 인용문 안에 또 다른 인용문이 쓰일 수 있습니다. 이런 어색한 중첩 구조를 써야 하는 경우는 드물지만, 이럴 때는 큰따옴표와 작은따옴표를 번갈아 가며 씁니다.

> Mark reported, "Joe said, 'Don't call me "buddy."'"
> 마크는 "조가 '나를 "친구"라고 부르지 마.'라고 했어."라고 전했다.

작은따옴표는 짝을 이루어 쓰이므로, 왼쪽 작은따옴표를 쓰면 반드시 오른쪽 작은따옴표를 써야 합니다. 작은따옴표는 큰따옴표 바로 옆에 쓸 수 있고, 그런 경우 작은따옴표와 큰따옴표 사이에 간격을 띄우지 않고 붙여 씁니다. 워드 프로그램에서는 자동으로 그 둘 사이에 한 칸을 띄우기도 하는데, 붙여 써야 합니다.

작은따옴표는 글에서 논의되는 단어에 쓰지 않는다

흔히들 실수하는 게 작은따옴표로 큰따옴표를 대체할 수 있다고 생각하는 것입니다. 특히, 글에서 논의하는 단어나 소개하는 단어에 작은따옴표를 쓰는 것은 틀린 표기법입니다.

맞는 표기

> Often called "superbugs," these germs resist antibiotics.
> 흔히 '수퍼버그'라고 불리는 이 세균은 항생제에 내성이 있다.

틀린 표기

> Often called 'superbugs,' these germs resist antibiotics.

기사 제목에 쓰이는 작은따옴표

많은 신문 잡지에서 제1면 기사 헤드라인에 큰따옴표 대신 작은따옴표를 씁니다. 이런 관습은 신문과 잡지에 고유하며, 보통 각 신문사나 잡지사 표기법 지침에 문서화되어 있습니다.

다른 문장 부호와 함께 쓰이는 작은따옴표

작은따옴표가 다른 문장 부호와 함께 쓰이는 규칙은 큰따옴표가 다른 문장 부호와 함께 쓰이는 규칙과 동일합니다. 자세한 규칙은 p. 100의 '다른 문장 부호와 함께 쓰이는 큰따옴표'를 참고하세요.

왼쪽 작은따옴표와 아포스트로피를 혼동하지 말 것

많은 서체에서 왼쪽 작은따옴표는 알파벳 C처럼 오른쪽이 뚫려 있으며, 이것은 왼쪽이 뚫려 있는 아포스트로피와 방향이 반대입니다. 컴퓨터의 워드 프로그램은 흔히 단어 앞에 붙는 아포스트로피를 작은따옴표라고 생각해서 글쓴이의 의도와 달리 자동으로 아포스트로피를 작은따옴표로 바꿉니다. 이때는 작은따옴표를 아포스트로피로 수정해야 합니다.

하지만 오른쪽 작은따옴표는 아포스트로피와 형태가 동일해서 왼쪽 작은따옴표 같은 문제가 발생하지 않습니다.

작은따옴표와 프라임 기호를 혼동하지 말 것

작은따옴표를 프라임 기호와 혼동하지 마세요. 다른 문장 부호와 작은따옴표를 함께 쓸 때의 작은따옴표 위치 규칙이 프라임 기호에는 적용되지 않습니다. 예를 들어, 마침표나 쉼표는 오른쪽 작은따옴표의 앞에 오지만, 프라임 기호와 함께 쓰일 때는 그 뒤에 옵니다.

The room's length is **12′**.

그 방의 길이는 12피트다.

CHAPTER 8

물음표

QUESTION MARK

물음표는 질문을 나타냅니다.

Does the bus come by here?
그 버스가 여기 서나요?

Why? 왜?

How many times did you call?
너 전화 몇 번 걸었어?

What does the chef recommend?
주방장이 무얼 추천하나요?

물음표 뒤의 간격

물음표 뒤에는 두 칸을 띄우지 않고 한 칸만 띄웁니다.

쉼표를 대신하는 물음표

물음표로 끝나는 인용문 뒤에는 쉼표를 쓰지 않습니다.

> **맞는 표기:** **"Are the sandwiches good here?"** he asked.
> "여기 샌드위치 맛있어요?" 그가 물었다.

> **틀린 표기:** "Are the sandwiches good here?," he asked.

B 하지만 물음표가 고유명사의 일부일 때는 쉼표를 찍습니다.

> **"Why Can't We Be Friends?,"** her favorite song, was on the radio.
> 그녀가 좋아하는 노래 〈우리는 왜 친구가 될 수 없을까?〉가 라디오에서 나오고 있었다.

마침표를 대신하는 물음표

물음표가 문장 끝에 올 때는 마침표를 따로 찍지 않습니다. 물음표가 따옴표 안에 있든, 그렇지 않든, 고유명사의 일부이든 상관없습니다.

> The officer asked, **"Do you know how fast you were going?"**
> 경찰관이 "당신이 얼마나 빨리 가고 있었는지 아십니까?"라고 물었다.

> You should read *Which Way to My Bright Future?*
> 너는 《나의 밝은 미래로 가는 길은 어디일까?》를 읽어야 해. (고유명사의 일부)

> You should read **"Which Way to My Bright Future?"**
> 너는 《나의 밝은 미래로 가는 길은 어디일까?》를 읽어야 해. (고유명사의 일부)
> (책 제목 형식에 대해서는 p. 97의 '작품 제목 표시: 큰따옴표 vs. 이탤릭체'를 참고하세요.)

마침표가 물음표 옆에 쓰이는 유일한 경우는 문장 마지막 단어가 약어나 두문자어일 때입니다.

> Do you think he'll mind if I call him **J.D.?**
> 내가 그를 J.D.라고 부르면 그가 싫어할까?

느낌표와 함께 쓰이는 물음표

물음표와 느낌표가 문장의 의미에 필수적일 때는 두 문장 부호가 나란히 쓰일 수 있습니다.

Why did you scream *charge!*?
왜 "돌격!"이라고 소리를 질렀어요? (느낌표는 charge에, 물음표는 전체 문장에 연결)

문장 끝의 물음표가 필요 없게 하는 물음표

의문문이 문장 안의 물음표로 끝나는 경우, 예를 들어 물음표로 끝나는 작품 제목이 문장 끝에 오는 경우, 그 물음표가 종지 부호로 쓰입니다.

Do you know the song **"Why Can't We Be Friends?"**
너 〈우리는 왜 친구가 될 수 없을까?〉라는 노래 알아?

물음표나 느낌표를 (혹은 두 가지 모두를) 몇 번씩 쓰는 것이 일상 의사소통에서는 흔한 일이지만 전문 출판물에서는 지양하는 게 좋습니다.

맞는 표기: Are you crazy? 너 미쳤어?

추천하지 않음: Are you crazy??? 너 미쳤어???

추천하지 않음: Are you crazy?!?! 너 미쳤어?!?!

문장 가운데에 쓰이는 물음표

큰따옴표 안에 들어 있지 않은 의문문이 문장 가운데에 올 때는 문장이 거기서 끝나지 않더라도 그 의문문 뒤에 물음표가 올 수 있습니다.

Has there ever been a better time to try? he wondered.
한번 해 보기에 이보다 더 좋은 때가 있었을까? 그는 궁금했다.

> ✚ 구두법 자문단은 이렇게 문장 안에 물음표를 쓰는 걸 지지했습니다.
>
> The question **Why?** comes up a lot. 왜?라는 질문이 많이 나온다.

평서문 뒤의 물음표

평서문이지만 글쓴이가 그 문장을 의문문으로 의도한다면 물음표를 쓸 수 있습니다.

You're 23 years old? 너 스물세 살이야?

The cost of living is high where you're from?
당신이 사는 곳은 생활비가 비싸요?

He prefers coffee? 그는 커피를 더 좋아해?

수사 의문문에서 물음표의 생략

형태는 의문문이지만 의미는 평서문인 문장은 글쓴이가 원하면 물음표 대신 마침표로 끝냅니다.

How about that. 그건 어때.

Well, what do you know. 글쎄. 네가 뭘 알아.

Really. 정말이야.

Why don't you just get out of here. 그냥 여기서 나가지 그래.

Guess what에는 물음표를 안 쓰는 편을 선호

> ✚ 구두법 자문단 대다수가 Guess what에는 의문문처럼 물음표를 찍기보다 평서문처럼 마침표를 찍는 것을 선호했습니다.
>
> 선호하는 표기: Guess what. 맞혀 봐.
>
> 덜 선호한 표기: Guess what?

CHAPTER 9

느낌표

|

EXCLAMATION POINT

느낌표는 소리를 질러서 명령하는 말이나 감탄
하는 말처럼 고조된 감정을 나타낼 때 씁니다.

No! he yelled.
싫어! 그가 소리쳤다.

You've gone completely mad!
당신 완전히 미쳤군요!

Careful!
조심해!

느낌표 뒤의 간격

느낌표 뒤에는 두 칸을 띄우지 않고 한 칸만 띄웁니다.

쉼표를 대신하는 느낌표

느낌표로 끝나는 인용문 뒤에는 쉼표를 쓰지 않습니다.

> 맞는 표기: **"This sandwich is fantastic!"** he said.
> "이 샌드위치 환상적이다!" 그가 말했다.

> 틀린 표기: "This sandwich is fantastic!," he said.

하지만 느낌표가 고유명사의 일부일 경우에는 쉼표를 따로 찍습니다.

> **"Mamma Mia!,"** her favorite play, was on Broadway.
> 그녀가 가장 좋아하는 연극 〈맘마미아!〉가 브로드웨이에서 공연되었다.

> **Yahoo!,** headquartered in Silicon Valley, is an international company. 실리콘 밸리에 본사가 있는 야후!는 국제적인 회사다.

마침표를 대신하는 느낌표

느낌표가 문장 끝에 오면 마침표를 안 찍어도 됩니다. 느낌표가 큰따옴표 안에 있든, 그렇지 않든, 고유명사의 일부이든 상관없습니다.

> The troops' battle cry was **"Remember Jimmy!"**
> 그 군대가 전투에서 외친 함성은 "지미를 기억하라!"였다.

느낌표 옆에 마침표가 올 수 있는 유일한 경우는 문장 마지막 단어가 약어나 이니셜일 때입니다.

> But he said I could call him **J.D.!**
> 하지만 그는 내가 자기를 J.D.라고 불러도 된다고 했어!

물음표와 함께 쓰이는 느낌표

느낌표와 물음표가 문장 의미에 필수적일 때는 나란히 쓰일 수 있습니다.

Why did you scream *charge!*?
왜 "돌격!"이라고 소리를 질렀어요? (느낌표는 charge에, 물음표는 문장 전체에 연결)

문장 끝의 느낌표가 필요 없게 하는 느낌표

감탄문이 작품 제목 같은 고유명사에 붙은 느낌표로 끝날 때, 고유명사에 붙은 느낌표가 문장의 종지 부호 역할을 하므로 따로 느낌표를 쓸 필요가 없습니다.

I really hated "Jubilee!" 나는 〈주빌리!〉가 정말 싫었어!

감정을 표현하기 위해 느낌표를 여러 개 쓰거나 느낌표와 물음표를 함께 쓰는 건 전문 출판물에서는 지양하는 게 좋습니다.

맞는 표기: You are crazy! 너 미쳤구나!

추천하지 않음: You are crazy!!! 너 미쳤구나!!!

추천하지 않음: Are you crazy?!?! 너 미쳤어?!?!

"Mamma Mia!," her favorite play, was on Broadway.

But he said I could call him **J.D.!**

CHAPTER 10

줄임표

|

ELLIPSIS

줄임표는 단어가 생략된 곳이나 말이 중단된 곳에 사용하는, 점 세 개로 된 문장 부호입니다. 참고로 줄임표를 뜻하는 영어 단어인 ellipsis의 복수형은 ellipses입니다. 줄임표를 ellipsis points 라고 부르는 표기법 전문가들도 있습니다. 더 나아가 ellipsis points와 suspension points를 구분 하는 사람들도 있는데, 형태는 같지만 의미상 suspension points는 말을 질질 끌거나 더듬는 것을 가리킵니다(p. 119를 참고하세요).

줄임표는 주로 인용문에 쓰여서 화자의 말 일부가 생략됐다는 걸 나타냅니다.

점 사이의 간격

B **S** **A**　도서, 과학 문헌, 학술적 글 표기법에서 줄임표는 점 세 개를 찍어서 표시하고, 점 사이는 한 칸씩 띄웁니다.

"I consider myself lucky . . . to still be alive."

"나는 내가 운이 좋다고 생각해요… 아직 살아 있어서."

N　기사 표기법에서는 점 사이를 한 칸씩 띄우지 않습니다.

"I consider myself lucky ... to still be alive."

"나는 내가 운이 좋다고 생각해요… 아직 살아 있어서."

> ✚ 구두법 자문단 구성원들은 점 사이를 한 칸씩 띄어야 하는지에 대해 의견이 나뉘었습니다. 일부는 점 사이를 띄어야 한다는 규칙이 구식이며, 첫 번째 점과 두 번째 점 뒤에 한 칸씩 띄우지 않는다고 했습니다.

줄임표 앞과 뒤의 간격

주요 표기법 지침에서는 줄임표의 첫 번째 점 앞과 마지막 점 뒤에 한 칸씩 띄어야 한다고 명시합니다.

줄임표와 행 바꾸기

줄임표의 점 세 개는 모두 같은 줄에 있어야 합니다.

인용문 맨 앞과 맨 끝에는 줄임표 불필요

우리는 누군가의 말을 처음부터 끝까지 다 인용해서 전하지 않습니다. 인용하는 내용은 화자가 말을 시작하고 한참 뒤의 부분일 수도 있고, 화자가 말을 멈추기 훨씬 전에 인용이 끝날 수도 있습니다. 따라서 모든 인용문을 줄임표로 시작하거나 끝낼 필요는 거의 없습니다. 하지만 인용문 앞이나 끝에 줄임표를 넣는 것이 의미 전달에 더 효과적이라고 판단한다면 줄임표를 쓸 수도 있습니다.

> **맞는 표기:** "Our fathers brought forth on this continent a new nation."
> "우리 조상들은 이 대륙에 새로운 국가를 일으켰다."

> **권장하지 않음:** ". . . our fathers brought forth on this continent a new nation . . ."

완전한 문장 뒤의 줄임표

줄임표 앞의 단어들이 문법적으로 완전한 문장을 이루면, 일반적으로 문장을 마무리하는 마침표나 물음표, 느낌표를 유지합니다. 기사에서는 종지 부호 뒤와 줄임표 앞에 한 칸을 띄어야 하지만, 도서, 과학 문헌, 학술적 글에서는 한 칸을 띄울 필요가 없습니다.

> **B S A** "They rode into town in a Sherman tank. . . . It was the most beautiful sight I had ever seen."
> "그들은 셔먼 전차를 타고 마을로 들어갔다.… 그것은 내가 본 가장 아름다운 광경이었다."

> **N** "They rode into town in a Sherman tank. ... It was the most beautiful sight I had ever seen."
> "그들은 셔먼 전차를 타고 마을로 들어갔다. … 그것은 내가 본 가장 아름다운 광경이었다."

> **B S A** "Did you know that Jenny is on her way? . . . This will be interesting."
> "제니가 오고 있다는 걸 알고 있었나요? … 이거 흥미롭겠는데요."

> **N** "Did you know that Jenny is on her way? ... This will be interesting."
> "제니가 오고 있다는 걸 알고 있었나요? … 이거 흥미롭겠는데요."

줄임표가 완전한 문장 뒤에 올 때, 줄임표 뒤에 오는 글은 모든 표기법에서 대문자로 시작한다는 데 유의하세요.

다른 문장 부호와 함께 쓰이는 줄임표

줄임표가 쓰일 때 보통 쉼표, 콜론, 세미콜론, 대시는 쓸 필요가 없습니다. 하지만 간혹 다른 문장 부호를 쓰는 게 문장의 의미를 이해하는 데 도움이 된다면 써도 됩니다.

중단된 말이나 더듬는 말을 나타내는 줄임표

줄임표는 말을 질질 끌거나 더듬는 것을 나타내기도 합니다. 이런 경우의 줄임표를 영어로는 suspension points라고 부르기도 합니다.

It's not that he finds her unattractive, it's just, well . . .
그가 그녀를 매력적이지 않다고 생각하는 게 아니라, 단지, 음…

You . . . you . . . you monster! 너… 너… 이 괴물아!

✚ 구두법 자문단 대다수는 이것을 다른 사람이 끼어들어서 말이 중단된 것과는 다르게 생각했습니다. 자문단 구성원 대부분은 화자 자신이 말을 중단한 게 아니라 다른 사람 때문에 말이 중단된 경우에는 줄임표 대신 엠 대시(—)를 쓰는 것을 선호했습니다.

Martin was livid: "If I've told you once I've—"

"Stop right there." Pete yelled.

마틴은 격분했다. "내가 너한테 한 번 말을 했으면 나는—"

"당장 멈춰." 피트가 소리질렀다.

CHAPTER 11

하이픈

―

HYPHEN

하이픈을 언제 쓰는가 하는 문제는 정밀과학과는 다릅니다. 규칙은 복잡하고, 그 규칙은 문체에 따라 다르며, 하이픈 사용 여부를 개인의 취향과 판단에 맡기는 경우도 많습니다. 어떤 경우에는 단어나 어구에 하이픈을 쓸지 말지가 글쓴이나 편집자에게 온전히 달려 있습니다. 또 어떤 경우에는 규칙이 명확해서 변경할 수가 없습니다.

이 장에서는 하이픈 사용에 대한 자세한 지침을 살펴봅니다. 'Part 2. 구두법 A to Z'에 하이픈이 쓰이는 구체적인 용어가 많이 나와 있으니, 전문적으로 하이픈을 써야 하는 사람들은 이 지침을 면밀히 따르면 됩니다. 그러나 '완벽하게' 쓰기보다는 쉽게 적용할 시스템이 필요한 사람들은 다음 세 가지 접근법을 따르세요.

1. 하이픈이 없으면 혼동이 빚어질 수 있는 합성어에는 하이픈을 넣습니다.

small-business loans
중소기업 대출 (하이픈이 없으면 small이 business loans를 꾸며 적은 액수의 기업 대출로 오해 가능)

ly로 끝나는 부사들은 명확하게 바로 뒤에 오는 단어를 꾸며 주므로, ly로 끝나는 부사가 들어간 합성어에는 하이픈을 넣지 않습니다.

a happily married couple 행복한 결혼생활을 하는 부부

2. 접두사나 접미사에는 하이픈이 없어서 단어가 어색해 보이지 않는 한 하이픈을 안 넣습니다.

antiviral 항바이러스성의   anti-American 반미의, 반미주의자

3. 명사와 동사에 하이픈을 언제 넣고 언제 안 넣는지는 사전을 확인하세요.

하이픈을 잘 쓰려면 '이 합성어는 어떤 품사로 쓰일 것인가?'라는 질문을 먼저 던지세요.

명사나 동사
합성어가 명사나 동사면 하이픈 사용 여부는 사전에 따라 결정됩니다. 예를 들어, water-ski는 주요 사전에 따르면 동사일 때는 하이픈이 공식적으로 철자의 일부입니다. 그러나 명사 water ski에는 하이픈이 없습니다. 이건 규칙이나 공식을 적용해서 결정할 수 있는 게 아니라서 사전을 찾아야 합니다. 사전에서 찾을 수 없는 합성 명사나 합성 동사는 글쓴이가 만들 수도 있는데, 그런 것을 임시 합성어(temporary compounds)라고 합니다. 이런 임시 합성 명사와 합성 동사에 하이픈을 넣는 지침을 이 장에서 설명합니다.(합성 명사는 p. 144, 합성 동사는 p. 149를 참고하세요.)

형용사나 부사
사전에 하이픈이 들어간 형태로 나오는 형용사와 부사(수식어들)는 자기가 꾸미는 명사 앞에서도 그 형태로 쓰입니다. 하지만 책에서는, 명사 뒤에 오는 합성 형용사는 작가나 편집자 재량에 따라 하이픈 없이 쓸 수 있습니다. 사전에 하이픈이 있어도 말이죠. 사전에 안 나온 합성 형용사와 합성 부사는 하이픈을 넣는 기본 규칙에 따라 글쓴이가 만들어 낼 수도 있습니다. 그 규칙이 느슨한 경우가 많아서, 때로는 하이픈이 의미 이해에 도움이 되는지 여부의 판단을 작가에게 맡깁니다.

접두사나 접미사
접두사와 접미사는 앞에서 말한 것과 다른 하이픈 넣기 전략이 필요합니다. 여기서는 1) 사전에 올라 있는 worldwide 같은 단어, 2) 다른 단어에 붙어서 사전에 등재 안 된 communitywide 같은 단어를 만들어 내는 -wide 같은 접두사나 접미사, 3) park-adjacent의 adjacent처럼 접두사나 접미사가 아닌 별개 단어 등 세 경우의 차이점에 유의하는 것이 중요합니다. (p. 149의 '접두사'와 p. 157의 '접미사'에서 자세한 내용을 참고하세요.)

모든 표기법은 현대 출판물에 하이픈을 과도하게 쓰는 걸 피하라고 합니다. 전문 출판 표기법을 따르고 싶은 사람은 하이픈을 적게 쓰면서 독자가 이해하기 쉬운 글을 써야 한다는 점을 늘 염두에 두세요.

합성 수식어

합성 수식어는 둘 이상의 단어가 한 덩어리로서 다른 단어나 어구를 꾸미는 것입니다.

Eat a **vitamin-rich** diet.
비타민이 풍부한 식사를 하세요. (합성 수식어 vitamin-rich는 형용사)

She works **full time**. 그녀는 풀타임으로 일한다. (합성 수식어 full time은 동사를 꾸미는 부사)

That is a **jaw-droppingly** gorgeous sunset.
저것은 입이 떡 벌어질 정도로 멋진 일몰이군요. (합성 수식어 jaw-droppingly는 형용사를 꾸미는 부사)

일부 합성 수식어는 사전에 등재되어 있는데, 한 예가 good-looking(잘생긴, 보기 좋은)입니다.

사전에 올라 있는 합성 수식어

사전에 있는 합성 수식어는 흔히 영구 합성 수식어(permanent compound modifiers) 혹은 간단히 영구 합성어(permanent compounds)라고 합니다. 문장의 어느 위치에 오느냐에 따라 하이픈을 쓰느냐 마느냐가 달라집니다.

▶ **명사 앞에 오는 영구 합성 수식어**

B **N** **S** **A** 사전에 하이픈이 들어간 형태로 올라 있는 합성어는 명사 앞에 쓰일 때 하이픈이 들어간 형태를 유지합니다.

a **good-looking** man 잘생긴 남자

▶ **명사 뒤에 오는 영구 합성 수식어**

B 도서 표기법에서, 사전에 하이픈이 들어간 형태로 올라 있는 합성어가 명사 뒤에 올 경우, 하이픈 없이 쓰면 의미가 불분명해지지 않는 한 보통 하이픈 없이 씁니다.

That documentary is **award winning**. 그 다큐멘터리는 상을 받은 작품이다.
(하이픈을 안 써도 의미가 명확하므로 하이픈 없이 사용)

That lawyer is really **good-looking**. 그 변호사는 정말 잘생겼다.
(하이픈을 넣어서 이 문장이 That lawyer is really good.이라고 잘못 읽힐 가능성을 방지)

N **S** **A** 기사, 과학 문헌, 학술적 글 표기법에서는, 사전에 올라 있는 합성어가 수식하는 명사 뒤에 올 때 보통 하이픈을 유지합니다.

사전에 올라 있지 않은 합성 수식어

글을 쓰다 보면 사전에 없는 합성 수식어를 만들어 사용할 수도 있습니다. 이런 합성어를 임시 합성어(temporary compounds)라고 하며, 이 합성어들은 다음 규칙에 따라 하이픈을 넣습니다.

▶ **명사 앞의 임시 합성 형용사**

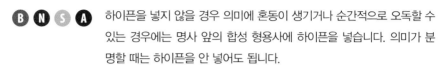 하이픈을 넣지 않을 경우 의미에 혼동이 생기거나 순간적으로 오독할 수 있는 경우에는 명사 앞의 합성 형용사에 하이픈을 넣습니다. 의미가 분명할 때는 하이픈을 안 넣어도 됩니다.

a **man-eating** fish
식인 물고기 (a man eating fish라고 쓰면 '물고기를 먹는 남자'라는 의미가 됨)

That hole in the ground is a **well-documented** hazard.
땅에 난 그 구멍은 관련 증거가 많은 위험이다. (well-documented에서 하이픈이 빠지면 That hole in the ground is a well까지 읽고 '땅에 난 그 구멍은 우물이다'라고 오독할 수 있음)

a **crab cake** recipe 게살 케이크 조리법 (의미가 분명해서 하이픈을 넣지 않음)

p. 124의 '합성 수식어 기본 규칙의 예외 및 특수 상황'을 참고하세요.

▶ **명사 뒤의 임시 합성 형용사**

명사 뒤에 오는 임시 합성어에는 하이픈을 넣어도 되고 안 넣어도 됩니다.

B S 의미가 명확한 경우, 명사 뒤에서 명사를 꾸며 주는 합성 형용사에는 하이픈을 넣지 않습니다.

money **well spent** 잘 쓴 돈

The man is **family oriented**. 그 남자는 가정적이다.

This news is **heaven sent**. 이 소식은 하늘이 내린 것이다.

N 합성 형용사가 명사 뒤에 be동사의 한 형태(is, am, are, was, were, being, been)와 함께 올 경우, 합성 형용사에 하이픈을 넣습니다.

The mayor **is donation-obsessed**. 그 시장은 기부에 집착한다.

The man **was quick-thinking**. 그 남자는 두뇌 회전이 빨랐다.

The service **is family-style.**
그 서비스는 담아 놓은 음식을 각자 자기 접시에 덜어 먹는 가족형이다.

✚ 기사 표기법에는 seem, appear, become, act 같은 연결 동사 뒤에 오는 합성 형
용사에 하이픈을 넣어야 하는가에 명확한 지침이 없습니다. 이에 구두법 자문단
대다수는 합성 형용사에 하이픈을 넣는 것을 선호합니다.

This dessert **seems guilt-free.** 이 디저트는 죄책감이 들지 않게 하는 것 같다.

The target **looks bullet-riddled.** 표적은 총알로 벌집이 된 듯 보인다.

This meat **tastes hickory-smoked.**
이 고기는 히코리 나무로 훈제한 맛이 난다.

He **feels honor-bound.** 그는 명예를 걸고 해야 할 의무를 느낀다.

She **appears quick-thinking.** 그녀는 두뇌 회전이 빨라 보인다.

Ⓐ   자기가 수식하는 명사 뒤에 오는 합성 형용사에는 하이픈을 넣지 않습니다.

The man was **quick thinking.** 그 남자는 두뇌 회전이 빨랐다.

합성 수식어 기본 규칙의 예외 및 특수 상황

모든 편집 스타일에는 고유의 하이픈 연결 특성이 있습니다. 다음에 소개하는 예외와
특수 상황에서 표기법 아이콘(Ⓑ Ⓝ Ⓢ Ⓐ)은 그 표기법에서 선호하는 방식을 나타냅
니다. 아이콘이 나오지 않으면 기본 하이픈 연결 규칙을 따르거나 글쓴이가 스스로 판
단해 따르면 된다는 뜻입니다.

가장 중요한 예외는 ly로 끝나는 부사는 합성 수식어의 일부로 쓰일 때 하이픈을 넣지
않는다는 것입니다.

맞는 표기: a **happily married** couple 행복한 결혼생활을 하는 부부

틀린 표기: a happily-married couple

이 내용의 더 자세한 사항은 p. 130 'ly 부사가 들어간 합성어' 부분을 참고하세요.

특정 단어를 포함한 합성 형용사

특정 단어를 포함한 합성 형용사들은 다음에 서술한 대로 하이픈을 넣습니다.

▶ **best**가 들어간 합성 형용사

B **A** 명사 앞에 올 때는 하이픈을 넣지만, 명사 뒤에 올 때는 하이픈을 넣지 않습니다.

the **best-known** restaurant 가장 유명한 식당

the restaurant that is **best known** 가장 유명한 식당

▶ **better**가 들어간 합성 형용사

A 명사 앞에 올 때는 하이픈을 넣지만, 명사 뒤에 올 때는 하이픈을 넣지 않습니다.

a **better-known** restaurant 더 잘 알려진 식당

That restaurant is **better known**. 그 식당이 더 잘 알려져 있다.

▶ **elect**가 들어간 합성 형용사

B **N** 명사(고유명사 포함)를 꾸미는 elect가 들어간 임시 합성어는 그 합성어가 명사 앞에 오든 뒤에 오든 하이픈을 넣습니다. (p. 145의 'elect가 들어간 합성 명사'도 참고하세요.)

mayor-elect Joe Brown 시장 당선인 조 브라운

councilwoman-elect Jane Murphy (여성) 시의원 당선인 제인 머피

Pete Taylor, **senator-elect** 상원의원 당선인 피트 테일러

▶ **ever**가 들어간 합성 형용사

B 명사 앞에 올 때는 하이픈을 넣지만, 명사 뒤에 올 때는 하이픈을 넣지 않습니다.

the **ever-golden** skies 언제나 황금빛인 하늘

my **ever-wise** grandfather 언제나 현명하신 나의 할아버지

The skies are **ever golden**. 하늘은 언제나 황금빛이다.

My grandfather is **ever wise**. 우리 할아버지는 언제나 현명하시다.

▸ free가 들어간 합성 형용사

B   명사 앞에 오든 뒤에 오든 하이픈을 넣습니다.

a **hassle-free** vacation 신경 쓸 일 없는 휴가

free-beer Tuesdays 맥주가 무료인 화요일

Leave hair **tangle-free.** 머리카락이 엉키지 않도록 하세요.

▸ full이 들어간 합성 형용사

B   명사 앞에 올 때는 하이픈을 넣지만, 명사 뒤에 올 때는 하이픈을 넣지 않습니다.

a **full-size** sedan 대형 세단

The job is **full time.** 그 일은 풀타임이다.

N   명사 앞에 오든 뒤에 오든 하이픈을 넣습니다. (p. 142의 '합성 부사'를 참고하세요.)

a **full-page** advertisement 전면 광고   a **full-size** sedan 대형 세단

a **full-time** job 정규직   a job that is **full-time** 정규직

▸ half가 들어간 합성 형용사

B **N**   명사 앞에 오든 뒤에 오든 하이픈을 넣습니다.

a **half-eaten** breakfast 반쯤 먹은 아침 식사

The report was **half-finished.** 그 보고서는 반쯤 완성되었다.

▸ ill이 들어간 합성 형용사

A   명사 앞에 올 때는 하이픈을 넣지만, 명사 뒤에 올 때는 하이픈을 넣지 않습니다.

an **ill-conceived** idea 잘못된 생각

The idea was **ill conceived.** 그 아이디어는 구상이 잘못되었다.

▶ **less**나 **least**가 들어간 합성 형용사

B 혼동을 막기 위해 필요할 때가 아니라면 하이픈을 넣지 않습니다.

the **less understood** reason 덜 이해된 이유

the **least known** fact 가장 덜 알려진 사실

▶ **little**이 들어간 합성 형용사

A 명사 앞에 올 때는 하이픈을 넣지만, 명사 뒤에 올 때는 하이픈을 넣지 않습니다.

a **little-known** fact 잘 알려지지 않은 사실

That fact is **little known**. 그 사실은 거의 알려져 있지 않다.

▶ **lower**가 들어간 합성 형용사

A 명사 앞에 올 때는 하이픈을 넣지만, 명사 뒤에 올 때는 하이픈을 넣지 않습니다.

lower-level employees 직급이 낮은 직원들

Those employees are **lower level**. 그 직원들은 직급이 낮다.

▶ **more**나 **most**가 들어간 합성 형용사

B 혼동을 막기 위해 필요할 때가 아니면 하이픈을 넣지 않습니다.

the **more popular** choice 더 인기 있는 선택

the **most traveled** roads (사람들이나 차가) 가장 많이 다닌 도로

▶ **much**가 들어간 합성 형용사

B 명사 앞에 올 때는 하이픈을 넣지만, 명사 뒤에 올 때는 하이픈을 넣지 않습니다.

a **much-needed** rest 절실히 필요한 휴식

rest that was **much needed** 절실히 필요했던 휴식

(A) 하이픈을 넣지 않습니다.

a **much needed** rest 절실히 필요한 휴식

rest that was **much needed** 절실히 필요했던 휴식

▸ **near**가 들어간 합성 형용사

(B) 명사 앞에 오든 뒤에 오든 하이픈을 넣습니다.

a **near-death** experience 임사 체험

▸ **odd**로 시작하는 합성 형용사

(B) (N) 하이픈을 넣습니다.

odd-number days 홀수일

▸ **odd**로 끝나는 합성 형용사

(B) 하이픈을 넣습니다.

I've told you a **thousand-odd** times. 너한테 천 번 남짓 말했잖아.

▸ **percent**가 들어간 합성 형용사

(B) (N) 하이픈을 넣지 않습니다.

There's an **88 percent** chance. 88퍼센트의 가능성이 있다.

▸ **quasi**가 들어간 합성 형용사

(B) 보통 하이픈을 넣습니다.

a **quasi-successful** venture 반쯤 성공한 벤처기업

▶ **self가 들어간 합성 형용사**

 self가 들어간 임시 합성 형용사는 모든 경우에 하이픈을 넣어야 합니다.
(p. 148의 'self가 들어간 합성 명사'와 'Part 2. 구두법 A to Z'도 참고하세요.)

a **self-aware** robot 자기 인식 로봇

a robot that became **self-aware** 자기를 인식하게 된 로봇

▶ **super가 들어간 합성 형용사**

super는 단어일 수도 있고 접두사일 수도 있습니다. 단어로서 super는 뒤에 하이픈을 넣어 합성 형용사를 만들 수 있고, 하이픈 없이 합성 형용사를 만들 수도 있습니다. 접두사로 쓰일 때 super는 하이픈 없이 다른 단어에 붙을 수 있습니다.

He is a **super-busy** man. 그는 매우 바쁜 사람이다. (단어로 쓰인 super)

He is a **super busy** man. 그는 매우 바쁜 사람이다. (단어로 쓰인 super)

He is a **superbusy** man. 그는 매우 바쁜 사람이다. (접두사로 쓰인 super)

✚ 주요 표기법 권위자들은 super가 다른 단어에 붙어서 쓰이는 경우가 많다고 지적하면서 super를 접두사라고 말합니다. 그러나 글쓴이가 super를 단어로 해석할 경우 하이픈을 넣을지 말지에 대해서는 논하지 않습니다.

✚ 구두법 자문단은 하이픈을 넣지 않고 두 단어로 쓰는 형태를 선호했습니다.

I've been **super busy**. 나는 정말 바빴다.

She is **super nice**. 그녀는 정말 착해.

He is **super smart**. 그는 정말 똑똑해.

They are **super organized**. 그들은 매우 조직적이다.

✚ 구두법 자문단의 소수만이 다음과 같이 하이픈을 넣는 형태를 선호했습니다.

super-busy, super-nice, super-smart, super-organized

✚ 하이픈 없이 다른 단어에 붙어서 한 단어로 쓰는 형태를 선호한 사람은 없었습니다.

▶ **too**가 들어간 합성 형용사

B 명사 앞에 올 때는 하이픈을 넣지만, 명사 뒤에 올 때는 하이픈을 넣지 않습니다.

a **too-steep** road 너무 가파른 길   a road **too sleep** 너무 가파른 길

A 하이픈을 넣지 않습니다.

a **too steep** road 너무 가파른 길

a road that was **too steep** 너무 가팔랐던 길

▶ **very**가 들어간 합성 형용사

B 부사 very가 들어간 합성어는 보통 하이픈을 넣지 않지만, 하이픈이 가독성에 도움이 된다면 넣을 수 있습니다.

a **very nice** day 아주 좋은 날

a **very-little-known** fact 거의 알려지지 않은 사실

A 부사 very가 들어간 합성어에는 하이픈을 넣지 않습니다.

▶ **well**이 들어간 합성 형용사

B **S** **A** 명사 앞에 올 때는 하이픈을 넣지만, 명사 뒤에 올 때는 하이픈을 넣지 않습니다.

The **well-known** man is also **well loved**. 그 유명한 남자는 사랑도 많이 받는다.

N 명사 앞에 오든 뒤에 오든 하이픈을 넣습니다.

The **well-known** man is also **well-loved**. 그 유명한 남자는 사랑도 많이 받는다.

특정 유형 및 형식의 합성 형용사

특정 유형 및 형식의 합성어는 다음과 같이 하이픈을 넣습니다.

▶ **ly** 부사가 들어간 합성어

B **N** **S** **A** ly로 끝나는 부사가 합성 수식어의 일부가 될 때 관례상 하이픈을 넣지 않습니다.

That is a **happily married** couple. 저들은 행복한 부부다.

The couple is **happily married**. 그 부부는 행복한 결혼생활을 하고 있다.

The **blindingly bright** sun made her blink.
눈부시게 밝은 태양 때문에 그녀는 눈을 깜박거렸다.

The sun is **blindingly bright**. 태양이 눈부시게 밝다.

family(가족)나 homily(설교, 훈계)처럼 ly로 끝나는 명사나 lovely(사랑스러운),
likely(~할 것 같은)처럼 ly로 끝나는 형용사를 부사로 착각하지 않게 주의하세요.

a **family-run** business 가족 경영 기업

a **likely-voter** response 투표 예상자의 반응

▶ 국적을 나타내는 합성 형용사

B between의 의미가 암시되지 않으면 하이픈을 넣지 않습니다.

Spanish Italian descent 스페인 이탈리아계 혈통

Mexican American heritage 멕시코계 미국인들의 유산

An **African American** man 아프리카계 미국인 남성

A **Spanish-Italian** summit 스페인–이탈리아 정상회담 (between의 의미 포함)

N 이중 국적을 나타내는 합성 형용사에는 하이픈을 넣습니다. 그렇지 않은 경우에는
하이픈을 넣지 않습니다.

Spanish-Italian descent 스페인 이탈리아계 혈통

Mexican-American heritage 멕시코계 미국인들의 유산

An **African-American** man 아프리카계 미국인 남성

A **French Canadian** tourist 프랑스계 캐나다인 여행객

A **Middle Eastern** tradition 중동의 전통

▶ 비교급이나 최상급이 들어간 합성 형용사

비교급은 slower, faster, longer처럼 보통 er로 끝나고, 최상급은 slowest,
fastest, longest처럼 보통 est로 끝납니다.

S 명사 앞에 오든 뒤에 오든 하이픈을 넣지 않습니다.

a **slower burning** fuel 더 느리게 타는 연료

a fuel that is **slower burning** 더 느리게 타는 연료

the **fastest moving** vehicle 가장 빠르게 이동하는 차량

the **longest lasting** battery 가장 오래가는 배터리

▶ **year와 old가 들어가 나이를 나타내는 합성 형용사**

B **N** 수를 아라비아 숫자로 쓰든 단어로 쓰든, 명사 앞에서는 하이픈을 넣습니다.

an **eight-year-old** child 여덟 살짜리 아이

an **8-year-old** child 8살짜리 아이

그러나 다음과 같은 형식에서는 하이픈을 넣지 않습니다.

He is **eight years old**. 그는 여덟 살이다.

He turned **101 years old**. 그는 101살이 되었다.

'합성 명사' 부분에서 논하겠지만, year나 old가 들어간 용어가 명사처럼 쓰일 때는 항상 하이픈을 넣습니다.

She has **a five-year-old** and **an eight-year-old**.
그녀는 다섯 살짜리와 여덟 살짜리 아이가 있다.

각 표기법에서 수를 아라비아 숫자로 쓸지 단어로 쓸지의 판단은 Chapter 18을 참고하세요.

▶ **형용사로 쓰이는 날짜**

B **N** 형용사로 쓰이는 날짜에는 하이픈을 넣지 않습니다.

a **March 12** meeting 3월 12일 회의 (March 12가 명사 형용사처럼 명사 meeting을 수식)

▶ **동사의 ing형을 포함한 합성 형용사**

명사 앞에서 동사의 ing형이 들어가는 합성 형용사는 다음과 같이 만듭니다.

B **S** **A** 합성 형용사가 명사 앞에 올 때 하이픈을 넣습니다.

a **high-achieving** student 성취도가 높은 학생

an **all-knowing** parent 모든 것을 아는 부모

N 기사 표기법에서는 문장 가독성에 도움이 될 때만 하이픈을 넣습니다.

명사 뒤에서 동사의 ing형이 들어가는 합성 형용사는 다음과 같이 만듭니다.

B 도서 표기법에서는 합성 형용사가 명사 뒤에 올 때 하이픈을 넣지 않습니다.

Those students are **high achieving**. 그 학생들은 성취도가 높다.

Some parents seem **all knowing**. 어떤 부모들은 다 아는 것 같다.

N 기사 표기법에서는 ing형으로 끝나는 합성 수식어가 명사 뒤에 올 때, be동사나 연결 동사 뒤에 위치할 때만 하이픈을 넣습니다.

Those students **are high-achieving**. 그 학생들은 성취도가 높다.

Some professors **aren't teaching-focused**.
일부 교수들은 가르치는 데 집중하지 않는다.

Some parents **seem all-knowing**.
어떤 부모들은 모든 걸 아는 것처럼 보인다.

S **A** 과학 문헌과 학술적 글 표기법에서는 명사 뒤에 오고 현재분사와 동명사가 들어 있는 합성어에 하이픈은 보통 넣지 않을 것을 권합니다. 글쓴이의 선택에 따라 하이픈을 넣을 수도 있지만요.

▶ **과거분사가 들어간 합성 형용사**

과거분사는 대부분 baked, ticketed처럼 ed로 끝나거나 eaten, given, driven 처럼 en으로 끝나지만, made, known, brought처럼 불규칙한 형태도 많습니다.

명사 앞에서 과거분사가 들어가는 합성 형용사는 다음과 같이 만듭니다.

B **S** **A** 명사 앞에 올 때 하이픈을 넣습니다.

a **moth-eaten** sweater 좀먹은 스웨터

a **little-known** fact 잘 알려지지 않은 사실

N 　　문장의 의미 이해에 도움이 될 때만 하이픈을 넣습니다.

a **little known** fact 잘 알려지지 않은 사실

chicken-fried steak (빵 부스러기를 씌워 기름에 튀긴) 프라이드 치킨식 스테이크

명사 뒤에서 과거분사가 들어가는 합성 형용사는 다음과 같이 만듭니다.

B 　　과거분사가 들어 있고 명사 뒤에 오는 합성 형용사에는 하이픈을 넣지 않습니다.

That sweater is completely **moth eaten**.
그 스웨터는 완전히 좀이 먹었다.

Here's a fact that's **little known**. 잘 알려지지 않은 사실이 하나 있다.

N 　　합성 형용사가 명사 뒤에 오는 경우, be동사 뒤에 올 때만 하이픈을 넣습니다.

That sweater **is moth-eaten**. 그 스웨터는 좀먹었다.

S **A** 과학 문헌과 학술적 글에서, 과거분사가 들어 있고 명사 뒤에 오는 합성어는 보통 하이픈을 넣지 않지만, 글쓴이가 원하면 하이픈을 넣을 수도 있습니다.

That sweater is completely **moth eaten**. 그 스웨터는 완전히 좀이 먹었다.

Here's a fact that's **little known**. 잘 알려지지 않은 사실이 하나 있다.

▶ 구동사와 함께 쓰일 때

사전에는, 두 단어로 쓰일 때는 동사(구동사), 한 단어로 쓰일 때는 명사인 단어들이 많습니다. back up(뒷받침하다)/backup(뒷받침), break up(흩어지다, 이별하다)/breakup(관계의 종말), cut off(중단시키다)/cutoff(중단), take out(가지고 가다)/takeout(가지고 가는 음식) 등이 그 예입니다.

이 때문에 이런 단어를 형용사로 쓰고 싶은 사람들은 어떻게 쓰면 좋을지 고민합니다. 두 단어로 된 동사에 하이픈을 넣어 형용사로 만들 수도 있고, 명사 자체가 형용사로 쓰일 수도 있기 때문입니다. a paint store(페인트 가게), a beach day(해변의 날)처럼 말이죠.

따라서 동사에 하이픈을 넣어 형용사를 만들어야 하는지(a back-up plan(백업 계획), shut-down procedures(종료 절차)) 아니면 명사형을 사용해야 하는지(a backup plan(백업 계획), shutdown procedures(종료 절차)) 명확하지 않습니다. 표기법 지침에서도 어떤 방법을 써야 하는지 명시하고 있지 않고요.

✚ 이런 상황에서, 구두법 자문단은 두 단어에 하이픈을 넣은 형태보다는 한 단어 형
태를 형용사로 사용하는 걸 선호했습니다.

a backup plan 백업 계획

shutdown procedures 종료 절차

the breakup king 이별왕

a cutoff date 회계 마감일, 결산일

takeout pasta 테이크아웃 파스타

▶ 익숙한 명사 여러 개로 만들어진 합성 형용사

Ⓐ　middle school(중학교)이나 political science(정치학), systems analyst(시스템 분
석가)처럼 익숙한 단어들이 합성 형용사로 쓰일 때는 각 단어 사이에 하이픈을 넣지
않습니다.

a **middle school** student 중학생

a **political science** major 정치학 전공 학생

a **systems analyst** meeting 시스템 분석가 회의

▶ 두 단어 이상으로 된 고유명사가 형용사로 쓰일 때

Ⓑ Ⓝ Ⓐ　두 단어 이상으로 된 고유명사가 다른 명사를 꾸밀 때는 하이픈을 넣지 않습
니다.

a **United States** custom 미국의 관습

a **Jerry Seinfeld** joke 제리 사인펠드의 농담

Ⓑ　두 단어 이상으로 된 고유명사가 그보다 더 긴 합성 형용사의 일부로 쓰일 때, 도서
표기법에서는 고유명사와 다른 단어 사이에 엔 대시를 쓰는 것에 유의하세요.

a **Jerry Seinfeld–like** humor 제리 사인펠드식의 유머

▶ socio, electro 혹은 기타 복합형이 들어간 합성 형용사

social, electric에서 온 socio(사회의, 사회학의), electro(전기의, 전기에 의한) 같은 말들은 다른 단어와 결합하여 형용사를 만들 수 있습니다.

B 하이픈을 넣지 않습니다.

socioeconomic 사회경제적   electromagnetic 전자기적

N 하이픈을 넣습니다.

socio-economic 사회경제적   electro-magnetic 전자기적

▶ 여러 단어로 된 어구를 이용한 합성 형용사

명사 앞에서 여러 단어로 된 어구를 이용하여 다음과 같이 합성 형용사를 만듭니다.

B **N** **S** matter of fact(사무적인), up to date(최신의), live for today(오늘을 살다), state of the art(최첨단의, 최신식의), best of all worlds(세계 최고의) 같은 어구들은 명사 앞에서 형용사처럼 쓰일 때 단어 사이에 하이픈을 넣습니다.

a **matter-of-fact** tone 사무적인 어조

a **best-of-all-worlds** scenario 세계 최고의 시나리오

a **live-for-today** mentality 오늘을 사는 사고방식

a **state-of-the-art** facility 최첨단 시설

명사 뒤에서 여러 단어로 된 어구를 이용하여 다음과 같이 합성 형용사를 만듭니다.

B 의미 이해를 위해 필요할 때가 아니면 하이픈을 넣지 않습니다.

The report is **up to date**. 그 보고서는 최신이다.

N be동사 뒤에 올 때는 하이픈을 넣습니다.

The report **is up-to-date**. 그 보고서는 최신이다.

▶ 화학 용어를 이용한 합성 형용사

B **S** 화학 용어가 수식어로 쓰이면 하이픈을 넣지 않습니다.

a **hydrogen peroxide** reaction 과산화수소 반응

an **amino acid** study 아미노산 연구

▶ 두 가지 이상의 색 표현이 들어간 합성 형용사

B **A** 명사 앞에 올 때는 하이픈을 넣지만, 명사 뒤에 올 때는 하이픈을 넣지 않습니다.

a **brownish-red** coat 갈색이 도는 붉은색 코트

The coat was **brownish red**. 그 코트는 갈색이 도는 붉은색이었다.

an **orange-gold** sunset 오렌지빛이 감도는 황금빛 석양

The sunset was **orange gold**. 석양은 오렌지빛이 감도는 황금빛이었다.

▶ 형용사나 명사의 수식을 받는 색이 들어간 합성 형용사

B 도서 표기법에서는 색을 나타내는 합성어가 명사 앞에 올 때 일반적으로 하이픈을 넣습니다.

a **pitch-black** sky 칠흑 같은 하늘   **milky-white** skin 우유처럼 하얀 피부

a **blood-red** gemstone 핏빛 원석

✚ 구두법 자문단 중 도서 표기법 전문가들은 light, dark, soft, bright, 그 외 유사한 단어들이 색을 나타내는 단어와 결합하여 형용사를 만들 때 하이픈을 넣을지 말지에 대해 의견이 갈렸습니다. 절반은 dark-red car(짙은 붉은색 자동차), light-blue dress(하늘색 드레스), bright-yellow lights(밝은 노란색 조명), soft-white glow(부드러운 흰색 빛)처럼 하이픈을 넣어야 한다고 했습니다.

나머지 절반은 하이픈을 넣지 않아서 의미가 모호해질 때(예를 들어 a light blue dress 라고 쓸 경우 light가 blue를 꾸미는 게 아니라 dress를 꾸미는 것으로 보일 수 있음)가 아니면 하이픈을 넣지 않는다고 했습니다.

▶ **방향을 가리키는 합성 형용사**

B 방향을 나타내는 말이 셋 이상일 때만 하이픈으로 연결합니다.

north-northeast 북북동의 　　　　　　south-southwest 남남서의

We took the **west-southwest** route. 우리는 서남서 노선을 택했다.

하지만 방향이 둘일 때는 하이픈을 넣지 않습니다.

northeast 북동의 　　　　　　southwest 남서의

▶ **숫자가 들어간 합성 형용사**

B 도서 표기법에서 숫자와 명사가 더해진 합성어와 형용사 역할을 하는 시간 표현은, 명사 앞에 쓰이면 보통 하이픈으로 연결합니다.

a **thousand-mile** journey 천 마일의 여행 (기수와 명사)

a **forty-meter** drive 40미터 운전 (기수와 명사)

a **three-time** loser 3번의 패자 (기수와 명사)

a **third-rate** burglary 3급 강도죄 (서수와 명사)

a **fifth-place** finish 5위로 결승선 골인 (서수와 명사)

the **tenth-largest** city 열 번째로 큰 도시 (서수와 형용사)

a **two-thirds** majority 3분의 2의 다수 (분수)

a **half-hour** massage 30분 마사지 (분수와 명사)

a **three-thirty** appointment 3시 30분 약속 (형용사 역할을 하는 시간 표현)

중요한 예외 두 가지 백분율은 합성 수식어로 쓰일 때 하이픈으로 연결하지 않습니다. 수를 아라비아 숫자로 쓰든(이쪽이 훨씬 선호됩니다) 단어로 쓰든 마찬가지입니다.

a **60 percent** majority 60퍼센트의 다수

Sixty percent majorities are rare. 60퍼센트 다수는 드물다.

명사 뒤에 아라비아 숫자가 오는 합성어는 하이픈으로 연결하지 않습니다.

a **category 4** hurricane 카테고리 4의 허리케인

type 2 diabetes 2형 당뇨병

lane 1 collision 1번 차선 충돌

N 기사 표기법에는 형용사로 쓰이는 '(아라비아) 숫자 + 명사' 합성어에 하이픈을 넣을지 말지에 대한 명확한 규칙은 없지만, 다음 합성어에는 하이픈을 넣는 것을 선호합니다.

a **10-year** sentence 10년형   an **8-ounce** serving 8온스짜리 1인분

기사에서는 아라비아 숫자로 표현되는 백분율은 합성 수식어에서 하이픈을 넣지 않습니다.

a **60 percent** majority 60퍼센트의 다수

형용사로 쓰이는 분수와 다른 단어와 결합해 형용사로 쓰이는 분수에는 하이픈을 넣습니다.

a **two-thirds** majority 3분의 2의 다수   a **one-fifth** share 5분의 1의 몫

a **half-hour** massage 30분 마사지   a **quarter-hour** break 15분 휴식

S 과학 문헌에서는 수로 시작하는 합성어가 명사를 앞에서 꾸밀 때 하이픈을 넣습니다.

a **four-way** stop 사거리 정차 지점   a **10-point** scale 10점 척도

그러나 합성어에서 아라비아 숫자가 두 번째 요소일 때는 하이픈을 넣지 않습니다.

type 3 error 유형 3 오류   **trial 1** performance 1차 시도의 수행 성적

형용사로 쓰이는 분수와 다른 단어와 결합해 형용사로 쓰이는 분수에는 하이픈을 넣습니다.

a **two-thirds** majority 3분의 2의 다수   a **one-fifth** share 5분의 1의 몫

a **half-hour** massage 30분 마사지   a **quarter-hour** break 15분 휴식

A 학술적 글에서는 수와 명사를 포함하고 다른 명사 앞에 오는 합성 형용사에 하이픈을 넣습니다.

a **late-twelfth-century** painting 12세기 후반의 그림

✚ 구두법 자문단은 a **4-carat diamond**(4캐럿짜리 다이아몬드)와 a **360-degree view**(360도 시야)라는 표현에 하이픈을 넣는 것을 만장일치로 선호했습니다. 그러나 '2,500만 달러 손실이 발생하는 프로젝트'의 표현 방식은 다음 세 가지로 의견이 갈렸습니다.

a **$25-million-losing** project

a **$25 million-losing** project

a **$25 million losing** project

(수를 언제 아라비아 숫자로 쓰고 언제 단어로 쓰는지에 대한 더 자세한 내용은 Chapter 18을 참고하세요.)

▶ **개별 문자(알파벳)를 포함한 합성 형용사**

B **S** 개별 문자가 합성어에서 두 번째 요소일 때는 하이픈을 넣지 않습니다.

He has a **type A** personality. 그는 A형 성격을 갖고 있다.

group A researchers A그룹 연구원들

허공에 뜬 하이픈 (Suspensive Hyphenation)

B **N** **S** 하이픈으로 연결된 합성어가 둘 이상 있는데 그것들이 어떤 단어를 공통으로 가지고 있다면 공통의 단어를 반복할 필요가 없습니다. 공통의 단어는 생략하고 하이픈은 유지합니다. 이때의 하이픈을 '허공에 뜬 하이픈'이라고 합니다.

a **family-owned and -operated** business
가족이 소유하고 운영하는 사업 (family가 공통의 단어)

a **Grammy- and Emmy-award-winning** actor
그래미상과 에미상을 수상한 배우 (award-winning이 공통의 단어)

a mid- to late-1980s phenomenon
1980년대 중후반의 현상 (1980s가 공통의 단어)

B 접두사가 쓰인 단어들이 둘 이상인데 그 단어들이 접두사 외의 부분이 같을 때, 같은 부분은 생략하고 하이픈으로 대체할 수 있습니다.

Both **over- and underachieving** students applied.
성적이 우수한 학생들과 낮은 학생들이 모두 지원했다.
(overachieving과 underachieving에서 achieving이 공통)

> ✚ 표기법 안내서는 ly 부사가 두 단어에 공통으로 걸리는 경우 허공에 뜬 하이픈을 쓸지 말지에 대해 명확하게 언급하지 않습니다. 하지만 구두법 자문단 구성원들은 만장일치로 an electronically monitored and controlled system(전자적으로 모니터링되고 제어되는 시스템)이라는 표현에서 하이픈을 쓰지 않겠다고 했습니다.

합성 형용사 속 하이픈 넣기가 애매한 부분

> ✚ 일부 용어들은 공식적인 하이픈 연결 규칙으로 명확하게 설명할 수가 없습니다. 다음 사례들에 대해 구두법 자문단 구성원들은 문장의 구조를 바꾸지 못한다는 가정 하에 어떻게 하이픈을 넣을지 의견을 냈습니다.

▶ **ly** 부사를 포함하여 셋 이상의 단어로 된 합성 형용사

> ✚ 구두법 자문단 구성원의 절반은 a too-widely known fact(너무 널리 알려진 사실)라는 표현에 하이픈을 한 번만 사용하겠다고 했고, 절반은 a too-widely-known fact처럼 두 번 사용하겠다고 했습니다. a too widely known fact처럼 하이픈을 안 쓰겠다고 한 사람은 없었습니다. 하지만 자문단은 a nicely put-together woman(잘 차려입은 여성)이라는 표현에서는 부사 뒤에 하이픈을 쓰지 않겠다고 했습니다.

▶ **불확실한 범위를 나타내는 합성 형용사**

> ✚ 때로, 글을 쓸 때 명사 앞에 오는 단어들에 하이픈을 넣어 수식어인 형용사로 만들어야 할지, 안에 있는 일부 단어가 독립적으로 기능하게 해야 할지 결정해야 할 때가 있습니다. 예를 들어, a discriminating-but-value-conscious shopper(차별적이지만 가치에 민감한 쇼핑객)와 a discriminating but value-conscious shopper(차별적이지만 가치에 민감한 쇼핑객) 중 하나를 선택해야 할 때, 의도를 가장 잘 포착하는 것이 어떤 것인가에 근거하여 결정합니다. 이 경우, 구두법 자문단은 만장일치로 하이픈을 하나만 쓴 a discriminating but value-conscious shopper를 선호했습니다.
>
> 하지만 다음 사례에 대해서는 의견이 나뉘었습니다.
>
> They serve only **thirty-day dry-aged** beef.
> 그곳에서는 30일 동안 건조 숙성시킨 쇠고기만을 내놓는다. (다수 선호)
>
> They serve only **thirty-day-dry-aged** beef.
> 그곳에서는 30일 동안 건조 숙성시킨 쇠고기만을 내놓는다. (소수 선호)

합성 부사

합성 부사는 보통 동사와 형용사를 수식합니다.

▶ **동사 뒤의 합성 부사**

주요 표기법들은 동사 뒤에 오는 합성 부사에 하이픈을 넣을지 말지를 명확하게 명시하지 않습니다. 도서와 기사에 나오는 합성 부사 사례들이 구체적인 몇 가지 문제에 대해 각 표기법이 어떤 방식을 선호하는지 짐작하게 해 줍니다.

Ⓝ 기사 표기법은 하이픈을 쓰지 않는 경향이 있습니다.

She works **full time**. 그녀는 풀타임으로 일한다.

Ⓑ 도서 표기법에서는 합성 부사에서 style에 하이픈을 넣는 쪽을 선호하는 듯합니다.

They dined **family-style**. 그들은 (담아 놓은 음식을 각자가 덜어 먹는) 가정식으로 식사했다.

그러나 tax free 같은 합성 부사에 하이픈을 넣을지 말지에 대해서는 모든 표기법이 명확한 규칙이 없습니다.

You can donate **tax free**. 면세로 기부할 수 있습니다.

✚ 구두법 자문단은 다음 예문의 합성 부사에 하이픈을 넣을지 말지에 대해 의견이 갈렸습니다.

The combatants fought **gladiator-style/gladiator style**.
전투원들은 검투사 스타일로 싸웠다.

You can donate **tax-free/tax free**. 면세로 기부할 수 있다.

Enjoy treats **guilt-free/guilt free**. 죄책감 없이 간식을 즐기세요.

They were talking all **drunk-like/drunk like**.
그들은 술에 취한 듯 지껄이고 있었다.

He only works **part-time/part time**.
그는 파트타임으로만 일한다.

We're surviving **day-to-day/day to day**.
우리는 하루하루 살아남고 있다.

She always flies **first-class/first class**.
그녀는 항상 비행기 일등석을 탄다.

Drive **extra-carefully/extra carefully**. 각별히 주의하여 운전하십시오.

He dances **old-school/old school**. 그는 구식으로 춤을 춘다.

They sell it **over-the-counter/over the counter**.
그들은 그것을 처방전 없이 판다.

He gets paid **under-the-table/under the table**.
그는 은밀하게 보수를 받는다.

✚ 하지만 구두법 자문단은 They walked arm in arm(그들은 팔짱을 끼고 걸었다).에서 arm in arm에는 하이픈을 넣지 않는 데 만장일치의 견해를 보였습니다.

▶ **방향을 가리키는 합성 부사**

B 방향을 가리키는 표현이 셋 이상 결합되는 경우에는 하이픈을 넣습니다.

north-northeast 북북동으로   south-southwest 남남서로

They trudged **north-northwest** through the desert.
그들은 사막을 가로질러 북북서쪽으로 터벅터벅 걸었다.

두 방향이 결합될 때는 하이픈을 넣지 않습니다.

northeast 북동으로   southwest 남서로

▶ **형용사 앞의 합성 부사**

형용사 앞에 오는 합성 부사는 합성 형용사와 같은 규칙에 따라 하이픈을 넣습니다. 즉, 하이픈을 넣어서 의미가 더 명확해지고 가독성에 도움이 될 때는 늘 하이픈을 넣습니다.

a **jaw-droppingly** gorgeous car 입이 떡 벌어질 정도로 멋진 자동차

a **dead-on** accurate portrayal 완전히 정확한 묘사

합성 명사

주요 편집 스타일들에 합성 명사를 만드는 일반화된 지침이 존재하지는 않습니다. 다음에 소개하는 구체적인 경우들을 제외하면, 합성 명사에 하이픈을 넣는 것이 독자에게 도움이 될지 말지는 글쓴이가 결정하면 됩니다.

권장 지침 및 스타일별 규칙

다음은 특정 구조의 합성 명사나 특정 용어를 쓴 합성 명사를 만드는 몇 가지 지침입니다.

▶ **동등한 비중의 명사들로 만들어진 합성 명사**

B **A** 동등한 비중을 지닌 명사들을 결합할 때는 하이픈을 사용합니다.

importer-exporter 수입업자-수출업자   writer-director 작가-감독

▸ **동명사를 포함한 합성 명사**

B 도서 표기법에서는 명사와 동명사를 결합해 사전에 등재되지 않은 표현을 만들 때, 명사 뒤에 하이픈을 넣지 않습니다

Hat making is a lost art.
모자 만들기는 사라진 기술이다.

Dog walking is a good way to earn extra money.
개 산책은 가외의 돈을 벌 수 있는 좋은 방법이다.

> ✚ 구두법 자문단에서 기사 표기법 전문가들은 동명사가 들어간 합성 명사에 하이픈을 넣지 않는 것을 선호했습니다.
>
> hat making 모자 만들기
>
> dog walking 개 산책
>
> people pleasing 사람들을 즐겁게 하기

▸ **socio, electro, 또는 유사한 결합 형태를 지닌 합성 명사**

social, electric에서 온 socio(사회의, 사회학의)와 electro(전기의, 전기에 의한) 같은 말들은 다른 단어와 결합하여 명사를 만들 수 있습니다.

B 하이픈을 넣지 않습니다.

socioeconomics 사회경제학   electromagnetism 전자기

N 하이픈을 넣습니다.

socio-economics 사회경제학   electro-magnetism 전자기

▸ **elect가 들어간 합성 명사**

B **N** elect(선출된)가 들어간 임시 합성 명사에는 하이픈을 넣습니다.

Joe Brown is **mayor-elect**. 조 브라운은 시장 당선인이다.

Consult the **councilwoman-elect**. (여성) 시의원 당선자와 상의하세요.

▶ 가족 관계를 나타내는 **great**가 들어간 합성 명사

B **N** 하이픈을 넣습니다.

great-grandmother 증조할머니   great-great-grandmother 고조할머니

▶ **maker**가 들어간 합성 명사

N 사전에 올라 있지 않은 합성 명사에 하이픈을 넣습니다.

chip-maker 칩 제조업체

예외 drugmaker 제약회사

▶ 그 외의 **-er** 명사(giver, watcher 등)로 만들어진 합성 명사

두 번째 단어가 -er 형태이고 첫 번째 단어가 두 번째 단어의 목적어 역할을 할 때(gift giver, hat maker 등), 표기법 권위자들은 합성 명사를 만드는 방식에 대한 분명한 지침을 제공하지 않습니다.

✚ 구두법 자문단 구성원들은 -er 명사가 들어간 합성 명사에 하이픈을 넣지 않는 것을 선호했고, 아래 문장들에 하이픈을 넣지 않는 것을 만장일치로 선택했습니다.

She is a regular **market watcher**. 그녀는 정기적으로 시장을 관찰한다.

He is a great **gift giver**. 그는 선물을 잘한다.

That ride is a real **nausea inducer**. 그 놀이기구는 정말로 멀미를 일으킨다.

That subject is quite an **argument starter**.
그 주제는 시작했다 하면 상당한 논쟁을 불러일으킨다.

She is a known **chocolate and cheese lover**.
그녀는 사람들에게 알려진 초콜릿과 치즈 애호가이다.

Don't be a **crowd follower**. 군중을 따르지 마라.

✚ 마찬가지로, 자문단의 4분의 3이 She is a frequent compliment giver.(그녀는 칭찬을 자주 한다.)에 하이픈을 넣지 않는 쪽을 택했습니다.

▶ 색을 나타내는 합성 명사

B 하이픈을 넣지 않습니다.

bluish green 푸른빛이 도는 녹색, 청록색   blue green 청록색

What do you think of the **bluish green** in this painting?
이 그림의 푸른빛이 도는 녹색에 대해 어떻게 생각하세요?

▶ 방향을 나타내는 합성 명사

B 셋 이상의 방향이 결합된 말에만 하이픈을 넣습니다.

north-northeast 북북동   south-southwest 남남서

West-southwest was the best direction, they agreed.
서남서가 가장 좋은 방향이라고 그들은 동의했다.

두 방향이 결합된 말에는 하이픈을 넣지 않습니다.

northeast 북동   southwest 남서

▶ 시간을 나타내는 합성 명사

B 명사형에는 하이픈을 넣지 않습니다. (p. 138 '숫자가 들어간 합성 형용사'를 참고하세요.)

It's **three thirty**. 3시 30분이다.

I'll see you at **four twenty**. 4시 20분에 뵐게요.

▶ 화학 용어가 쓰인 합성 명사

B **S** 화학 용어가 들어간 합성 명사는 사전에 하이픈이 들어간 합성어로 등재되어 있지
않은 한 하이픈을 넣지 않습니다.

hydrogen peroxide 과산화수소   amino acids 아미노산

▶ 명사로 쓰이는 분수

B **N** 아라비아 숫자가 아니라 단어로 쓴 분수가 명사로 쓰일 때는 하이픈을 넣습니다.

His brother got **four-fifths**, but he only got **one-fifth**.
그의 형은 5분의 4를 받았지만, 그는 5분의 1만 받았다.

S　단어로 쓴 분수가 명사로 쓰일 때는 하이픈을 넣지 않습니다.

His brother got **four fifths**, but he only got **one fifth**.
그의 형은 5분의 4를 받았지만, 그는 5분의 1만 받았다.

▶ 국적을 나타내는 합성 명사

B　하이픈을 넣지 않습니다.

an **African American** 아프리카계 미국인

a group of **Mexican Americans** 멕시코계 미국인 그룹

N　이중 국적이거나 유산을 나타내는 명사에는 하이픈을 넣습니다.

A **Mexican-American** 멕시코계 미국인

A group of **African-American** 아프리카계 미국인 그룹

하지만 French Canadian(프랑스계 캐나다인)이나 Latin American(라틴 아메리카인)에는 하이픈을 쓰지 않습니다.

▶ self가 들어간 합성 명사

B **N** **S**　self가 들어간 합성 명사들 다수는 사전에 등재된 영구 합성어들이고 하이픈을 넣습니다. self가 들어간 임시 합성 명사는 모든 경우에 하이픈을 넣습니다.

self-government 자치 정부

self-love 자기애

▶ year와 old가 들어가 나이를 나타내는 합성 명사

B **N**　개인을 나타내는 나이 표현에는 하이픈을 넣습니다. 나이를 아라비아 숫자로 썼든 단어로 썼든 상관없습니다. (p. 132의 'year와 old가 들어가 나이를 나타내는 합성 형용사'도 참고하세요.)

She has an **eight-year-old**.
그녀는 여덟 살짜리 아이가 있다.

각 표기법에서 수를 아라비아 숫자로 쓸지 단어로 쓸지는 Chapter 18을 참고하세요.

합성 동사

주요 편집 스타일에는 사전에 등재 안 된 합성 동사를 만드는 일반화된 규칙이 없습니다. 기사 표기법에서는 합성 동사에 하이픈을 넣는 것을 선호하지만, 많은 부분을 글쓴이의 재량에 맡깁니다. 모든 표기법에서 임시 합성 동사에 하이픈을 넣을지 말지 결정할 때는 의미가 얼마나 명확해지는가, 가독성에 얼마나 도움이 되는가를 기준으로 해야 합니다. 'Part 2. 구두법 A to Z'에 흔히 쓰이는 합성 동사들이 실려 있습니다.

접두사

접두사가 쓰인 합성어에서는 일반적으로 다음 경우를 제외하고는 하이픈을 넣지 않습니다.

접두사가 대문자 앞에 올 때

pre-Victorian 빅토리아 시대 이전의

숫자 앞에 올 때

post-1917 1917년 이후의

하이픈이 의미의 혼동을 방지할 때

re-create 다시 만들다, 개조하다, 재현하다 vs. recreate 휴양하다, 기분을 전환하다

접두사의 끝 글자와 다음에 오는 단어의 첫 글자가 같은 글자여서 하이픈을 넣지 않으면 어색하거나 알아보기 힘들 때

anti-inclusive 비포괄적인   ultra-apathetic 극도로 무관심한

intra-arterial 동맥 내의

하이픈을 넣지 않으면 합성어가 어색해지거나 의미를 파악하기가 어려워지면 보통 하이픈을 넣습니다.

pro-life 낙태에 반대하는   anti-geneticist 유전학에 반대하는 사람

하이픈을 넣지 않으면 같은 접두사가 두 번 세 번 겹치게 될 때도 하이픈을 넣습니다.

sub-subpar 수준 이하보다 더 이하인   pre-prewar 전쟁 전보다 더 이전인

접두사는 사전에 실려 있지 않거나 맞춤법 검사 프로그램이 인식하지 못하는 합성어를 만들어 내는 경우가 많은데, 그런 단어들이 틀린 것은 아닙니다.

스타일별 예외

이런 일반 규칙과 지침에 대한 스타일별 예외를 소개합니다. (특정 표현들에 대해서는 'Part 2. 구두법 A to Z'를 참고하세요.)

▶ **하이픈이 들어 있는 다른 단어에 붙는 접두사**

B 하이픈이 들어 있는 다른 단어에 붙는 접두사 뒤에는 하이픈을 넣습니다.

non-self-cleaning 비셀프클리닝   un-co-opt 선임하지 않다

anti-pro-war 호전적인 데 반대하는

그러나 열린 합성어(둘 이상의 단어를 띄어 쓴 합성어)에 접두사를 붙일 때는 엔 대시를 씁니다.

non–South American 비남미계   post–World War I 1차 대전 후

anti–high school 반 고등학교

anti- 반, 반대

N 사전에 올라 있지 않은 단어들 중 anti-가 붙은 단어들은 대부분 하이픈을 붙입니다. 예외는 다음과 같습니다.

antibiotic 항생제	antibody 항체	anticlimax 점강법, 용두사미
antidepressant 항우울제	antidote 해독제	antifreeze 자동차 부동액
antigen 항원	antihistamine 항히스타민제	antiknock 폭연방지제; 내폭성의
antimatter 반물질	antimony 안티몬(금속 원소)	antiparticle 반입자
antiproton 반양성자	antipasto 전채 요리	antiperspirant 땀 억제제
antiphon 응답 송가	antiphony 응답 송가	antipollution 공해 방지
antipsychotic 항정신병약; 항정신성의	antiseptic 소독제; 살균의, 방부성의	antiserum 항혈청
antithesis 반대(되는 것), 대조	antitoxin 항독소	antitrust 독과점 금지의
antitussive 기침약; 기침을 억제하는		

CO- 공동으로, 함께

(N) co-가 직업이나 지위를 나타낼 때는 co-가 들어간 단어에 하이픈을 넣습니다.

co-author 공동 저자	co-chairman 공동 의장	co-defendant 공동 피고인
co-host 공동 사회자	co-owner 공동 소유자	co-pilot 부조종사
co-signer 공동 서명자	co-sponsor 공동 후원자; 공동 후원하다	
co-star 공동 주연(을 맡다)	co-worker 동료	

> ✚ 다른 표기법들에서, 구두법 자문단은 co-defendant와 co-chairman을 포함하여 co-가 들어간 많은 명사에 하이픈을 넣는 것을 지지합니다.

(B) (N) (S) (A) 다음 단어들에는 하이픈을 넣지 않습니다.

cooperate 협력하다, 협동하다   cooperation 협력, 협동

coordinate 조정하다, 조직화하다; 동등한, 등위의; 대등한 것

coordination 조직화, 조정, 동등하게 함

eco- 환경, 생태

주요 편집 스타일에는 eco-에 언제 하이픈을 넣는지에 관한 특정 지침이 없습니다. 일부 단어들은 하이픈이 들어 있거나 없는 공식 철자가 있습니다.

(B) (N) (S)

ecotourism 생태 관광   eco-friendly 친환경적인

eco-conscious 환경 문제에 관심이 큰   ecosystem 생태계

사전에 등재된 eco- 결합 단어들과 접두사의 하이픈 규칙을 보면 eco-에 하이픈을 쓰지 않는 경향을 보입니다. ecohero(환경 영웅)와 ecocatastrophe(환경 오염으로 인한 생태계의 이변) 같은 어색한 구조에서도 마찬가지입니다.

✚ 구두법 자문단은 대부분의 형용사와 명사에서 eco-에 하이픈을 넣는 것을 훨씬 선호했습니다.

eco-smart 친환경의   eco-smarts 친환경 제품

---

ex-

B **N** ex-가 former(이전의)의 뜻일 때는 하이픈을 넣습니다.

ex-partner 전 파트너   ex-girlfriend 전 여자 친구

ex-convict 전과자   ex-soldier 전직 군인

> **예외** 도서 표기법에서, insurance salesman이나 New Kid on the Block처럼 여러 단어로 된 표현 앞에 오는 ex—는 엔 대시로 연결합니다.

---

extra- ～ 외의, ～ 범위 밖의 유별난

합성 형용사에서 extra는 접두사일 수도 있고 부사일 수도 있습니다. 부사인 extra는 하이픈 없이 뒤에 오는 형용사를 꾸며 줍니다.

He is an **extra** nice person. 그는 매우 좋은 사람이다.

그러나 다른 단어들처럼 extra는 뒤에 하이픈을 붙여서 합성 형용사를 만들 수 있습니다.

He is an **extra-nice** person. 그는 대단히 좋은 사람이다.

접두사로 쓰일 때는 하이픈 연결의 표준 규칙이 적용되는데, 보통 하이픈 없이 단어에 붙여서 씁니다.

He is an **extranice** man. 그는 대단히 좋은 사람이다.

B 사전에 등재 안 된 단어를 만들 때 글쓴이는 extra가 부사인지, 접두사인지 선택할 수 있습니다. 하지만, 도서 표기법에서는 적절한 경우 늘 extra를 하이픈 없이 뒤의 단어에 붙여서 씁니다.

extramural (도시나 대학의) 교외의   extrafine 극상의, 특별히 좋은

예외 extra-articulate 대단히 명료한

N extra가 '보통의 크기, 규모, 정도를 넘어서는'의 뜻일 때는 하이픈을 넣습니다.

an **extra-large** room 초대형 룸   an **extra-dry** martini 단맛이 거의 없는 마티니
extra-spicy sauce 아주 매운 소스

extra가 '~ 밖에, ~의 범위나 한계를 넘어서'의 뜻일 때는 접두사 기본 규칙이 적용됩니다.

extramarital 혼외의   extrasensory 초감각적인
extracurricular 과외의, 정규 과목 이외의

예외 extra-articulate 대단히 명료한

S **A** 사전에 올라 있지 않은 용어에 대해서는 extra가 독립적으로 쓰이는 부사인지 (an extra dry martini), 하이픈을 붙인 부사인지(an extra-dry martini), 접두사인지(an extradry martini)를 글쓴이가 선택할 수 있습니다.

✚ 구두법 자문단 중 도서 표기법 전문가들은 extra가 들어간 합성어가 명사 뒤가 아니라 명사 앞에 올 때는 하이픈을 넣는 쪽을 선호했습니다.

He ordered an **extra-dry** martini.
그는 엑스트라 드라이 마티니를 한 잔 주문했다.

He is an **extra-smart** guy. 그는 대단히 똑똑한 친구다.

Zach is **extra nice**. 잭은 아주 착하다.

---

in- ~이 아닌

 'not'의 뜻을 지닌 접두사 in-을 전치사 in과 헷갈리지 마세요. 부정의 의미인 접두사 in-을 쓴 용어들 대부분은 사전에 등재돼 있고, 관례상 하이픈을 넣지 않습니다.

insufferable 참을 수 없는, 견딜 수 없는	inaccurate 부정확한
indecision 망설임, 우유부단	indecisive 우유부단한
intolerable 참을 수 없는, 견딜 수 없는	indiscreet 분별없는
indiscretion 분별없는 행동	indirect 간접적인
infallible 절대 오류가 없는	

전치사 in이 들어간 합성어는 합성어를 만드는 규칙을 따릅니다.

an **in-depth** study 심층 연구

an **in-house** recruitment effort 사내 채용 노력

non- ~이 아닌

N 같은 글자가 반복되는 경우처럼 어색함을 피하기 위해, 또는 하이픈으로 연결된 다른 합성어에 연결될 때, 그리고 두 단어 이상으로 된 고유명사 같은 열린 합성어에 연결될 때만 하이픈을 넣습니다.

non-nuclear 비핵의   **non-wine-drinking** 와인을 마시지 않는

a non-Elvis Presley set 비(非) 엘비스 프레슬리 세트

B 같은 글자가 반복되는 어색함을 피하기 위해, 그리고 하이픈으로 연결된 다른 합성어와 연결돼 합성어를 만들 때만 하이픈을 넣습니다.

non-mnemonic 비 연상적   **non-wine-drinking** 와인을 마시지 않는

non—이 열린 합성어 앞에 올 때는 하이픈이 아니라 엔 대시를 씁니다. (Chapter 13을 참고하세요.)

a **non–Elvis** Presley set 비(非) 엘비스 프레슬리 세트

out- ~보다 더 크다/많다

N 《웹스터 뉴월드 대학 사전》에 등재되지 않은 out이 들어간 단어에서 out이 '~보다 낫다'나 '~을 초과하다'의 의미일 때는 out 뒤에 하이픈을 넣습니다.

out-jump 더 높이 뛰다   **out-mambo** 맘보를 더 잘 추다

out-calculate 더 빨리 계산하다, 더 계산을 잘하다

사전에 올라 있는 단어들은 관습적으로 하이픈을 넣지 않습니다.

outbid 경매에서 남보다 더 비싼 값을 부르다	outdance ~보다 춤을 더 잘 추다
outdo ~를 능가하다	outdrink ~보다 술을 더 잘 마시다
outeat ~보다 더 많이 먹다	outfox ~보다 한 수 앞서다
outflank 선수를 치다, 측면에서 공격하다	outgrow ~보다 더 커지다, 몸이 커져 옷이 안 맞다
outgun 군사력이 더 우세하다	outlast 더 오래 가다
outperform 더 나은 성과를 내다	outscore 더 많이 득점하다

outspend 돈을 더 많이 쓰다	outstrip 앞지르다, 능가하다
outtalk 더 빨리/오래/크게 이야기하다	outthink 더 깊이 생각하다, 더 우수한 생각을 하다

pan- 범, 전(全)

N 고유명사 앞에서는 하이픈을 넣고 대문자로 씁니다.

Pan-African 전(全)아프리카의, 범(汎)아프리카주의의

Pan-American 전(全)아메리카의, 범(汎)아메리카의

Pan-Asiatic 범(汎)아시아의

post- ~ 후의, ~ 다음의

N 사전에 나오는 말이 아니면 하이픈을 넣습니다.

post-mortem 부검, 검시(檢屍)

post-convention 회의 후의

post-picnic 소풍 이후의

post-breakup 이별 이후의

예외 두 가지 postelection 선거 이후의

postgame 스포츠 경기 이후의

pro- ~을 지지하는, 찬성하는

B **S** 가독성에 도움이 될 때만 하이픈을 넣습니다.

pro-life 임신 중절 합법화에 반대하는

pro-choice 임신 중절 합법화에 찬성하는

pro-American 친미의

pro-organic 친 유기농의

N pro-가 어떤 것에 대한 지지를 나타낼 때, 그 합성어에는 하이픈을 넣습니다.

pro-labor 친노동적인

pro-business 친기업적인

pro-war 전쟁에 찬성하는

> ✚ 구두법 자문단 대다수는 하이픈을 넣은 형태를 선호했습니다.
>
> She is **pro-labor.** 그녀는 친노동적이다.
>
> He is **pro-peace.** 그는 평화를 지지한다.
>
> ✚ 소수는 열린 형태(두 단어로 쓴 형태)를 선호했습니다.
>
> She is **pro labor.** He is **pro peace.**
>
> ✚ 닫힌 형태(접두사를 하이픈 없이 명사에 붙여서 쓴 형태)를 선호하는 사람은 없었습니다.

---

re- 다시, 재(再)

(N) 사전에 하이픈 없이 나오는 것에 상관없이 뒤에 오는 단어가 e로 시작하면 하이픈을 넣습니다.

re-enter 재입장하다   re-entry 재입장

re-examination 재시험

접미사

접미사가 들어간 합성어는 대부분 하이픈을 쓰지 않습니다. 대표적인 예외는 하이픈을 쓰지 않으면 같은 자음 세 개가 겹치게 되는 합성어와 고유명사가 들어간 합성어입니다.

bill-less 지폐가 없는 (하이픈을 안 쓰면 자음 l 세 개가 겹치는 경우)

Austin-wide 오스틴 전체의 (고유명사에 붙는 경우)

많은 경우, 하나의 단어는 독립된 단어일 수도 있고 접미사일 수도 있습니다. less와 able처럼요. 그러나 어떤 단어들은 다른 단어 끝에 붙이고 싶지만 접미사가 아닌 것들이 있는데, 그 예가 full과 odd입니다. 사전에 어떤 단어가 접미사라고 나와 있다면 (보통 그 단어 앞에 -less처럼 하이픈이 붙은 채 별도 항목으로 제시됩니다) 대개 그 단어를 하이픈 없이 다른 단어에 결합할 수 있습니다. 하지만 어떤 단어가 사전에 접미사라고 나와 있지 않으면

합성 형용사든 합성 부사든 합성 명사든, 그 단어가 만드는 품사의 하이픈 연결 규칙을 따릅니다. 이 단어들은 흔히 하이픈을 써 줍니다.

> **half-full** 반쯤 찬 (full은 접미사가 아님)
>
> **twenty-odd** 20개 남짓한 (odd는 접미사가 아님)

접미사를 이용해서 만드는 합성어는 사전에서 찾을 수 없고 맞춤법 확인 프로그램에 틀린 단어로 나오는 경우가 많습니다. 또 보기에 어색할 수도 있지만, 그렇게 만든 용어들은 유효합니다.

> **coffeeless** 커피가 없는
>
> **singable** 노래할 수 있는, 노래하기 쉬운
>
> **eightyfold** 80배의, 80겹의

스타일별 예외

앞서 설명한 일반적 규칙의 예외는 다음과 같습니다. (-ache, -borne, -elect, -free, -odd, -style을 포함한 구체적 용어에 대해서는 'Part 2. 구두법 A to Z'도 참고하세요.)

-fold ~배, ~겹

B '~배, ~겹'의 뜻인 -fold는 아라비아 숫자 뒤에 오거나 하이픈이 들어간 다른 용어 뒤에 올 때만 하이픈을 넣습니다.

125-fold 125배   **twenty-eight-fold** 스물여덟 배, 스물여덟 겹

-in-law 인척 관계의

B **N** **S** 모든 형태에 하이픈을 넣습니다.

mother-in-law 장모, 시어머니

mothers-in-law 장모와 시어머니, 장모들, 시어머니들

brother-in-law 시아주버니, 시동생, 처남, 자형, 매형, 매부, 형부

daughters-in-law 며느리들

-like ~같은

B 사전에 올라 있지 않은 모든 형태에 하이픈을 넣습니다.

genius-like 천재 같은   dog-like 개 같은

freak-like 괴짜 같은   California-like 캘리포니아 같은

hall-like 홀 같은

N 기사 표기법에서는 일반적으로 -like가 들어간 합성어에 하이픈을 넣지 않습니다.

geniuslike 천재 같은   doglike 개 같은

freaklike 괴짜 같은

예외 flu-like 감기 같은

고유명사의 경우와 소문자 l이 3개 연속 쓰인 경우는 예외로, 하이픈을 넣습니다.

California-like 캘리포니아 같은   hall-like 홀 같은

A 대부분의 경우, -like가 들어간 합성어에는 하이픈을 쓰지 않습니다.

geniuslike 천재 같은   doglike 개 같은

freaklike 괴짜 같은

학술적 글 표기법에는 고유명사에 접미사를 붙이는 것에 관한 명확한 규칙이 없습니다. 학술적 글을 쓰는 사람이 고유명사에 -like를 붙일 때 하이픈을 쓸지 말지 결정하려면 고유명사와 함께 쓰이는 접두사에 하이픈을 연결하는 미국 현대 언어 협회의 표기법 규칙에 주목하고(pre-Freudian, 프로이트 이전), 그 규칙을 접미사에까지 확장하면 됩니다(California-like).

-wide ~전체의

B 사전에서 찾을 수 없는 합성어에는 하이픈을 넣습니다.

university-wide 대학 전체의   office-wide 사무실 전체의

예외 worldwide 전 세계적인

N 하이픈을 넣지 않습니다.

universitywide 대학 전체의   officewide 사무실 전체의

industrywide 산업 전체의

-wise ~ 방향으로, ~에 관하여

N '~ 방향으로'나 '~에 관하여'의 뜻일 때 -wise 앞에 하이픈을 쓰지 않습니다.

clockwise 시계방향으로   lengthwise 세로로

moneywise 돈에 관하여   conversationwise 대화에 관하여

한편, '똑똑한'이나 '영리한, 잘 아는'이라는 뜻의 wise는 접미사가 아니라 형용사입니다. 이 형태의 wise가 들어간 합성어를 사전에서 흔히 볼 수 있는데, '똑똑한'이란 뜻의 wise를 쓴 임시 합성어는 이 장에서 소개한 일반 규칙을 따릅니다.

penny-wise 푼돈을 아끼는   street-wise 세상 물정에 밝은

비율

N 기사에서는 비율을 나타낼 때 하이픈을 씁니다. 콜론을 쓰는 도서, 과학 문헌, 학술적 글과 다르죠. 단어 ratio 앞에 아라비아 숫자가 올 때는 하이픈이 to를 대신합니다.

They won by a ratio of **2-to-1**. 그들은 2 대 1의 비율로 이겼다.

It was a 2-1 ratio. 2 대 1의 비율이었다.

내기 확률

N 기사에서 내기 확률을 나타낼 때는 하이픈을 씁니다.

They're giving him **50-1** odds in Vegas.
라스베이거스에서는 그에게 50 대 1의 배당률을 제시하고 있다.

범위

나이, 돈, 시간처럼 숫자로 값을 매기는 것의 범위는 보통 to, through, until로 나타냅니다.

> The job pays **$50,000 to $55,000** a year.
> 그 일은 연봉이 5만 달러에서 5만 5천 달러이다.
>
> The park is open **5 to 7**. 그 공원은 5시부터 7시까지 문을 연다.
>
> Children ages **11 through 15** can enroll.
> 11세부터 15세까지의 어린이들이 등록할 수 있다.

N S A 일상적인 글, (표 같은) 그래픽 요소, 기사, 과학 문헌, 학술적 글에서는 나이, 돈, 시간의 범위를 나타낼 때 하이픈을 쓸 수 있습니다.

> The job pays **$50,000-$55,000** a year. 그 일은 연봉이 5만~5만 5천 달러이다.
>
> The park is open **5-7**. 그 공원은 5~7시에 문을 연다.
>
> Children ages **11-15** can enroll. 11~15세 어린이들이 등록할 수 있다.

B 일상적인 글, 그래픽 요소, 도서에서는 엔 대시를 씁니다.

> Children ages **11–15** can enroll. 11~15세 어린이들이 등록할 수 있다.

철자를 한 자 한 자 떼어 쓴 단어

어떤 단어의 철자를 한 자 한 자 떼어 쓴 경우, 각 문자 사이에 하이픈을 씁니다.

> J-O-B 일   We said N-O. 우리는 노라고 했다.

이름에 하이픈을 쓰는 경우

이름이 합성어인 경우, 대시가 아니라 하이픈을 씁니다.

> Carolyn Howard-Johnson 캐롤린 하워드-존슨

CHAPTER 12

엠 대시

|

EM DASH

엠 대시는 길이가 하이픈의 두 배인 문장 부호입니다. M자 길이의 대시 부호라는 의미로 엠 대시라고 하지요. 엠 대시는 문장의 흐름이 끊긴다는 걸 나타내며, 특정 표기법에서는 대화에서 화자가 바뀌는 것을 나타내거나 목록으로 열거된 항목들을 나타내기도 합니다. 기사에서는 날짜 표시줄과 목록에도 활용됩니다.

문장 흐름의 중단

엠 대시는 문장의 흐름이 끊긴다는 것을 나타내는 데 쓰입니다.

삽입 어구의 삽입

엠 대시는 삽입 어구를 넣어 주는 역할을 합니다.

> When you get the job—**and I know you will**—put in a good word for me.
> 거기 취직되면, 그런데 당신은 분명 취직될 거예요, 나에 대한 말 좀 잘해 줘요.

추가 정보의 삽입

'that is(즉)' 같은 추가 정보를 대시 사이에 넣을 수 있습니다.

> The many departments that worked on the handbook—**human resources, accounting, risk management**—brought unique perspectives to the finished product.
> 핸드북을 작업한 여러 부서들, 즉 인사부, 회계부, 위험 관리부가 완제품에 고유한 관점을 가져다주었다.

> He wanted to try something new—**namely, skydiving**.
> 그는 새로운 것, 즉 스카이다이빙을 해 보고 싶었다.

문장 구조나 생각의 변화

엠 대시는 문장 구조나 생각의 변화가 생겼음을 나타낼 수 있습니다.

> Do you really think—**can you be so naïve as to expect him to come back?**
> 정말 그렇게 생각해? 그가 돌아올 거라고 기대할 만큼 그렇게 순진할 수가 있나?

엠 대시 vs. 괄호와 쉼표

엠 대시, 괄호, 쉼표는 상당히 겹치는 점이 있습니다. 어떨 때는 셋 중 어느 것을 선택해도 괜찮습니다.

> The team captain—a major bully—entered the locker room.
>
> The team captain, a major bully, entered the locker room.
>
> The team captain (a major bully) entered the locker room.
>
> 괴롭힘의 주도자인 팀 주장이 라커룸에 들어왔다.

쉼표는 해당 정보가 문장에 잘 통합돼야 한다고 느낄 때 씁니다. 괄호는 정보가 문장에 그렇게 필수적이지 않다는 의미입니다. 대시는 그 둘의 중간을 나타내는데, 삽입되는 내용을 문장에서 분리해 주지만 그 정보가 덜 중요하다는 메시지는 전하지 않습니다. 삽입되는 정보를 구분하기 위해 괄호, 대시, 쉼표 중 하나를 선택할 때는 다음 사항을 명심하세요.

- 괄호는 문장 흐름에 끼어들어 흐름을 끊는 힘이 가장 크므로 적게 사용해야 합니다.
- 문장 나머지 부분과 문법적으로 맞지 않는 정보는 쉼표가 아니라 괄호나 대시로 구분합니다.

대화에서의 엠 대시

B 도서 표기법에서 엠 대시는 큰따옴표 대신 쓰여 대화를 나타내기도 합니다.

> —I didn't expect to see you here. 여기서 널 볼 줄은 몰랐네.
>
> —Are you kidding? I wouldn't miss this for the world.
> 장난해? 난 무슨 일이 있어도 이걸 놓치지 않을 거야.

뉴스 기사에서 날짜 표시줄의 엠 대시

N 날짜 표시로 시작하는 뉴스 기사에서 대시 좌우로 한 칸씩 띄우면 날짜의 기준이 되는 도시가 돋보입니다.

> **NEW YORK —** A transportation workers' strike was averted
> Wednesday. 뉴욕 — 수요일, 운송 노동자들의 파업을 피했다.

목록에서의 엠 대시

(N) 기사 표기법에서는 수직으로 열거된 항목들 앞에 엠 대시를 흔하게 씁니다.

The judge was most heavily influenced by the following factors:

—The defendant had shown no remorse.

—Witnesses for the defense were unable to corroborate the alibi.

—The defendant was a repeat offender.

판사는 다음 요인들에 가장 크게 영향을 받았다.

—피고가 반성의 기미를 보이지 않았다.

—피고 측 증인들이 알리바이를 입증할 수 없었다.

—피고는 상습범이었다.

✚ 구두법 자문단 대다수는 위의 예에서는 대시 뒤에 한 칸을 띄우지 않겠다고 했습니다.

엠 대시 좌우의 간격

(B) (S) (A) 엠 대시 좌우에 한 칸씩 띄우지 않습니다.

This way she talks—**like she's giving a lecture**—it's insufferable.
이런 식으로 그녀가 설교하듯 말하는 것은 참을 수가 없다.

(N) 기사 표기법에서는 엠 대시 좌우에 한 칸씩 띄웁니다.

This way she talks — **like she's giving a lecture** — it's insufferable. 이런 식으로 그녀가 설교하듯 말하는 것은 참을 수가 없다.

CHAPTER 13

엔 대시

|

EN DASH

엠 대시보다 짧지만 하이픈보다는 긴 엔 대시
는 도서 표기법에만 쓰이며, 기사, 과학 문헌,
학술적 글에는 쓰이지 않습니다.

to, through, until의 의미인 엔 대시

엔 대시는 보통 to나 through, until을 뜻합니다. 문맥에서 단어의 흐름이 그렇게 중요하지는 않다고 느낄 때 엔 대시가 그 단어를 대신할 수 있습니다.

The **1999–2000** season was seminal for Jackson.
1999–2000년 시즌은 잭슨에게 매우 중요했다.

The Patriots won **21–7**.
패트리어츠가 21 대 7로 이겼다.

Happy hour is **3–7**.
해피아워는 3〜7시이다.

The **Chicago–Dallas** flight is departing.
시카고발 댈러스행 비행기가 출발한다.

Dick Clark **(1929–2012)** hosted *American Bandstand*.
딕 클라크(1929–2012)가 '아메리칸 밴드스탠드'를 진행했다.

Ryan Seacrest **(1974–)** hosts *American Idol*.
라이언 시크레스트(1974-)는 '아메리칸 아이돌'의 진행자이다.

복잡한 합성 형용사에 쓰이는 엔 대시

하이픈으로 연결된 표현, 두 단어로 이루어진 표현 등 여러 개의 단어가 모여 만들어진 합성 형용사에서는 엔 대시가 연결해 주는 역할을 할 수 있습니다.

a **semi-private–semi-public** entity
반민영 반공영 기업

the **pre–Civil War** years
남북전쟁 이전 시대

a **Black Dahlia–motivated** crime
블랙 달리아 사건을 모티브로 한 범죄

a **Barack Obama–like** speaking style
버락 오바마 같은 연설 스타일

CHAPTER 14

괄호

|

PARENTHESIS

)

소괄호, 우리가 흔히 괄호라 부르는 것은 글에
정보를 삽입하고 숫자와 문자를 무리 짓거나
분리하는 데 사용합니다. 다른 말로 둥근 괄호
라고도 합니다.

정보의 삽입

괄호는 글에 정보를 끼워 넣기 위해 사용합니다.

예 삽입

괄호에는 문장과 관련 있는 예가 들어갈 수 있습니다.

> Scurvy was a problem for sailors because it was difficult to carry **citrus fruits (oranges, grapefruit, lemons)** on long voyages.
> 괴혈병은 선원들에게 문제였는데, 긴 항해 중에 감귤류 과일(오렌지, 그레이프프루트, 레몬)을 가지고 다니기가 어려웠기 때문이다.

추가 정보 삽입

괄호에는 추가 정보나 설명, 지시, 외국어의 번역이 들어갈 수 있습니다.

> The new sedan is fast **(it goes from zero to sixty in just six seconds).**
> 새로 나온 세단은 빠르다(단 6초면 0에서 60까지 간다). – 추가 정보

> The boss **(who had walked in just in time to see the accident)** was furious.
> (때마침 들어와서 사고를 목격했던) 사장은 격노했다. – 추가 정보

> The bird should be trussed before it's put in the oven **(see page 288).**
> 새는 오븐에 넣기 전에 다리와 날개를 묶어야 한다(288페이지 참고). – 지시

> She strolled the third arrondissement **(district).**
> 그녀는 제3구를 거닐었다. – arrondissement의 번역

> The Kilgore **(Texas)** News-Herald covers local government.
> 킬고어 (텍사스) 뉴스 헤럴드는 지방 정부를 다룬다. – 추가 정보

참고 정보 삽입

괄호에는 참고 정보가 들어갈 수 있습니다.

> The study participants showed no improvement in cholesterol levels **(McLellan and Frost, 2002).**
> 연구 참가자들은 콜레스테롤 수치가 개선되지 않았다(매클럴랜과 프로스트, 2002).

숫자나 문자를 무리 짓거나 돋보이게 하기

괄호는 숫자들을 그룹 지을 때 쓰입니다. 또 목록과 개요에서 항목을 열거할 때 항목 앞에 쓰는 숫자와 문자를 에워싸서 돋보이게 하기도 합니다.

전화 지역 번호

일부 편집 스타일에서는 괄호를 전화 지역 번호에 사용합니다. 자세한 내용은 p. 200 의 '전화번호' 부분을 참고하세요.

(626) 555-1212

수학에서 그룹 짓기

괄호는 수학에서 숫자들을 그룹 짓는 데 쓰입니다.

(12 x 4) + 11

숫자나 글자 돋보이게 하기

일부 출판물에서는 목록과 개요에서 문자나 숫자를 돋보이게 하려고 괄호를 쓰기도 합니다.

New employees should **(a)** select an insurance company, **(b)** select deductibles, and **(c)** indicate their selections on the online form.
신입 사원들은 (a) 보험 회사를 하나 선택해야 하며, (b) 공제 항목을 선택해야 하고, (c) 온라인 양식에 선택 사항을 표시해야 한다.

괄호 vs. 대시와 쉼표

괄호, 쉼표, 대시의 역할은 겹치는 부분이 꽤 많습니다. 어떤 때는 셋 중 아무거나 써도 됩니다.

> The team captain **(a major bully)** entered the locker room.
>
> The team captain, **a major bully,** entered the locker room.
>
> The team captain—**a major bully**—entered the locker room.
>
> 괴롭힘의 주도자인 팀 주장이 라커룸으로 들어왔다.

일반적으로, 괄호는 괄호 안에 있는 정보가 문장에 덜 필수적임을 나타내며, by the way(그런데)의 의미를 함축합니다. 쉼표는 글쓴이가 그 정보가 문장에 잘 통합되어야 한다고 느낄 때 사용합니다. 대시는 괄호와 쉼표의 중간 정도 역할을 합니다. 대시 사이에 들어가는 내용을 문장과 구분해 주는데, 그 내용이 덜 중요하다는 메시지를 전하지는 않습니다. 삽입되는 정보를 구분하기 위해 괄호, 대시, 쉼표 중 하나를 고를 때는 다음을 명심하세요.

- 괄호는 문장의 흐름에 끼어들어 흐름을 끊는 힘이 가장 크므로 적게 써야 합니다.

- 문장 나머지 부분과 문법적으로 맞지 않는 정보는 쉼표가 아니라 괄호나 대시로 구분합니다.

다른 문장 부호와 함께 쓰일 때 괄호의 위치

마침표와 함께 쓰일 때

괄호 안에 완전한 문장이 있고, 괄호 속 문장이 주변 문장과 구별되는 게 글쓴이의 의도라면, 마침표는 괄호 안에 찍습니다.

> Lisa was angrier than usual that day. **(For one thing, some jerk had just keyed her car.)**
>
> 리사는 그날 평소보다 더 화가 났다. (우선 한 가지 이유는, 어떤 멍청이가 그녀의 차를 열쇠로 긁어 흠을 냈다.)

괄호 안에 삽입된 내용이 주변 문장에 통합되고 있다면 그것이 독립절이든 아니든 간에 마침표는 괄호 밖에 찍습니다.

The sunset was obscured by the clouds (which had cast a pall over the afternoon as well).
석양이 (오후에도 먹구름을 드리웠던) 구름에 가려졌다.

The sunset was obscured by the clouds (they had cast a pall over the afternoon as well).
석양이 구름에 가려졌다(구름은 오후에도 먹구름을 드리웠다).

많은 경우, 괄호에 삽입된 독립절을 별도의 문장으로 만들 것이냐 말 것이냐의 선택은 글쓴이가 그 절을 얼마나 강조하고 싶으냐에 달렸습니다.

맞는 표기: Dave left work. (His shift ended at nine.)
데이브는 퇴근했다. (그의 교대 근무는 9시에 끝났다.)
– 괄호 속 독립절을 별도 문장으로: 절의 내용을 강조

맞는 표기: Dave left work (his shift ended at nine).
데이브는 퇴근했다 (그의 교대 근무는 9시에 끝났다).
– 괄호 속 독립절을 전체 문장의 일부로

물음표나 느낌표와 함께 쓰일 때

물음표나 느낌표는 그것이 문장 전체를 수식하는지 삽입 어구만을 수식하는지에 따라 오른쪽 괄호의 앞이나 뒤에 올 수 있습니다.

Did you know they canceled the parade (due to the weather forecast)?
그들이 (일기 예보 때문에) 퍼레이드를 취소했다는 걸 알았어요? – 물음표가 문장 전체에 연결

They canceled the parade (can you believe it?).
그들은 퍼레이드를 취소했어요. (그게 믿겨져요?) – 물음표가 삽입 어구에 연결

They canceled the darn parade (due to rain)!
그들은 (비 때문에) 빌어먹을 퍼레이드를 취소했어! – 느낌표가 문장 전체에 연결

They canceled the parade (darn rain!).
그들은 퍼레이드를 취소했어요. (빌어먹을 비 때문에!) – 느낌표가 삽입 어구에 연결

쉼표와 함께 쓰일 때

본문에서 왼쪽 괄호 앞에는 쉼표를 찍지 않습니다.

맞는 표기: On Tuesday **(when I last saw him)** he was wearing blue.
화요일에 (내가 그를 마지막으로 봤을 때) 그는 파란색 옷을 입고 있었다.

틀린 표기: On Tuesday, (when I last saw him) he was wearing blue.

괄호 안에 항목을 열거하는 문자나 숫자가 있을 때만 앞에 쉼표가 올 수 있습니다.

You can bring **(a) silverware, (b) ice,** or **(c)** napkins.
(a) 은 식기, (b) 얼음, 또는 (c) 냅킨은 가져와도 된다.

하지만 오른쪽 괄호 뒤에 쉼표가 오는 경우는 흔합니다.

Pick up some envelopes **(letter size)**, stamps **(a whole roll, please)**, and pens. 봉투 몇 개(편지 사이즈), 우표(한 롤 전체 부탁해요), 그리고 펜을 사요.

이런 구조에서 괄호에 삽입된 내용은 그 앞에 있는 항목에 속하므로 쉼표가 괄호 뒤에 온다는 데 유의하세요.

세미콜론과 함께 쓰일 때

세미콜론은 적절한 경우 오른쪽 괄호 뒤에 올 수 있습니다. 그러나 왼쪽 괄호 앞에 세미콜론이 올 수 있는 것은 다음 예문처럼 열거되는 항목을 나타내는 문자나 숫자가 괄호 안에 들어 있을 때뿐입니다.

The company has offices in **(a) Trenton, New Jersey; (b) Newark, New Jersey;** and **(c)** Carpinteria, California.
그 회사는 (a) 뉴저지주 트렌턴, (b) 뉴저지주 뉴어크, 그리고 (c) 캘리포니아주 카핀테리아에 사무실을 두고 있다.

콜론과 함께 쓰일 때

콜론은 오른쪽 괄호 뒤에 올 수도 있고, 흔하진 않지만 왼쪽 괄호 앞에 올 수도 있습니다.

> King, DuBois, and Tubman **(along with others who had risked their lives for justice):** these were her heroes.
> 킹, 뒤부아, 터브먼(그리고 정의를 위해 목숨을 걸었던 다른 사람들), 이들은 그녀의 영웅들이었다.

콜론은 오른쪽 괄호 바로 앞이나 왼쪽 괄호 뒤에는 오지 않습니다.

대시와 함께 쓰일 때

드문 경우, 글쓴이가 괄호 바로 옆에 대시를 쓰고 싶을 수도 있습니다. 주요 표기법에는 괄호 바로 옆에 대시를 쓸지 말지, 쓴다면 어떻게 해야 할지에 대한 규칙이 없습니다.

> ✚ 구두법 자문단은 괄호 옆에 대시를 쓸 수 있다고 봤습니다.
>
> He ordered the steak rare **(very rare)**—his favorite meal on a night like this.
> 그는 스테이크를 레어(상당히 레어)로 주문했다. 그것은 이런 밤에 그가 특히 좋아하는 식사였다.

하이픈과 함께 쓰일 때

> ✚ 하이픈이 괄호 바로 뒤에 오는 드문 경우, 구두법 자문단은 그것을 허용할지에 대해 의견이 나뉘었는데, 근소한 차이로 허용하는 쪽을 지지했습니다.
>
> He was a red (maroon, really)-clad man.
> 그는 빨간(사실은 적갈색) 옷을 입은 남자였다.

큰따옴표와 함께 쓰일 때

오른쪽 큰따옴표는 오른쪽 괄호 뒤에는 올 수 있지만 오른쪽 괄호 앞에는 못 옵니다.

> "I can't believe you had the nerve to show your face here (unbelievable)."
> "네가 뻔뻔스럽게 여기 얼굴을 내밀다니 믿기지가 않네 (믿을 수가 없어)."

드문 경우 왼쪽 큰따옴표는 왼쪽 괄호 앞에 올 수는 있지만 뒤에는 못 옵니다.

괄호 안의 괄호

괄호 안의 내용 안에 괄호로 또 다른 내용을 삽입할 때는 소괄호가 아니라 보통 대괄호 (꺾쇠괄호, bracket)를 씁니다. 이 내용은 Chapter 15를 참고하세요.

> See Jorgenson's most recent article ("Trauma at sea" [2014]).
> 조긴슨의 가장 최근 기사['바다에서의 트라우마'(2014)]를 참조하십시오.

괄호 안에 문장이 둘 이상 있을 때

문장 안에 괄호로 삽입되는 어구는 보통 문장의 단편(sentence fragment)이나 하나의 완전한 문장입니다. 일반적으로 둘 이상의 문장을 괄호에 넣어서 다른 문장에 삽입하지는 않습니다. 괄호 하나에 둘 이상의 문장을 넣어야 할 때는 보통 완전한 문장들 사이에 삽입합니다.

> ✚ 둘 이상의 완전한 문장을 괄호에 넣어 다른 문장 중간에 삽입해야 할 경우, 구두법 자문단은 괄호 안의 문장에 구두점을 찍는 법에 대해 의견이 나뉘었습니다. 자문단 대다수는 괄호 안에 마침표를 하나만 찍는 쪽을 선호했습니다.
>
> He wanted to smoke his pipe (Good tobacco was scarce. He had the war to thank for that) with a glass of brandy in his hand.
> 그는 브랜디 한 잔을 손에 든 채 파이프 담배를 피우고 싶었다. (좋은 담배는 드물었다. 그것은 전쟁 덕분이었다.)

✦ 소수는 괄호 안에 마침표를 두 번 찍는 쪽을 선호했습니다.

He wanted to smoke his pipe **(Good tobacco was scarce. He had the war to thank for that.)** with a glass of brandy in his hand.

그는 브랜디 한 잔을 손에 든 채 파이프 담배를 피우고 싶었다. (좋은 담배는 드물었다. 그것은 전쟁 덕분이었다.)

✦ 자문단은 이런 경우 괄호 안에 마침표보다 세미콜론이나 엠 대시를 쓰는 것을 만장일치로 선호했다는 데 주목하세요.

He wanted to smoke his pipe **(Good tobacco was scarce; He had the war to thank for that)** with a glass of brandy in his hand.

그는 브랜디 한 잔을 손에 든 채 파이프 담배를 피우고 싶었다. (좋은 담배는 드물었다. 그것은 전쟁 덕분이었다.)

조직명의 머리글자

어떤 조직을 처음 언급할 때, 이름 뒤 괄호 속에 머리글자를 넣어 뒤에 그 조직의 이름을 머리글자로 간단히 언급하게 해 줄 수 있습니다.

Mothers Against Drunk Driving **(MADD)** launched a letterwriting campaign.

음주운전에 반대하는 어머니회(MADD)는 편지 쓰기 캠페인을 시작했다.

하지만 어떤 조직의 이름을 처음 풀네임으로 언급할 때 머리글자를 반드시 넣어야 하는 것은 아닙니다. 기사 표기법에서는 이런 관행을 금지하며, 다른 표기법에서는 이런 방식이 독서의 흐름을 방해하므로 권하지 않습니다.

더 나은 표기

The Organization for North Atlantic States, the Association of Oil Producing Nations, and the International Brotherhood of Steel Workers all had representatives at the conference.

북대서양 국가 기구, 산유국 연합, 그리고 국제 철강 노동자 형제단은 모두 대표들이 그 회의에 참석했다.

The Organization for North Atlantic States (ONAS), the Association of Oil Producing Nations (AOPN), and the International Brotherhood of Steel Workers (IBSW) all had representatives at the conference.

북대서양 국가 기구(ONAS), 산유국연합(AOPN), 그리고 국제 철강 노동자 형제단(IBSW)은 모두 대표들이 그 회의에 참석했다.

머리글자를 괄호에 넣어서 소개하는 것이 필요할 때는 그 머리글자가 뒤에 이어지는 글에서 중요하기 때문에 독자가 괄호에서 잠깐 멈춰서 그 머리글자를 외울 필요가 있을 때뿐입니다.

이는 보통 긴 문서에 해당되는데, 긴 문서에서는 조직을 매번 정식 이름으로 부르기는 번거로우므로 머리글자로 불려야 하는데, 머리글자를 처음에 정식 이름 뒤에 괄호에 넣어서 소개해야 독자가 머리글자와 정식 이름을 연결할 수 있기 때문입니다.

CHAPTER 15

꺾쇠괄호

|

BRACKET

]

꺾쇠괄호, 혹은 대괄호는 괄호로 삽입된 어구 안에 다른 내용을 다시 삽입할 때 가장 흔히 쓰 입니다.

The concerts take place on Saturdays (call [310] 555-1212 for scheduled artists).

콘서트는 토요일에 열립니다[콘서트 참여 아티스트에 대한 문의는 (310) 555-1212로 전화하세요].

꺾쇠괄호는 괄호로 삽입된 어구 안에 다른 내용을 다시 삽입할 때 가장 흔히 쓰이지만, 편집 스타일에 따라 추가적인 꺾쇠괄호 사용법이 있습니다.

B 도서 표기법은 학문적인 글에서 원래 글쓴이가 아닌 다른 사람이 한 말을 삽입한다는 걸 나타낼 때 꺾쇠괄호를 씁니다. 또 번역과 음성 철자를 삽입할 때도 꺾쇠괄호를 씁니다.

The Parisian-themed store specializes in **fromage [cheese]**.
파리를 테마로 한 그 가게는 프로마쥐[치즈]가 전문이다. (fromage에 대한 번역)

N 전신(電信)으로 소식을 받아서 보도하던 전통에 뿌리를 둔 기사 표기법은 공식적으로 꺾쇠괄호를 사용하지 않습니다. 전신으로는 꺾쇠괄호를 전송할 수 없었기 때문입니다. 하지만 독립 언론사들은 때로 인용문 속에 삽입된 내용이 화자가 한 말이 아니라 글쓴이가 넣은 것임을 나타내기 위해 꺾쇠괄호를 사용합니다.

I read about it in the **[New York]** Times.
"저는 (뉴욕) 타임스에서 그것에 대해 읽었습니다."

S 과학 문헌 표기법에서는 인용문에 삽입된 내용이 정보 출처에서 나온 게 아니라 글쓴이가 쓴 것임을 나타내기 위해 꺾쇠괄호를 씁니다. 또 꺾쇠괄호는 통계의 신뢰 구간에도 쓰입니다. 수학적 내용을 서술할 때, 과학 저술가는 (둥근) 괄호와 꺾쇠괄호의 일반적인 순서를 뒤집어야 합니다. 즉, 일반 글에서는 주요 삽입 어구를 (둥근) 괄호 안에 넣고 하위 삽입 어구를 꺾쇠괄호 안에 넣지만, 과학 문헌에서는 수학적 자료의 주요 그룹을 꺾쇠괄호 안에 넣고 하위 그룹을 꺾쇠괄호 안에 있는 (둥근) 괄호 안에 넣습니다.

He discovered the equation **[b = (y + 1)/4]** only after repeated failures.
그는 여러 번 실패한 후에야 방정식 [b = (y + 1)/4]를 발견했다.

A 학술적 글 표기법에서는 원출처인 문서에 빠져 있거나, 확인되지 않았거나, 삽입된 정보를 나타낼 때 꺾쇠괄호를 사용합니다.

Twain, Mark **[Samuel Clemens]**, *Huckleberry Finn*.
마크 트웨인(사무엘 클레멘스), 《허클베리 핀》.

CHAPTER 16

슬래시와 역슬래시

SLASH AND BACKSLASH

/ \

슬래시는 정식 문장 부호로 보지 않아서 주요
편집 스타일에서는 슬래시 사용을 권장하지 않
습니다.

or, and, through, per를 뜻하는 슬래시

슬래시는 비공식적으로 or(또는), and(그리고), through(~부터 … 까지), per(~마다)를 대신하기도 합니다.

> Sparkling **and/or** still water will be at each server station.
> 탄산수와 정수. 탄산수나 정수가 각 접객 데스크에 있을 것이다.

> If the student wants to enroll in lab, **he/she** should do so as soon as possible.
> 학생이 연구실에 등록하고 싶으면, 가능한 한 빨리 등록해야 한다.

> **Marcus/Grandpa/Mr. Storyteller** is always fun to listen to.
> 마커스 또는 할아버지 또는 스토리텔러 씨(모두 동일인물)는 언제 이야기를 들어도 재미있다.

> The job pays **$800/week**.
> 그 일은 주당 8백 달러를 준다.

> Light moves at about 186,000 **mi/sec**.
> 빛은 초당 약 186,000마일의 속도로 이동한다.

through(~부터 … 까지)의 뜻일 때, 슬래시는 보통 두 개의 연이은 기간만 연결합니다. 하지만 전문 출판물에서 이런 용법일 때는 하이픈이 훨씬 더 대중적입니다.

> In **1996/97**, the economy improved.
> 1996년부터 1997년까지 경기가 호전되었다.

웹 주소, 날짜, 전화번호에서의 슬래시

슬래시는 웹 주소에 많이 쓰입니다. 하지만 웹 주소에 쓰인 것이 일반적인 슬래시(/)인지, 반대쪽으로 기울어진 역슬래시(\)인지 주의하세요.
특정 서식 스타일에서는 슬래시가 날짜에 쓰이거나 아주 드물게 전화번호에 쓰이기도 합니다. 출판에서 이런 것들은 각 매체의 표기법 지침에 따라서만 사용해야 합니다.

/\

> 10/22/99 99년 10월 22일

> 626/555-1212

CHAPTER 17

열거되는 항목들 (목록)

|

LISTS

> 1
> 2
> 3

글 속에 열거되는 항목들(목록)은 단락 안에서 문장의 일부로 나올 수도 있고, 문장의 일부이지만 단락 밖의 개요 스타일로 제시될 수도 있습니다. 또 원이나 네모꼴, 대시, 문자, 숫자 등을 앞에 붙여 개별 단락으로 제시되기도 합니다. 도서, 기사, 과학 문헌 표기법은 열거되는 항목에 문장 부호를 찍는 법에 대해 구체적인 지침을 제공하니, 학술적 글에서도 그런 지침을 따르는 걸 고려해 볼 수 있습니다.

본문 속의 목록

대부분의 목록은 문장에 통합돼 있고, 나열되는 개별 항목들은 쉼표나 세미콜론으로 분리됩니다.

We'll have pepperoni, onions, and mushrooms.
우리는 페퍼로니, 양파, 버섯을 먹을 것이다.

하지만 나열된 항목들을 강조하거나 그 항목들의 계층적 관계나 시간 순서를 강조할 때는 다음과 같이 항목 앞에 숫자나 문자를 붙입니다.

B 도서 표기법은 괄호 안에 문자를 넣을지 숫자를 넣을지를 글쓴이가 선택할 수 있습니다. 소문자로 쓸 때는 로마자로 쓰거나 이탤릭체로 쓸 수도 있습니다.

We will examine, in detail, **(a)** the weaponry and battle tactics of the Civil War era, **(b)** the economy of the South and how it affected the war, and **(c)** Lincoln's most notable public addresses.
우리는 (a) 남북전쟁 시대의 무기와 전투 전술, (b) 남부의 경제와 그것이 남북전쟁에 끼친 영향, 그리고 (c) 링컨의 가장 주목할 만한 대중 연설을 상세히 검토할 것이다.

We will examine, in detail, **(1)** the weaponry and battle tactics of the Civil War era, **(2)** the economy of the South and how it affected the war, and **(3)** Lincoln's most notable public addresses.
우리는 (1) 남북전쟁 시대의 무기와 전투 전술, (2) 남부의 경제와 그것이 남북전쟁에 끼친 영향, 그리고 (3) 링컨의 가장 주목할 만한 대중 연설을 상세히 검토할 것이다.

B 목록을 소개하는 표현이 완전한 문장이면 뒤에 콜론이 와야 합니다. 반대로, 나열된 항목들이 포함되어야 완전한 문장이 되면 목록을 소개하는 표현 뒤에 콜론을 쓰지 않습니다. 나열되는 항목들은 쉼표나 세미콜론의 일반 규칙에 따라 쉼표나 세미콜론을 취합니다.

He has several priorities: (a) to get a job, **(b)** to lose weight, and **(c)** to improve his social life.
그에게는 몇 가지 우선순위가 있다. (a) 직업 구하기, (b) 살 빼기, 그리고 (c) 사교생활 개선하기.

He wants (a) to get a job, **(b)** to lose weight, and **(c)** to improve his social life.
그는 (a) 직업을 구하고, (b) 살을 빼고, (c) 사교생활을 개선하고 싶어 한다.

ⓢ 과학 문헌 표기법은 나열하는 항목 앞의 괄호 안에 (숫자는 쓰지 않고) 문자만 씁니다.

He wants **(a)** to get a job, **(b)** to lose weight, and **(c)** to improve his social life.

그는 (a) 직업을 구하고, (b) 살을 빼고, (c) 사교생활을 개선하고 싶어 한다.

앞 단락과 구분된 목록

앞의 텍스트와 구분되는 서식을 지닌 목록은 문법적으로 그 문장의 일부일 수도 있고 아닐 수도 있습니다.

앞 문장의 일부인 목록

Ⓑ 문법적으로 한 문장의 일부인 목록은 별도의 단락으로 놓을 수 있고, 개요와 같은 서식을 입혀서 각 항목 끝에 세미콜론을 찍고 마지막 항목만 끝에 마침표를 찍을 수 있습니다. 항목 앞에는 문자, 숫자, 대시, 글머리 기호를 붙일 수 있습니다.

The ideal candidate is characterized by

- an exemplary employment history, verified by references;
- a clear desire to advance within the organization;
- superb verbal and written communication skills.

이상적인 후보자의 특징은 다음과 같습니다.

- 증빙 서류로 확인할 수 있는 모범적인 고용 이력
- 조직 내에서 발전하고자 하는 뚜렷한 열망
- 탁월한 구두 및 서면 의사소통 기술

✚ 완전한 하나의 문장을 구성하는 간단한 목록의 경우, 구두법 자문단 대다수는 표기법 지침과 다르게 글머리 기호가 붙은 각 항목 뒤에 문장 부호를 쓰지 않는 쪽을 선호했습니다.

The ideal candidate is characterized by
- an exemplary employment history
- a clear desire to advance within the organization
- superb verbal and written communication skills

이상적인 후보자의 특징은 다음과 같습니다.
- 모범적인 고용 이력
- 조직 내에서 발전하고자 하는 뚜렷한 열망
- 탁월한 구두 및 서면 의사소통 기술

앞 문장의 일부가 아닌 목록

문법적으로 앞 문장의 일부가 아닌 목록들은 스타일에 따라 앞에 숫자, 문자, 대시 또는 글머리 기호를 달 수 있습니다. 열거된 항목이 완전한 문장인 경우도 마찬가지입니다.

B 도서 표기법에서는 앞 문장에 포함되지 않는 항목 앞에 숫자나 문자, 글머리 기호 중 선택해서 달 수 있습니다. 목록을 이끄는 표현이 완전한 문장일 때는 그 뒤에 콜론을 씁니다.

We will need a variety of office supplies:

- pens

- paper

- staplers

다양한 사무용품이 필요할 것이다.
- 펜
- 종이
- 스테이플러

세로로 나열한 목록의 각 항목 앞에 번호를 매기려면, 도서 표기법에서는 숫자 다음에 마침표를 찍어야 하고(숫자는 괄호 안에 넣지 않습니다), 번호가 매겨진 항목 다음의 첫 글자는 대문자로 씁니다.

We will need three key office supplies:

1. Pens

2. Paper

3. Staplers

세 가지 주요 사무용품이 필요할 것이다.

1. 펜
2. 종이
3. 스테이플러

나열된 항목들이 완전한 문장일 때, 각 문장은 도서 표기법에서는 자체의 종지 부호로 끝납니다. 일반적으로 마침표이지만, 물음표나 느낌표일 수도 있습니다.

Researchers reported similar outcomes:

• Study participants all complained of headaches.

• Approximately 50 percent of participants became jaundiced.

• All negative side effects abated after treatments stopped.

연구자들은 다음과 같은 유사한 결과를 보고했다.

• 연구 참가자들 모두 두통을 호소했다.
• 참가자의 약 50퍼센트가 황달에 걸렸다.
• 치료를 중단한 후 모든 부정적인 부작용이 가라앉았다.

N 기사 표기법에서는 세로로 나열된 항목 앞에 엠 대시를 쓰고 뒤에는 마침표를 찍습니다.

The judge was most heavily influenced by the following factors:

—The defendant had shown no remorse.

—Witnesses for the defense were unable to corroborate the alibi.

—The defendant was a repeat offender.

판사는 다음 요인들에 가장 크게 영향을 받았다.

　　—피고인이 반성하는 모습을 보이지 않았다.

　　—피고 측 증인들이 알리바이를 입증하지 못했다.

　　—피고인이 상습범이었다.

✚ 구두법 자문단 대다수는 위의 예에서 대시 뒤에 한 칸을 띄우지 않겠다고 했습니다.

CHAPTER 18

숫자와 주소

NUMBERS AND ADDRESSES

숫자는 이렇게 써야 한다고 어떤 체계가 정립
돼 있지는 않습니다. 숫자를 언제 단어로 쓸지,
언제 아라비아 숫자로 쓸지, 날짜, 주소, 전화
번호 등을 어떻게 표기할지의 지침은 일관성과
가독성을 보장하기 위해 있을 뿐, 옳고 그름을
가리기 위해 있지는 않습니다.

수를 아라비아 숫자로 쓰기 vs. 단어로 쓰기

p. 191~194의 도표에 주요 편집 스타일의 일반 본문에서 수를 아라비아 숫자로 쓸지 단어로 쓸지 선택할 때 주요 포인트 몇 가지를 정리해 두었습니다. 본문이 아닌 도표나 그래프 등 시각 요소들은 이런 규칙의 적용을 반드시 받지는 않으며, 공간 절약을 위해 아라비아 숫자를 쓰는 경우가 더 많습니다. p. 191~194의 도표 중 공란은 그 스타일에 특정 지침이 없다는 것을 의미하며, 그런 경우 일반 지침을 우선합니다.

날짜

날짜 표기법과 관련한 다음 지침은 주요 글쓰기 스타일과 편집 스타일의 권고 사항에 기초한 것이며, 가독성과 문장 흐름에 도움을 준다고 봅니다.

문자와 숫자 섞어 쓰기 vs. 숫자로만 쓰기

B **N** **A**　본문에서 날짜는 보통 문자와 숫자를 섞어 씁니다. 보통 월은 문자로 쓰고 연도와 일은 숫자로 쓰지요. 다 아라비아 숫자로 쓰는 경우, 연월일 사이를 슬래시나 하이픈으로 구분합니다.

> 선호하는 표기 방식: May 14, 1988 1988년 5월 14일
>
> 권장하지 않는 표기 방식: 5/14/88
>
> 권장하지 않는 표기 방식: 5-14-88

하지만 표, 정보 상자, 그 외 공간이 제한된 그래픽 요소에서는 날짜를 숫자로만 쓰기도 합니다.

연도를 쉼표로 구분하기

월-일-연도 순서로 날짜를 쓸 때, 연도 앞뒤에 쉼표를 씁니다. 연도 뒤에 쉼표를 빼먹는 실수를 하는 경우가 흔하니 유의하세요.

#

맞는 표기: The meeting scheduled for **June 20, 2015,** has been canceled.
2015년 6월 20일로 예정됐던 회의가 취소되었다.

틀린 표기: The meeting scheduled for June 20, 2015 has been canceled.

하지만 날짜가 문장 맨 끝이나 세미콜론 앞에 오면 연도 뒤의 쉼표는 마침표나 물음표, 느낌표, 세미콜론으로 대체할 수 있습니다.

The meeting was scheduled for **June 20, 2015.**
회의는 2015년 6월 20일로 예정되어 있었다.

Can we reschedule for **June 27, 2015?**
2015년 6월 27일로 일정을 변경할 수 있을까요?

Alternate dates include **June 27, 2015; July 7, 2015;** and **July 11, 2015.**
대체 일자에는 2015년 6월 27일, 2015년 7월 7일, 2015년 7월 11일이 포함된다.

날짜에 요일이 포함되어 있을 때는 쉼표로 요일과 날짜를 분리합니다. 요일은 표처럼 공간 제약이 있을 때를 제외하면 줄여 쓰지 않습니다.

The meeting is scheduled for **Tuesday, October 20, 2015.**
회의는 2015년 10월 20일 화요일로 예정되어 있다.

연도와 월만 표시할 때는 연도를 쉼표로 분리하지 않습니다.

The **October 2015** meeting has been canceled.
2015년 10월 회의는 취소되었다.

수를 아라비아 숫자로 쓰기 vs. 단어로 쓰기		
10 이하의 숫자 : 일반적인 규칙	**B N S A**	단어로 쓴다. five visitors 방문객 다섯 명
	A	기술적 문맥이 아닐 때는 두 단어까지는 수를 단어로 쓴다. eight teachers 교사 여덟 명 기술적 문맥에서 데이터 및 측정값에는 아라비아 숫자로 쓴다. specimens measuring 8 centimeters or larger 8센티미터나 그 이상의 견본
11 이상의 숫자 : 일반적인 규칙	**B**	100 미만의 모든 숫자는 단어로 쓴다. eighty-seven visitors 방문객 여든일곱 명 어림수를 제외하고 100보다 큰 숫자들 대부분은 아라비아 숫자로 쓴다. They counted 487 men. 그들은 487명을 셌다. The building can hold two thousand people. 그 건물은 2천 명을 수용할 수 있다.
	N S	아라비아 숫자로 쓴다. 11 visitors 방문객 11명
	A	10 이하의 숫자 경우와 같다. eleven visitors 방문객 열한 명
일관성을 위해 필요한 경우 일 반 규칙을 무시 한다?	**B**	네: host groups of anywhere from 8 to 256 8명에서 256명까지 단체를 손님으로 받다
	N	아니요: sleep eight to 12 여덟 시부터 12시까지 자다
	A	네: sleep 8 to 12 8시부터 12시까지 자다
millions, billions, trillions	**B**	보통 단어로 쓴다. They served two million customers. 그들은 2백만 고객에게 서비스를 제공했다.
	N	일상적인 사용을 제외하면 단어 앞에 아라비아 숫자로 쓴다. They served 2 million customers. 그들은 2백만 고객에게 서비스를 제공했다. I wish I had a million bucks. 백만 달러가 있으면 좋겠어.
	A	(선택 사항) 숫자를 단어와 결합한다. 4.5 million 450만
문장 맨 앞에 오는 숫자	**B S A**	문장 맨 앞에 오는 숫자는 모두 단어로 쓴다. Nineteen seventy-six was a good year. 1976년은 좋은 해였다.
	N	연도 외에 문장 맨 앞에 오는 숫자는 모두 단어로 쓴다. Eleven visitors came. 방문객 11명이 왔다. 1976 was a good year. 1976년은 좋은 해였다.
나이	**N S**	아라비아 숫자로 쓴다. Her son is 5. 그녀의 아들은 5살이다.

측정값	B	비기술적 문맥에서는 일반 규칙이 적용된다. He is five feet, nine inches tall. 그는 키가 5피트 9인치이다. It weighs eighty pounds. 그것은 무게가 80파운드이다. 그러나 약어나 기호 앞에는 아라비아 숫자로 쓴다. 5 cm 5센티미터
	N	아라비아 숫자로 쓰고 단위는 문자로 풀어서 쓴다. 5 centimeters 5센티미터 He is 5 feet 9 inches tall. 그는 키가 5피트 9인치이다. 무게는 항상 아라비아 숫자로 쓴다.
	S	아라비아 숫자로 쓴다. 5 centimeters/5 cm 5센티미터
	A	약어나 기호 앞에는 아라비아 숫자로 쓴다. 5 cm 5센티미터 2 ft 2피트 글의 본문에서는 단어로 쓸 수 있다. five centimeters 5센티미터 two feet 2피트
miles	B	일반 규칙을 따르며, 대부분의 어림수와 100 이하의 숫자는 단어로 쓴다. He drove eighty-five miles. 그는 85마일을 운전했다.
	N	속도나 크기의 측정값인 경우 아라비아 숫자로 쓴다. 4 miles per hour 시속 4마일 a 2-mile-long mountain range 2마일 길이의 산맥 거리에 대해서 10 미만인 경우 단어로 쓴다. He drove two miles. 그는 차로 2마일을 달렸다.
소수	B	보통 아라비아 숫자로 쓴다. 8.7
	N A	아라비아 숫자로 쓴다. 8.7
분수	B	1 미만의 단분수는 단어로 쓰고 하이픈을 쓴다. nine-tenths 10분의 9 1보다 큰 분수인 경우 아라비아 숫자로 쓸 수도 있고 단어로 쓸 수도 있다. one and two-thirds 1과 3분의 2 1⅔ 1과 3분의 2
	N	1 미만의 분수는 단어로 쓰고 하이픈을 쓴다. nine-tenths 10분의 9 1보다 큰 분수는 아라비아 숫자로 쓴다. 2⅘ leagues 2와 5분의 4 리그
	S	단분수는 단어로 쓴다(형용사가 아니면 하이픈을 쓰지 않는다). nine tenths 10분의 9

백분율	B	일반적으로 아라비아 숫자로 쓰고 단어 percent를 쓴다. The bond pays 5 percent. 그 채권은 5퍼센트를 지급한다. 과학적 문맥에서는 백분율 기호(%)를 써도 된다.
	N	아라비아 숫자로 쓰고 단어 percent를 쓴다. 5 percent 5퍼센트
	S	아라비아 숫자로 쓰고 백분율 기호를 쓴다. 5% 5퍼센트
	A	보통 아라비아 숫자로 쓰고 백분율 기호를 쓴다. 5% 5퍼센트 기사 본문에서는 단어로 써도 된다. five percent 5퍼센트
날짜	B N S A	아라비아 숫자로 (기수로) 쓰고, 월은 단어로 쓴다. May 3 5월 3일 (May 3rd라고 쓰지 않는다.)
연도	B A	문장 맨 앞에 올 때를 제외하면 아라비아 숫자로 쓴다.
	N	문장 맨 앞에 올 때를 포함해서 아라비아 숫자로 쓴다.
십 년 단위	B	단어로 쓸 수도 있고, 아라비아 숫자로 쓸 수도 있다. the nineties 90년대 the '90s 90년대 the 1990s 1990년대
	N S	아라비아 숫자로 쓴다. the 1990s 1990년대 the '90s 90년대
	A	보통 단어로 쓴다. the nineties 90년대 아라비아 숫자로 쓸 수도 있다. the '90s 90년대 the 1990s 1990년대
세기	B A	단어로 쓴다. twentieth century 20세기
	N	10 미만일 때만 단어로 쓴다. the first century 1세기 the 21st century 21세기
돈	B	100 미만의 어림수들은 흔히 단어로 쓴다. Fare was forty-five dollars. 요금은 45달러였다. 적절한 때, 아라비아 숫자와 달러 또는 센트 기호를 사용할 수 있다.
	N	아라비아 숫자와 달러 기호, 또는 아라비아 숫자와 단어 cents를 쓴다. $20 20달러 5 cents 5센트 일상적인 쓰임에서 숫자는 단어로 쓸 수 있다. A soda costs five bucks! 탄산음료는 5달러예요!
	S	아라비아 숫자로 쓴다. $20 20달러

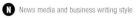

	A	보통 아라비아 숫자와 달러 기호를 함께 쓴다. $20 20달러 글의 본문에서는 단어로 쓸 수 있다. twenty dollars 20달러
시간	**B**	본문에서는 보통 단어로 쓴다. We left at three o'clock. 우리는 3시에 출발했다. Dinner is at six thirty. 저녁 식사는 6시 30분이다.
	N	정오와 자정을 제외하면 아라비아 숫자로 쓴다.
	S A	아라비아 숫자로 쓴다.
비율	**B S**	아라비아 숫자로 쓰거나 단어로 쓴다. 2:1 2 대 1 a two-to-one ratio 2 대 1의 비율
	N	아라비아 숫자로 쓰고 하이픈을 쓴다. 2-to-1 2 대 1 a 2-1 ratio 2 대 1의 비율
숫자가 연달아 나올 때	**S**	숫자와 단어를 번갈아 쓴다. five 4-person families 4인 가족 다섯 그러나 하나가 기수이고 하나가 서수일 때는 그렇게 하지 않아도 된다. the first three guests 처음 세 명의 손님
점수	**N**	스포츠 점수는 아라비아 숫자로 쓴다.
	S	아라비아 숫자로 쓴다. The team scored 2 points. 그 팀이 2점을 득점했다. The student scored 4 on a 5-point scale. 그 학생은 5점 만점에 4점을 받았다.

월, 일의 순서

전문 출간물에서는 날짜를 쓸 때 '월-일-년' 형식을 선호합니다.

October 20, 2015 2015년 10월 20일

B **A** 학술적 글과 도서 표기법에서는 일부의 경우, 예를 들어 표에서는 일–월–년 형식이 허용됩니다.

20 October 2015 2015년 10월 20일

날짜에서 월 이름을 약어로 쓰기 vs. 전체 이름 다 쓰기

B 날짜 전체를 표기할 때, 도서 표기법은 본문에서 월 이름을 약어로 쓰지 않는 것을 선호합니다. 하지만 공간 제약이 있을 때는 약어 Jan., Feb., Mar., Apr., Aug., Sept., Oct., Nov., Dec.는 쓸 수 있습니다. 그래도 May, June, July는 약어로 쓰지 않습니다.

January 14, 1970 1970년 1월 14일

N 기사 표기법은 날짜의 일부로 약어 Jan., Feb., Aug., Sept., Oct., Nov., Dec.를 씁니다. 그러나 March, April, May, June, July는 약어로 쓰지 않습니다.

Jan. 14, 1970 1970년 1월 14일

B **N** **S** **A** 특정 날짜 없이 월과 연도만 쓸 경우, 월과 연도를 쉼표로 분리하지 않고 월 이름을 줄여서 쓰지 않습니다.

January 1970 1970년 1월

십 년 단위 표기

B **N** 십 년 단위는 s 앞에 아포스트로피를 찍지 않습니다.

맞는 표기: 1980s 1980년대

틀린 표기: 1980's

하지만 숫자가 생략되었을 때는 아포스트로피가 그 자리를 대신합니다.

The band was popular in the '70s and '80s.
그 밴드는 70년대와 80년대에 인기가 있었다.

서수는 선호하지 않음

날짜를 표기할 때 주요 편집 스타일에서는 first, third, sixth, 1st, 3rd, 6th, 23rd 등의 서수 대신 기수 사용을 권합니다.

선호되는 표기: He was born on **Sept. 3.** 그는 9월 3일에 태어났다.

권장되지 않는 표기: He was born on Sept. 3rd.

시간 표현

B 도서 표기법의 경우, 본문에서 '정시', '30분', '15분'은 단어로 씁니다. 그리고 o'clock과 함께 쓰이는 시간의 숫자는 항상 단어로 씁니다.

He didn't wake up until **eleven thirty.** 그는 11시 30분까지 일어나지 않았다.

We left the hotel at **four fifteen.** 우리는 4시 15분에 호텔을 떠났다.

That show doesn't come on till **eight o'clock.** 그 쇼는 8시가 돼야 시작된다.

Lunch will be served at **noon.** 점심 식사는 정오에 제공될 것이다.

a.m.이나 p.m.이 들어 있을 때, 도서에서는 소문자로 쓰는 것을 선호하지만 대문자로 쓸 수도 있습니다. 마침표는 찍어도 되고 찍지 않아도 됩니다.

권장: 8 **a.m.** 오전 8시

허용: 8 **AM**

허용: 8 **A.M.**

도서 표기법에서 정확한 시간을 강조할 때는 언제든 시간 뒤에 :00을 붙일 수 있습니다. 그 외에는 :00 사용을 권하지 않습니다.

N 기사 표기법에서는 소문자 a.m.이나 p.m.에 아라비아 숫자를 쓰는 방식을 선호하고, 시간 뒤에 :00을 쓰는 것은 권하지 않습니다.

맞는 표기: 8 **a.m.** 오전 8시

틀린 표기: 8:00 a.m.

틀린 표기: 8:00 AM

대화문에서 숫자로 표현된 시간은 단어로만 표기할 수 있습니다.

"I can't believe we have to wait till **nine** for dinner."
저녁을 먹으려면 9시까지 기다려야 한다는 게 믿기지 않아요."

기사에서 o'clock을 쓰는 일은 드물지만, 기사에서 o'clock을 쓸 때는 보통 아라비아 숫자 뒤에 옵니다.

4 **o'clock** 4시

거리 주소

Street나 Avenue를 줄여서 쓸 것인지 말 것인지, 두 글자로 된 주 이름 우편번호를 쓸 것인지 말 것인지 등은 표기법 문제로, 출판물 안에서 주로 미학적인 이유로 선택해서 일관성을 유지해야 합니다. 표기법 지침은 다음과 같습니다.

건물 번호

건물 번호(집 번호)는 보통 아라비아 숫자로 씁니다.

> **1 Main St.** 메인스트리트 1번지

B 도서 표기법의 경우, 단어로 쓰면 가독성과 단어 흐름에 도움이 될 때 본문에서 건물 번호를 단어로 쓸 수 있습니다.

Street, Avenue, Boulevard 등의 약어

Street, Avenue, Boulevard는 건물 번호와 함께 쓸 때 St., Ave., Blvd.로 줄여 씁니다. 거리 이름이 건물 번호 없이 올 때는 줄여 쓰지 않고 전체 철자를 다 씁니다.

N 기사 표기법에서 Circle, Lane, Road, Terrace처럼 거리 이름의 일부를 나타내는 다른 용어들은 모든 문맥에서 전체 철자를 다 씁니다.

B 도서 표기법은 Ct.(court), Dr.(Drive), Expy.(Expressway), Hwy.(Highway), Ln.(Lane), Pkwy.(Parkway), Pl.(Place), Ter(Terrace), 같은 약어들도 씁니다.

숫자로 된 거리 이름

숫자로 된 거리 이름은 서수로 씁니다.

102nd Street 102번 가   **125th** Avenue 125번 가

B 도서 표기법에서 100보다 낮은 번호의 거리는 전체 철자를 다 쓸 수 있습니다.

Ninety-First Street 91번 가   **Sixty-Sixth** Avenue 66번 가

N 기사 표기법에서 10보다 낮은 번호의 거리는 전체 철자를 다 씁니다.

First Street 1번 가   **Sixth** Avenue 6번 가

방위

거리 주소에서 한 글자로 된 방위에는 마침표를 찍습니다.

123 **S.** Main St. 사우스 메인 가 123번지   111 **E.** Elm St. 이스트 엘름 가 111번지

두 글자로 된 방위에는 마침표를 찍지 않습니다.

123 **SE** Main St. 사우스이스트 메인 가 123번지

건물 번호 없이 거리 이름만 나오면 방위를 전체 철자로 씁니다.

He lives on **East** Elm Street. 그는 이스트 엘름 가에 산다.

방위가 거리 이름을 나타낼 때는 항상 전체 철자를 씁니다.

She lives on **East Boulevard.** 그녀는 이스트 대로에 산다.

주 이름 약어

B 도서 표기법은 두 글자로 된 주 이름 약어(postal code, 우편번호)를 선호합니다.

CA California   NH New Hampshire   WA Washington

VA Virginia   MO Missouri

N 기사 표기법은 주 이름을 약어로 쓰지만(Calif., N.H., Wash., Va., Mo.) 다음 8개 주는 항상 전체 철자를 씁니다.

Alaska	Hawaii	Idaho	Iowa
Maine	Ohio	Texas	Utah

도시 이름 뒤에는 쉼표를 찍지만, 주 이름과 주 이름 우편번호(zip code) 사이에는 쉼표를 찍으면 안 됩니다.

122 Third St., **Juneau, Alaska 99801**
우편번호 99801 알래스카주 주노시 서드 가 122번지

사서함 주소 (PO Box Addresses)

B 도서 표기법에서 PO Box(사서함)에는 마침표를 찍지 않습니다.

N 기사 표기법에서 P.O. Box(사서함)에는 마침표를 찍습니다.

다음은 주소를 바르게 쓴 몇 가지 예입니다.

B 123 E. Maple Ct., Shreveport, LA 71101

N 123 E. Maple Court, Shreveport, La. 71101
우편번호 71101 루이지애나주 슈레브포트 이스트 메이플 코트 123번지

B Two Thirty-Third St., Juneau, AK 99801

B 2 Thirty-Third St., Juneau, AK 99801

N 2 33rd St. Juneau, Alaska 99801
우편번호 99801 알래스카주 주노시 33번가 2번지

B **N** 888 123rd Ave. 123번가 888번지

B 123 Maple Ln. SE, Santa Fe, NM

N 123 Maple Lane SE, Santa Fe, N.M.
뉴멕시코주 산타페 메이플 레인 사우스이스트 123번지

ⒷⓃ The office is on East Orange Boulevard.

사무실은 이스트 오렌지 대로에 있다.

ⒷⓃ The office is at 123 E. Orange Blvd.

사무실은 이스트 오렌지 대로 123번지에 있다.

전화번호

많은 출판물에는 전화번호를 표기하는 각자의 방식이 있습니다. 어떤 출판물은 숫자 세트 사이에 마침표를 찍고, 어떤 출판물은 슬래시와 하이픈을 씁니다. 지역 번호는 괄호 안에 넣는 것이 매우 보편적인 방식입니다.

310.555.1212   310/555-1212   (310) 555-1212

하지만 도서와 기사 표기법에서는 하이픈을 씁니다. 작가와 편집자가 일관성 유지를 명심하면서 각자의 표기법을 채택하면 됩니다.

ⒷⓃ 도서와 기사 표기법에서는 전화번호 요소들을 하이픈으로 분리하라고 권합니다. 도서에서는 무료 번호 앞에 1을 쓸 수 있고, 기사에서는 쓰지 않습니다. 도서에서는 또 지역 번호에 1이 있든 없든 괄호 안에 넣을 수 있습니다.

ⒷⓃ 310-555-0123	**ⒷⓃ** 800-555-1212
Ⓑ 1-800-555-1212	**Ⓑ** (1-800) 555-1212
ⒷⓃ 011-44-20-2222-5555	

이메일 주소와 URL

이메일과 URL 주소를 쓰는 데 몇 가지 고민되는 점들이 있습니다.

email 단어 자체의 하이픈

ⒷⒶ 도서와 학술적 글에서는 e-mail처럼 하이픈을 쓰는 것을 선호합니다.

Ⓝ 기사에서는 email처럼 하이픈을 넣지 않습니다.

하지만 개별 출판물은 이 문제에서 각자의 스타일을 채택합니다.

이메일 주소에서 줄 바꿈

이메일 주소를 쓸 때는 주소 중간에 줄이 바뀌지 않도록 하세요. 줄을 꼭 바꿔야 할 때는 하이픈이나 다른 문장 부호를 사용해 줄 바꿈을 표시하지 마세요.

URL 쓰는 방법

URL의 경우, http://나 https://를 쓸지, 나아가 www를 포함할지 말지는 글쓴이나 편집자가 결정합니다. 어떤 방식을 선택하든 한 출판물 전체에서 일관되게 사용해야 합니다.

URL에서 줄 바꿈

B **N** **A** 도서, 기사, 학술적 글은 모두 URL 중간에 줄이 바뀔 때 하이픈을 넣지 말라고 명시합니다.

For more information about the study, visit **www.nutritionstudy. glucoselevelsinsmallmammals.edu/februrary4results.**

이 연구에 대한 더 많은 정보를 알아보시려면 www.nutritionstudy.glucoselevelsinsmallmammals. edu/februrary4results를 방문하세요.

URL 뒤의 문장 부호

B **N** **A** 도서, 기사, 학술적 글에서는 종지 부호(. ? !)가 URL 바로 뒤에 올 수 있습니다. 위의 예에서는 마침표가 종지 부호로 URL 뒤에 바로 왔습니다.

S 과학 문헌에서는 URL 뒤에 마침표가 바로 올 수 없습니다. 그래서 URL이 문장 끝에 오지 않도록 문장 구성을 다시 짜거나 URL을 괄호 안에 넣어야 합니다.

PART II

구두법 A to Z

여기 실린 용어들은 도서 **B**, 뉴스 기사 **N**, 그리고 (가능한 경우) 과학 문헌 **S** 등 세 가지 편집 스타일에서 선호하는 표기법을 보여 줍니다. 주요 표기법 지침서를 바탕으로 했는데, 특히 스타일별로 지정된 사전들(기사는 《웹스터 뉴월드 대학 사전》, 도서와 과학 문헌은 《메리엄-웹스터 대학생용 사전》)을 기초로 했습니다. 학술적 글 표기법 권위자들은 특정 사전을 구두법 문제 해결의 기준으로 정해 놓지 않아서 학술적 글 표기법 **A**은 여기서 제외되는 경우가 많습니다. 여기 없는 정보를 찾는 학술적 글 작가들은 사전에 해당 용어가 실려 있는지 확인하세요. 실려 있지 않다면 도서 표기법 **B**을 따르는 것을 고려하시기 바랍니다.

규칙이 불명확할 경우 구두법 자문단의 판정을 신기도 했는데, 그런 경우 **+** 표시를 해 두었습니다.

B N S A 등의 기호가 적혀 있지 않은 용어들은 적용된 구두법 규칙이 편집 스타일에 기초한 것이 아니라 보편적으로 지켜지는 것이거나, 고유명사이거나, 기타 불변의 형태라는 의미입니다.

특정 스타일로만 글을 쓸 필요가 없는 사람이라면 비즈니스 글이나 웹 사이트, 블로그 등 일상 커뮤니케이션용 글을 쓸 때는 기사 표기법을, 좀 더 깊이 있는 글이나 문학적인 글을 쓸 때는 도서 표기법을, 과학적 맥락의 글을 쓸 때는 과학 문헌 표기법을 참고하면 됩니다.

항상 각 스타일에서 선호하는 형식만을 택해야 하는 건 아닙니다. 여기 소개된 형식이 읽기에 어색하거나 어려워 보이고 사전에 다른 형태도 나와 있다면 다른 스타일을 선택해도 됩니다. 단, 글 전체에서 일관성을 지켜야 한다는 점은 염두에 두세요.

주의
3-D와 9/11 같은 숫자 용어들도 숫자를 단어로 취급하여 알파벳순으로 실었습니다 (3-D는 three-D로 보아 T 부분에 놓았고, 9/11은 nine/eleven으로 보아 N 부분에 놓았습니다).
기호는 도서 **B**, 기사 **N**, 과학 문헌 **S**, 학술적 글 **A** 순으로 나열했습니다.

A ~ Z
영어 표현

A

AA	Alcoholics Anonymous(알코올 의존증 환자 갱생회)의 약어	**B**	**N**	**S**	**A**
AAA	American Automobile Association(미국 자동차 협회)의 약어	**B**	**N**	**S**	**A**
ABCs	기초적인 것, 알파벳	**B**	**N**		
A-bomb	atom bomb(원자 폭탄)의 약어	**B**	**N**	**S**	
AC, A/C, a/c	air-conditioning(에어컨 장치), alternating current [(전기의) 교류], ante Christum(before Christ, 기원전), area code(지역 번호), athletic club(운동 클럽)의 약어로, 대문자로 쓰고 마침표나 슬래시를 쓰지 않는다.	**B**		**S**	
	기사 표기법은 air conditioning이나 alternating current 의 약어일 때 대문자로 쓰고 슬래시나 마침표를 쓰지 않는 것을 선호한다. 그러나 슬래시와 함께 쓰는 것도 허용한다. alternating current도 소문자로 쓰고 슬래시를 쓸 수 있다.		**N**		
AC/DC	alternating current/direct current(전기의 교류, 직류)의 약어 또는 bisexual(양성애의, 양성애자)을 뜻하는 용어	**B**	**N**	**S**	
	록밴드 AC/DC를 뜻할 때는 슬래시를 쓰고 마침표를 쓰지 않는다.		**N**		

A.C.E., ACE	The American Cinema Editors(미국 영화 편집자 협회)의 약어	
	영화 크레딧에서 이름 뒤에 올 때는 A.C.E.처럼 마침표를 찍는데, 이는 마침표가 필요없다는 표기법 규칙에 모순된다. 글쓴이가 문맥에 가장 적합한 형식을 선택해야 한다. 본문에서는 쉼표로 구분한다.	
	John Doe, ACE, was among the credited editors. 미국 영화 편집자 협회 회원인 존 도우가 크레딧에 올라간 편집자 중에 있었다.	
-ache	~통 합성어의 일부일 때 하이픈을 넣지 않는다. toothache 치통 stomachache 복통 headache 두통	B
	출판에 쓰이는 주요 사전에는 ache가 접미사가 아니라 단어로 등재되어 있다. 따라서 ache가 들어간 합성어 중 사전에 나와 있지 않은 경우, 두 단어 사이를 띄어 써도 되고 하이픈을 넣어서 써도 된다. (p. 144의 '합성 명사' 참고) an elbow ache 팔꿈치 통증 an elbow-ache 팔꿈치 통증	B N S A
Achilles' heel	아킬레스건, 치명적인 약점	B N S
Achilles tendon	아킬레스건	B N S
AD	Anno Domini(서기)의 약어	B S A
A.D.	Anno Domini(서기)의 약어	N
	과학 문헌 표기법의 지침에는 e.g.와 i.e. 같은 라틴어 약어에는 마침표를 찍지만 IQ 같은 대문자 약어에는 마침표를 찍지 않는다고 나와 있다. 따라서 과학 문헌 표기법에서 BC에는 마침표를 찍지 않지만, 라틴어에서 온 AD는 규칙을 어떻게 해석하느냐에 따라 마침표를 찍을 수도 있고 안 찍을 수도 있다. 과학 문헌을 쓰는 사람은 BC라고 쓰거나 AD라고 쓸 때 마침표를 찍지 않음으로써 일관성을 유지할 수 있다.	S
ad-lib, ad lib	동사로 '즉흥적으로 하다, 애드리브로 하다', 부사로 '즉흥적으로, 애드리브로', 명사로 '애드리브', 형용사로 '즉흥적인'의 의미일 때는 모두 하이픈을 넣는다. 한편, 라틴어 ad libitum 에서 온 부사로 '임의로, 마음대로'의 뜻일 때는 하이픈을 쓰지 않는다.	B N S
A-frame	(형) A자형의 (명) A자형 틀, A자형 집	B N S
African American	(명) 아프리카계 미국인 (형) 아프리카계 미국인의 a famous African American 유명한 아프리카계 미국인 an African American community 아프리카계 미국인 커뮤니티	B S
African-American	(명) 아프리카계 미국인 (형) 아프리카계 미국인의 a famous African-American 유명한 아프리카계 미국인 an African-American community 아프리카계 미국인 커뮤니티	N

afterbirth **after birth**	(명) 후산(後産), 태 (부) 출산 후에, 출생 후에	B N S
aftercare	(명) 병후[산후]의 몸조리	B N S
aftereffect	(명) 여파, 후유증	B N S
afterglow	(명) (해가 진 후의) 잔광, 여운	B N S
after-hours **after hours**	(형) 근무[영업] 시간 후의 (부) 근무[영업] 시간 후에	B N S
afterlife	(명) 내세, 사후 세계	B N S
after-party	(명) 광란의 파티 후에 열리는 사교 모임	B N S
aftershave	(명) 애프터셰이브 로션 (형) 면도한 뒤에 쓰는	B S
after-shave	(명) 애프터셰이브 로션 (형) 면도한 뒤에 쓰는	N
aftershock	(명) 여진	B N S
aftertaste	(명) 뒷맛	B N S
after-tax, after tax	(형) 세금을 공제한 형용사로서 명사 앞에 쓰일 때 하이픈을 쓴다. 명사 뒤에 올 때는 하이픈이 가독성을 높이는 경우에만 하이픈을 쓴다.	B
after-tax	(형) 세금을 공제한 형용사일 때 하이픈을 쓴다. his after-tax earnings 그의 세후 소득	N S
age-group	(명) (특정) 연령 집단, 연령대	B S
age group	(명) (특정) 연령 집단, 연령대	N
age-old, age old	(형) 아주 오래된, 해묵은 형용사로서 명사 앞에 쓰일 때 하이픈을 쓴다. 명사 뒤에 올 때는 하이픈이 가독성을 높일 경우에만 하이픈을 쓴다.	B
age-old	(형) 아주 오래된, 해묵은 형용사일 때 하이픈을 넣는다.	N S
AIDS	acquired immunodeficiency syndrome (후천성면역결핍증) 의 약어	B N S
ain't	am not/is not/are not, has not/have not의 축약형	B N S A
air bag	(명) 에어백	B N S

airborne	(형) 공중 수송의, 공기로 운반되는	B N S
air-condition **air-conditioned**	(동) 실내 공기를 에어컨으로 조절하다, 에어컨을 설치하다 (동) air-condition의 과거, 과거분사 (형) 냉난방 장치를 설치한, 에어컨이 있는 We should air-condition this room. 이 방을 에어컨으로 냉방해야 한다. The meeting was held in an air-conditioned room. 회의는 에어컨이 설치된 방에서 열렸다.	B N S
air conditioner	(명) 공기 조절[냉난방] 장치, 에어컨디셔너, 에어컨	B N S
air-conditioning	(명) 에어컨 (장치) The car has air-conditioning. 그 차는 에어컨 장치가 되어 있다.	B S
air conditioning	(명) 공기 조절 (장치), 에어컨 (장치) The car has air conditioning. 그 차는 에어컨 장치가 되어 있다.	N
airfare	(명) 항공 운임[요금]	B N S
airhead **airheaded**	(명) 바보, 멍청이 (형) 얼빠진, 멍청한	B N S
air strike	(명) 공습, 항공기에서의 공격	B S
airstrike	(명) 공습, 항공기에서의 공격	N
airtight	(형) 밀폐된, 빈틈없는	B N S
a.k.a.	also known as (~라고도 알려진)의 약어	B
aka	also known as (~라고도 알려진)의 약어	N S
al	아랍어의 정관사 다음 단어들에는 아랍어 정관사 al을 하이픈으로 연결한다. **al-Qaida** 알카에다(이슬람교 급진파 국제 무장 세력 조직) **al-Shabab** 알샤바브(사우디아라비아, 쿠웨이트, 이라크, 시리아, 바레인, 오만 등의 축구팀)	B N
à la carte	(형) 일품요리의 (부) 일품요리로	B S
a la carte	(형) 일품요리의 (부) 일품요리로	N
à la mode	(형) 유행의 (부) 유행에 따라	B S
a la mode	(형) 유행의 (부) 유행에 따라	N
A-line	(형) A자형인, 밑으로 내려올수록 폭이 넓은	B N S

A-list	(형) 최고의, 일류의	B N S
Al-Jazeera	(명) 알자지라 방송(1996년에 개국한 카타르의 위성 민영 방송사)	
all-around **all around**	(형) 진반직인, 다재다능한 (부) 모든 면에서, 각자에게[에 의해] He was an all-around good guy. 그는 다재다능하고 좋은 사람이었다. He ordered drinks all around. 그는 각자에게 음료를 주문했다.	B S
all-around	(형) 전반적인, 다재다능한 (부) 모든 면에서, 각자에게[에 의해] He was an all-around good guy. 그는 다재다능하고 좋은 사람이었다. He ordered drinks all-around. 그는 각자에게 음료를 주문했다.	N
all get-out	(명) 생각할 수 있는 최대의 정도	B N S
All Hallows' Eve	모든 성인의 축일 전야. 만성절 전날로, 후에 핼러윈 (Halloween)이 됨.	B S
all or nothing	(명) 전부나 제로, 이것 아니면 저것 He could have all or nothing. 그는 전부를 가질 수도, 모두 잃을 수도 있다. 형용사로 쓰일 때는 합성 수식어에 하이픈을 넣는 표준 규칙 을 적용한다. 일반적으로 명사 앞에 올 때 하이픈을 넣는다. an all-or-nothing proposition 양단 간의 제의	B N S A
all-out **all out**	(형) 전력을 다한, 전면적인 (부) 전력을 다해	B N S
allover **all over**	(형) 전면적인, 전체에 무늬가 있는 (부) 곳곳에, 온 데	B N S
all-powerful	(형) 전능한, 전권을 가진	B N S
all-purpose	(형) 다목적의, 다용도의, 만능의	B N S
all right	(형) 좋은, 훌륭한, 건강한, 무사한 (부) 훌륭히, 틀림없이 출판에서는 이렇게 두 단어로 쓰는 형태를 alright처럼 한 단어로 쓰는 형태보다 선호한다.	B N S
All Saints' Day	(명) 만성절(11월 1일)	B N S
all-star	(형) 명배우[명선수]가 총출연하는 (명) 올스타팀의 일원	B N S
all time **all-time**	(명) 역대 (형) 시대를 초월한, 전대미문의, 전임의	B N S

alma mater	(명) 모교, 출신교, 출신교 교가	B N S
al-Qaeda, al-Qaida	(명) 알 카에다(이슬람교 급진파 국제 무장 세력 조직) 도서 표기법에서는 al-Qaeda를 선호하지만 al-Qaida도 허용한다. 기사 표기법에서는 al-Qaida라고 쓴다.	B N
already	(부) 이미, 벌써 명사 앞에서 합성 형용사의 일부로 쓰일 때는 하이픈을 쓴다. an already-forgotten incident 이미 잊힌 사건	B N S A
	명사 뒤에 올 때는 하이픈을 쓰지 않는다. The incident is already forgotten. 그 사건은 이미 잊혔다.	B N S A
also와 쉼표	also를 쉼표로 구분해야 하는지에 대해서 주요 스타일들에는 분명한 지침이 없다. 구두법 자문단은 He wrote "Love Story," also.(그는 《러브 스토리》도 썼다.)라고 써야 할지 He wrote "Love Story" also.(그는 《러브 스토리》도 썼다.)라고 써야 할지에 대해 의견이 갈렸다.	✚
also-ran	(명) 낙선자, 낙오자	B N S
Alzheimer's disease, Alzheimer's	(명) 알츠하이머병	B N S
a.m.	ante meridiem(오전)의 약어 주요 스타일들은 소문자로 쓰고 마침표를 찍는 것을 선호하지만, 책에서는 때때로 작은 대문자(소문자와 같은 높이로 쓰는 대문자)로 쓰고 마침표를 찍거나 찍지 않기도 한다.	B N S A
AM	라디오 방송 시스템 중 amplitude modulation(진폭 변조) 방식의 약어	B N
American Indian	(명) (북)아메리카 원주민(= Native American) (형) (북)아메리카 원주민의	B N S
amuse-bouche	(명) 식당에서 주는 무료 애피타이저	B N S
and와 쉼표	등위접속사 and 앞에 쉼표를 써야 하는가의 문제는 문장 안에서 and가 어떤 역할을 하느냐와 그 뒤에 어떤 편집 스타일이 오느냐에 달려 있다. (더 자세한 내용은 Chapter 2 참고)	
	and가 두 개의 완전한 절을 연결할 때는 관례상 and 앞에 쉼표가 온다. 두 절의 길이가 짧거나 서로 밀접하게 연관돼 있으면 쉼표를 생략할 수 있다.	B N S A
	red, white, and blue처럼 3개 이상의 항목을 나열할 때 and 앞에 쉼표가 온다. 이때의 쉼표를 열거용 쉼표(serial comma), 혹은 옥스퍼드 쉼표(Oxford comma)라고 한다.	B S A

	기사에서는 red, white and blue처럼 3개 이상 항목을 나열할 때 and 앞에 쉼표를 찍지 않는다.	N
and so forth, and the like	등등 and so forth, and the like, 그리고 이와 유사한 표현들은 쉼표로 구분한다. 앞에 쉼표를 찍고, 문장 끝이 아니면 뒤에도 쉼표를 찍는다. Bedding, linens, and the like, can be purchased upstairs. 침구, 린넨 등은 위층에서 구입할 수 있다.	B
anti-	(접두) ~에 반대되는, ~에 대항하는, ~을 방지하는 접두사에 하이픈을 붙이는 표준 규칙을 적용한다. 일반적으로 대문자 앞에서(anti-American, 반미), i자 앞에서(anti-inflation 인플레를 억제하는, 대(對) 인플레이션), 접두사가 두 개일 때(anti-antihistamine, 반 항히스타민), 하이픈이 들어간 합성어 앞에서(anti-money-making, 돈 벌이 반대)를 제외하면 하이픈을 넣지 않는다.	B N S A
	기사 표기법에서는 anti-abortion(낙태에 반대하는), anti-aircraft[대공(對空)], anti-bias(반편견), anti-labor(반노동), anti-social(반사회적), anti-war(반전)에도 하이픈을 넣는다.	N
antiabortion	(형) 임신 중절[낙태]에 반대하는	B S A
anti-abortion	(형) 임신 중절[낙태]에 반대하는	N
antiaircraft	(형) 방공(防空)(용)의, 대(對)항공기용의, 대공의 (명) 대공(對空) 화기, 고사포	B S A
anti-aircraft	(형) 방공(防空)(용)의, 대(對)항공기용의, 대공의	N
antibias	(형) 편견에 반대하는[맞서는]	B S A
anti-bias	(형) 편견에 반대하는[맞서는]	N
antibiotic	(명) 항생제, 항생 물질 (형) 항생 작용의, 항생 물질의	B N S A
Antichrist, anti-Christ	(명) 적그리스도, 그리스도(교)의 적, 그리스도(교) 반대자 the Antichrist(적그리스도)는 성경에 나오는 인물로, 그리스도 재림 이전에 출현하여 이 세상에 악을 뿌릴 것이라고 초기 그리스도교도가 예견하던 적이다. anti-Christ는 '그리스도(교)에 반대하는 사람'을 뜻한다.	B N S A
anticlimax	(명) 실망스런 결말, 용두사미, 점강법	B N S A
antidepressant	(형) 항우울증의, 우울증을 치료하는 (명) 우울증 치료제, 항우울제	B N S A
antifreeze	(명) (자동차) 부동액 (형) (액체가) 부동성의	B N S A
antigen	(명) 항원(체내에 들어가 항체 형성을 촉진하는 물질)	B N S A

antihistamine	(명) 항히스타민제(알레르기, 감기 치료제) (형) 항히스타민의	B N S A
anti-inflation	(형) 인플레를 억제하는, 대(對) 인플레이션의	B N S A
antilock	(형) (브레이크가) 잠금 방지 장치가 된	B S A
anti-lock	(형) (브레이크가) 잠금 방지 장치가 된	N
antimatter	(명) 반물질	B N S A
antioxidant	(명) 항산화제, 노화 방지제, 방부제 (형) 산화를 억제하는	B N S A
antipasto	(명) (이탈리아 요리의) 전채 요리	B N S A
antiperspirant	(명) 발한[땀] 억제제 (형) 발한 억제의	B N S A
antipsychotic	(형) 항(抗)정신병의 (명) 항정신병약	B N S A
antiseptic	(명) 소독제, 방부제 (형) 살균의, 방부성의	B N S A
antisocial	(형) 반사회적인, 사회를 어지럽히는	B S A
anti-social	(형) 반사회적인, 사회를 어지럽히는	N
antitrust	(형) 독과점 금지의	B N S A
anyone else's	anyone else(누구든 다른 사람)의 소유격. anyone's else나 anyone elses'가 아니다.	B N S A
A-OK	(형) 좋은, 완전무결한, 틀림없는 (부) 훌륭하게, 완벽하게, 최상급으로	B N S
A&P	식료품 회사 이름. The Great Atlantic & Pacific Tea Company의 약어.	
(for) appearance' sake	체면상, 겉치레로	N
(for) appearance's sake	체면상, 겉치레로	B
April Fools' Day	만우절	N B S A
area의 하이픈 연결	합성 명사에는 하이픈을 넣지 않는다. They live in the Chicago area. 그들은 시카고 지역에 산다. 합성 형용사의 일부로 쓰일 때는 보통 하이픈을 넣는다. two D.C.–area couples 워싱턴 D.C. 지역에 사는 두 커플	B N S A

arm-in-arm	(형) 팔짱을 낀, 친밀한 an arm-in-arm stroll 팔짱 끼고 하는 산책	N B S A
arm in arm	(부) 서로 팔짱을 끼고, 제휴하여 They walked arm in arm. 그들은 팔짱을 끼고 걸었다.	+
As	대문자 A의 복수형. 문자로 매기는 성적 포함.	B
A's	대문자 A의 복수형. 문자로 매기는 성적 포함.	N A
a's	소문자 a의 복수형	B N S A
ASAP	as soon as possible(가능한 한 빨리)의 약어	B N S A
Asian American	(명) 아시아계 미국인 (형) 아시아계 미국인의 명사형이든 형용사형이든 하이픈을 넣지 않는다. a famous Asian American 유명한 아시아계 미국인 an Asian American community 아시아계 미국인 공동체	B S
Asian-American	(명) 아시아계 미국인 (형) 아시아계 미국인의 명사형과 형용사형에 하이픈을 넣는다. a famous Asian-American 유명한 아시아계 미국인 an Asian-American community 아시아계 미국인 공동체	N
as-is **as is**	(형) 있는 그대로의 (명) 현 상태 (형) 있는 그대로의 (부) 있는 그대로	B N S A
ASL	American Sign Language(미국식 수어)의 약어	B
Asperger's syndrome, Asperger's	(명) 아스퍼거 증후군	B N S
asshole	(명) 재수 없는 놈, 항문	B N S
as well과 쉼표	구두법 자문단은 as well(또한, 역시)을 쉼표로 구분해야 하는지에 대해 의견이 나뉘었다. He spoke to the vice president as well. 그는 부통령에게도 말했다. He spoke to the vice president, as well. 그는 부통령에게도 말했다. 일반적으로 문장이 짧고 명확할수록 as well을 쉼표로 구분해야 할 필요가 덜하다.	+

as well as와 쉼표	구두법 자문단은 as well as ∼(∼뿐만 아니라)를 쉼표로 구분해야 하는지에 대해 의견이 나뉘었다. 대다수가 짧은 문장에서는 쉼표를 찍지 않는 것을 선호했다. 그러나 일부는 잠깐 쉼으로써 강조해 주고 싶을 때 쉼표를 사용할 수 있다고 했다. He spoke to the vice president as well as the president. 그는 대통령뿐 아니라 부통령에게도 말했다. He spoke to the vice president, as well as the president. 그는 대통령뿐 아니라 부통령에게도 말했다.	✛
AT&T	미국 전신 전화 회사의 이름으로, American Telephone & Telegraph의 약어	
athlete's foot	(명) 무좀	**B** **N** **S**
at-large, at large	(형) 전체적인, 대체적인, 전 지역을 대표하는 (부) 전체로, 대체로, 전 지역을 대표하여, 거리낌 없이, 억제되지 않아 명사 앞에서 형용사로 쓰이거나 지리적 영역 일부가 아닌 전체를 나타낼 때는 하이픈을 붙인다. She will serve as mayor at-large. 그녀는 그 시 전체를 대표하는 시장으로 복무할 것이다. They held an at-large election. 그들은 광역 선거를 실시했다. '억제되지 않아, 거리낌 없이'를 뜻하는 부사로 쓰일 때는 하이픈을 쓰지 않는다. The convict is still at large. 그 죄수는 아직 잡히지 않았다. He is a critic at large. 그는 거리낌 없는 비평가다.	**B** **N** **S**
autoworker	(명) 자동차 공장 노동자	**B** **N** **S**
autumn	(명) 가을 (계절 항목 참고)	
averse의 하이픈 연결	'∼을 싫어하는, 반대하는'이라는 뜻의 형용사 averse는 명사 앞에서는 하이픈 연결의 표준 규칙을 적용한다. 즉, 하이픈을 쓸 경우 가독성이 높아지면 하이픈을 사용한다. a risk-averse manager 위험을 싫어하는 관리자	**B** **N** **S** **A**
	구두법 자문단 대다수는 명사 뒤에 averse가 들어간 합성 형용사가 오는 경우 하이픈을 넣는 쪽을 선호했다. He is risk-averse. 그는 위험을 싫어한다. (대다수가 선호) She seems people-averse. 그녀는 사람을 싫어하는 것 같다. (만장일치 선호)	✛
awards의 하이픈 연결	awards(상)의 고유명사는 하이픈 연결의 기본 규칙을 따른다. an Oscar-winning actor 오스카상 수상 배우 an Emmy-winning episode 에미상 수상 에피소드	**B** **N** **A**

	상의 고유명사가 둘 이상의 단어로 되어 있을 때는 고유명사 안에 하이픈을 넣지 않고 고유명사를 합성어의 다른 부분과 엔 대시로 연결한다. the Grammy Award–winning singer 그래미상 수상 가수 the Tony Award–nominated performer 토니상 후보에 오른 연기자	B
	상의 고유명사가 둘 이상의 단어로 되어 있을 때는 고유명사 안에 하이픈을 넣지 않고 합성어의 다른 부분을 하이픈으로 연결한다. the Grammy Award-winning singer 그래미상 수상 가수 the Tony Award-nominated performer 토니상 후보에 오른 연기자	N A
award winner **award-winning**	(명) 수상자 (형) 상을 받은	B N S
awestruck	(형) 경이로워하는, 위엄에 눌린	B S
awe-struck	(형) 경이로워하는, 위엄에 눌린	N
AWOL	absent without leave [(특히 군인의) 무단 이탈]의 두문자어	B N S A

B

BA, BS	(명) bachelor of arts(문학 학사)와 bachelor of science(이학 학사)의 약어 Carrie Altman, BA, gave a presentation. 문학 학사인 캐리 앨트먼이 발표를 했다.	**B S A**
B.A., B.S.	(명) bachelor of arts(문학 학사)와 bachelor of science (이학 학사)의 약어 This is Carrie Altman, B.A. 이쪽은 문학 학사인 캐리 앨트먼입니다.	**N**
baby's breath	(명) 안개꽃	**B N S**
babysit **babysat** **babysitting** **babysitter**	(동) 부모가 외출한 사이에 남의 아이를 봐 주다 babysit의 과거형, 과거분사 (명) 부모가 외출한 사이에 남의 아이를 봐 주는 일 (명) 돈을 받고 아이를 봐 주는 사람	**B S**
baby-sit **baby-sat** **baby-sitting** **baby sitter**	(동) 부모가 외출한 사이에 남의 아이를 봐 주다 baby-sit의 과거형, 과거분사 (명) 부모가 외출한 사이에 남의 아이를 봐 주는 일 (명) 돈을 받고 아이를 봐 주는 사람	**N**
bachelor's degree, **bachelor's**	(명) 학사 학위 (B.A., B.S. 항목 참고)	**N**
back-to-back	(형) 등을 맞댄, 연속적인 (명) 등을 맞대어 지은 집(들) We have back-to-back meetings. 우리는 연속해서 회의가 있다.	**B N S**
back-to-back	(부) 등을 맞대고, 연속해서 They sat on the beach back-to-back. 그들은 등을 맞대고 해변에 앉았다.	**B S**
backup **back up**	(명) 지원, 예비(품) (동) 뒷받침하다, 지원하다, 지지하다	**B N S**
backup	(형) 지원하는, 예비의	**+**
Baha'i	(명) 바하이교(이슬람교의 한 종파에서 나온 종교 운동으로, 모든 종교의 근원은 같다며 그 통일을 주장하고 남녀평등과 국제 평화를 강조함) (형) 바하이교의	**B N S**
ballpark	(명) 야구장, 대략적인 액수, 어림짐작 (형) 견적이나 숫자가 개략적인, 대충의	**B N S**

ballplayer	(명) 야구 하는 사람, 야구 선수	B N S
baker's dozen	(명) 13개	B N S
baker's yeast	(명) 빵 효모	B N S
Band-Aid	(명) 밴드에이드(가제를 가운데에 붙인 일회용 반창고의 상표명), band-aid 임시 수단, 미봉책 (형) 응급의, 임시변통의	B N S
B and B, B and Bs, B and B's	(명) 아침 식사가 나오는 간이 숙소(bed and breakfast)	B S
	구두법 자문단 중 도서 표기법 전문가들은 복수형에서 아포스트로피 사용법에 대해 의견이 다음 둘로 나뉘었다. B and Bs / B and B's	+
B&B, B&Bs	bed-and-breakfast를 먼저 언급한 후에만 이 약어를 사용한다.	N
barely there	(형) 옷을 거의 입지 않은 (부) 옷을 거의 입지 않고 a barely there bikini 몸이 거의 드러난 비키니	B N S A
Barneys	(명) 미국 뉴욕에 있던 백화점	
Batman	(명) 배트맨	
BB BB gun	(명) BB탄 (명) BB총	B N S
BBs	BB의 복수형	B S
BB's	BB의 복수형	N
BC	(명) before Christ(기원전)의 약어	B S A
B.C.	(명) before Christ(기원전)의 약어	N
	과학 문헌 표기법 지침에는 e.g.와 i.e. 같은 라틴어 약어에는 마침표를 찍지만 IQ 같은 대문자 약어는 마침표를 찍지 않는다고 되어 있다. 따라서 과학 문헌 표기법에서 BC에는 마침표를 찍지 않지만, AD는 BC와 달리 라틴어에서 온 말이어서 규칙을 어떻게 해석하느냐에 따라 마침표를 찍어도 되고 찍지 않아도 된다. BC나 AD에 모두 마침표를 안 찍는 것으로 일관성을 유지할 수도 있다.	S
beachgoer	(명) 해변에 자주 놀러 가는 사람, 해수욕하는 사람	B S
beach goer	(명) 해변에 자주 놀러 가는 사람, 해수욕하는 사람	N
bed-and-breakfast	(명) 아침 식사가 나오는 간이 숙소 복수형은 bed-and-breakfasts	B N S

best seller **best-selling**	(명) 베스트셀러 (형) 가장 많이 팔리는, 베스트셀러인	**B A**
best-seller **best-selling**	(명) 베스트셀러 (형) 가장 많이 팔리는, 베스트셀러인	**N**
betting odds	내기 확률 기사 표기법에서 내기 확률을 나타낼 때는 하이픈을 쓴다. **They're giving him 50-1 odds in Vegas.** 라스베이거스에서는 그에게 50 대 1의 배당률을 제시하고 있다.	**N**
between A and B 에서의 대시	patients 18–44에서처럼 대시가 범위를 나타내는 경우도 있지만, between 뒤에 숫자 두 개가 올 때는 대시나 하이픈이 아니라 and가 두 숫자 사이에 와야 한다. **patients between 18 and 44** 18세와 44세 사이의 환자들	
biannual	(형) 연 2회의, 1년에 두 번의	**B N** S
biennial	(형) 2년에 한 번씩의, 격년의	**B N** S
bifocal	(형) 렌즈가 이중 초점의, 관점이 이면적인 (명) 이중 초점 렌즈	**B N** S
bilateral	(형) 쌍방의, 양쪽의 (명) 양자[양국간] 회의, 양자간 협정	**B N** S
bilingual	(형) 2개 언어를 할 줄 아는, 이중 언어를 사용하는 (명) 2개 국어를 하는 사람	**B N** S
bimonthly	(형) 두 달에 한 번의, 격월의 (부) 두 달에 한 번, 격월로	**B N** S
biofuel	(명) 바이오 연료, 생물체 연료(석탄, 석유 등 원래 생물체였던 물질로 된 연료)	**B N** S
bioterrorism	(명) 생물학 무기를 이용한 테러 행위	**B N** S
bird's-eye view	(명) 조감도, 전경	**B N** S
bird-watch **bird-watching** **bird-watcher**	(동) 들새의 생태를 관찰하다 (명) 들새 관찰 (명) 들새 관찰자	**B** S
	구두법 자문단 중 기사 표기법 전문가들은 bird watching 과 bird watcher처럼 하이픈을 넣지 않는 쪽을 선호했다.	**✦**
biweekly	(형) 2주일에 한 번의, 격주의 (부) 2주일에 한 번씩, 격주로	**B N** S

black and white **black-and-white**	(명) 흑백 그림[사진, 영화, 텔레비전] (형) 흑백의, 흑과 백이 뚜렷한, 단순명쾌한 The movie was shown in black and white. 그 영화는 흑백으로 상영되었다. a black-and-white situation 흑과 백이 뚜렷한 상황	**B N S**
black-and-white	(명) 경찰 순찰차 A black-and-white was parked out front. 순찰차 한 대가 앞에 주차되어 있었다.	**B**
black and white	(명) 경찰 순찰차 A black and white was parked out front. 순찰차 한 대가 앞에 주차되어 있었다.	**N**
B'nai B'rith	(명) 브네이 브리스(유대인 문화 교육 촉진 협회)	
bobblehead	(명) 예스맨, 윗사람 말에 무조건 복종하는 사람	**B N S**
bona fide	(형) 진실한, 성실한, 진짜의 a bona fide expert 진짜 전문가	**B N S**
bonbon	(명) 봉봉 캔디(속에 잼 등이 들어 있고 겉에 초콜릿을 입힌 사탕 과자)	**B N S**
boo-boo	(명) 실수, 과오, 가벼운 상처. 복수형은 boo-boos	**B N S**
-borne	(형) ~로 전파되는, ~로 운반되는 사전에 실려 있지 않은 모든 합성어에 하이픈을 넣는다. a food-borne illness 음식으로 전파되는 질병 a truck-borne load 트럭으로 운반하는 짐	**B N**
Bosnia- **Herzegovina**	(명) 보스니아 헤르체고비나 (유럽 동남부, 발칸 반도 서북부에 있는 공화국으로, 수도는 사라예보)	**N**
box office	(명) 매표소, 흥행 성적 The movie did well at the box office. 그 영화는 흥행에 성공했다.	**B N S A**
box-office	(형) 매표소의, 흥행의, 인기 있는 The box-office sales were disappointing. 흥행 수익이 실망스러웠다.	**N**
brand-new	(형) 아주 새로운, 신품인	**B N S**
breakdown **break down**	(명) (차량·기계의) 고장, (관계·논의·시스템의) 실패, 결렬 (동) 고장 나다, 실패하다	**B N S**
breakdown	(형) 수리[복구] 작업에 쓰이는, 물질의 분해로 생기는	**✛**
break-in **break in**	(명) 침입, 시운전 (형) 시운전의 (동) 침입하다	**B N S**

breakout **break out**	(명) 탈옥, 발발 (동) 발발하다, 달아나다	**B N** S
breakup **break up**	(명) 분산, 붕괴, 파괴, 이별 (동) 부서지다, 끝이 나다	**B**
'bright + 색'이 **형용사로 쓰일 때**	구두법 자문단 중 도서 표기법 전문가들은 bright가 들어간 합성어가 명사 앞에 쓰일 때 하이픈을 쓸지 말지에 대해 의견이 나뉘었다. a bright blue sky 맑게 갠 푸른 하늘 a bright-blue sky 맑게 갠 푸른 하늘	**+**
Bs	대문자 B의 복수형	**B**
B's	학교 성적을 포함한 대문자 B의 복수형은 기사와 학술적 글에서 아포스트로피를 찍는다.	**N A**
b's	소문자 b의 복수형	**B N S A**
BS, bs	bullshit(헛소리; 헛소리하다)의 약어	**B N** S
bull's-eye **bull's-eyes**	(명) (과녁의) 중심, 정곡 bull's-eye의 복수형	**B N** S
but과 쉼표	but이 두 개의 완전한 절을 이어줄 때, 관례상 but 앞에 쉼표를 쓴다. 하지만 두 절이 짧고 밀접하게 관련돼 있을 때는 쉼표를 생략할 수 있다.	**B N S A**
bypass	(명) 우회로 (동) 우회하다	**B N** S
by-product	(명) 부산물, 부작용	**B** S
byproduct	(명) 부산물, 부작용	**N**

C

Caesars Palace	시저스 팰리스(미국 네바다주 라스베이거스에 있는 호텔, 카지노)	
Campbell's Soup	상표명. 일부 문맥에서는 Campbell을 형용사로 사용한다. the Campbell brands 캠벨 브랜드	
cap-and-trade **cap and trade**	(형) 탄소 배출권 거래제의 (동) 탄소 배출권을 거래하다	B N S A
cap and trade	(명) 탄소 배출권(오염 발생에 대한 비용) 거래제 구두법 자문단 대다수는 명사형에는 하이픈을 넣지 않겠다고 했다. The trend seems to be toward cap and trade. 추세는 탄소 배출권 거래제로 가는 것 같다.	✛
carat의 하이픈 삽입	구두법 자문단은 만장일치로 a 4-carat diamond(4캐럿짜리 다이아몬드)에 하이픈을 넣는 것을 선호했다.	✛
cardholder **credit card holder**	(명) (은행, 신용) 카드 소지자, 정식 당원, 도서관 대출 등록자 한 단어로 쓸 때는 하이픈 없이 cardholder라고 쓴다. (명) 신용카드 소지자 credit card holder는 하이픈을 쓰지 않는다.	B N S
carefree	(형) 근심 걱정 없는, 속 편한	B N S
caregiver **caregiving**	(명) (가정에서 환자나 노인을 돌보는) 간병인 (명) 돌봄, 보살핌, 부양	B N S
carry-on	(명) 휴대용 짐[가방] Please stow your carry-on. 짐을 넣어 주세요.	B S
	구두법 자문단의 기사 표기법 전문가들은 이 명사의 하이 픈 삽입 여부에 의견이 갈린다. Please stow your carry on. Please stow your carry-on. 짐을 넣어 주세요.	✛
carry on	(동) 휴대하다, 투덜대다, 계속하다 He will carry on this bag. 그가 이 가방을 들고 갈 거예요. Why must these kids always carry on? 왜 이 아이들은 계속 투덜대는 거죠?	B N S
carry-on	(형) (항공기 내에) 들고 들어갈 수 있는 Place carry-on bags below the seat in front of you. 앞좌석 아래에 휴대용 가방을 놓으세요.	B N S

carryout **carry out**	(명) 사서 가지고 가는 요리[음식] (동) 수행하다, 이행하다	**B N** S
carryover	(명) 과거 상황의 결과, 이월, 이월 거래, 이월품	**B** S
carry-over	(명) 과거 상황의 결과, 이월, 이월 거래, 이월품	**N**
carry over	(동) 다른 상황에서 계속 이어지다, 다른 상황까지 계속 가져가다	**B N** S
case in point	(명) 딱 들어맞는 사례	**B N** S
Catch-22, **catch-22**	(명) 진퇴양난, 딜레마 catch-22는 조지프 헬러(Joseph Heller)의 책 제목 《캐치-22(CATCH-22)》에서 온 단어로, 책 제목을 제외하면 항상 하이픈을 넣고 소문자로 쓴다. We found ourselves in a real catch-22. 우리가 진짜 진퇴양난의 상황에 놓여 있다는 걸 알았다.	**B** S
	기사에서는 모든 의미에서 하이픈을 넣고 첫 글자는 대문자로 쓴다. We found ourselves in a real Catch-22. 우리가 진짜 진퇴양난의 상황에 놓여 있다는 걸 알았다.	**N**
cat-o'-nine-tails	(명) 아홉 가닥짜리 채찍(과거에 죄수를 체벌할 때 쓰이던, 가닥마다 매듭이 있던 채찍)	**B N** S
cat's-paw	(명) 앞잡이, 끄나풀, 꼭두각시 다른 사람에게 도구로 사용되는 사람을 나타내는 명사일 때는 아포스트로피를 쓰고 하이픈을 쓴다. '고양이의 발'이라는 의미일 때는 하이픈 없이 cat's paw로 쓴다.	**B N** S
'cause	because의 축약형	
	도서 표기법과 과학 문헌 표기법에서는 아포스트로피를 찍는다. He left home 'cause he wanted to see the world. 그는 세상을 보고 싶어서 집을 떠났다.	**B** S
	구두법 자문단은 만장일치로 because의 의미로 cause나 cuz보다 아포스트로피를 쓴 'cause를 선호했다.	**+**
CD **CDs**	(명) compact disc(콤팩트 디스크) CD의 복수형	**B N** S
CD-ROM	(명) compact disc read-only memory(대량의 디지털화한 판독 전용 데이터를 저장할 수 있는 컴퓨터용 콤팩트 디스크)의 약어	**N**
CDT	Central Daylight Time(미국 중부와 캐나다 중부의 하절기 표준시)의 약어	**B N** S **A**

cease-fire **cease fire**	(명) 휴전, 정전, 사격 중지 구령 (형) 휴전의, 정전의 (동) 사격을 중지하다 They called for a cease-fire. 그들은 휴전을 요구했다. They demand that you cease fire. 그들은 당신에게 사격 중지를 요구한다.	B N S
cell phone	(명) 휴대폰(= cellular phone)	B
cellphone	(명) 휴대폰(= cellular phone)	N S
CEO	chief executive officer(최고경영자)의 약어	B N S A
charge-off	(명) (은행에 의한 불량 채권 따위의) 상각 They considered it a charge-off. 그들은 그것을 상각으로 간주했다.	B S +
charge off	(명) (은행에 의한 불량 채권 따위의) 상각 They considered it a charge off. 그들은 그것을 상각으로 간주했다.	N
charge off	(동) 결손[필요 경비]으로 공제하다 The bank charged off the delinquent debt so they could get a tax exemption. 그 은행은 체납된 부채를 결손으로 공제하여 그들이 면세를 받을 수 있도록 했다.	B N S A +
checkout **check out**	(명) (호텔의) 체크아웃, (슈퍼마켓의) 계산, 계산대 (동) (호텔에서) 체크아웃하다, 상점에서 계산하다, 살펴보다, 도서관에서 대출하다	B N S
checkout	(형) 체크아웃의, 계산하는	+
checkup **check up**	(명) 대조, 검사, 건강 진단 (동) 대조하다, 진위를 확인하다, 건강 진단을 하다	B N S
checkup	(형) 대조하는, 검사하는	+
cherry picker **cherry-pick** **cherry-picking**	(명) 이동식 크레인, 체리 따는 사람, 자기 실속만 차리는 소비자, 처녀를 좋아하는 남자 (동) 최고를 선별하다, 신중하게 고르다, 자기 실속만 차리다 (명) 최고 선별하기, 실속 차리기 (동) cherry-pick의 현재분사, 동명사 (형) 최고를 선별하는, 실속을 차리는, 필요한 것만 택하는	
child care	(명) 육아, 보육 They put their son in child care. 그들은 아들을 탁아소에 맡겼다.	B N S A
child-care	(형) 육아의, 보육의 They put their son in a child-care center. 그들은 아들을 탁아소에 맡겼다.	B S

child care	(형) 육아의, 보육의 They put their son in a child care center. 그들은 아들을 탁아소에 맡겼다.	N A
child rearing	(명) 자녀 양육, 육아 Child rearing took up much of her life. 육아가 그녀 인생의 많은 부분을 차지했다.	B +
child-rearing	(형) 자녀 양육의, 육아의 Her child-rearing years are over. 그녀의 육아 인생이 끝났다.	B
children's	child의 복수형인 children의 소유격에서 아포스트로피는 항상 s 앞에 온다. 따라서 children's program이 맞고 childrens' program은 틀리다. 이것은 kids' program과 구별해야 하는데, kid는 복수형이 kids이기 때문에 kids 뒤에 아포스트로피를 찍어야 한다.	
Chili's	미국의 체인 레스토랑으로, 이름에 아포스트로피가 있다. 구두법 자문단은 이 이름의 복수형이나 단수 소유격, 복수 소유격을 만들 때 단수형을 그대로 사용하는 것을 선호했다.	+
chip-maker	(명) 반도체 칩 제조업체	N
chip maker	(명) 반도체 칩 제조업체	+
churchgoer	(명) 교회에 다니는 사람	B N S
Church of Jesus Christ of Latter-day Saints	(명) 예수 그리스도 후기 성도 교회 (모르몬교의 정식 명칭)	
CIA	Central Intelligence Agency(미국 중앙정보부)의 약어	B N S A
citywide	(형) 도시 전역의 (부) 도시 전역에	B N S
click-through	(명) 연결 클릭, 사용자 클릭, 연결 링크 (동) 웹사이트로 클릭해서 찾아가다	N +
CliffsNotes	클리프스노츠(명작 요약 학습 참고서 시리즈)	
cloak-and-dagger	(형) 스파이 활동의, 음모의, 첩보물의	B N S
clockwise	(형) 시계 방향의 (부) 시계 방향으로	B N S
closed-captioned	(형) 특수 (폐쇄) 자막이 나오는	B N S
closed-captioning	(명) 폐쇄 자막 넣기, 숨긴 자막 넣기	B S

closed circuit **closed-circuit**	(명) 폐쇄 회로 (형) 폐쇄 회로의 The camera system operates on a closed circuit. 그 카메라 시스템은 폐쇄 회로로 작동한다. The actions were captured on closed-circuit television. 행동들이 폐쇄 회로 텔레비전에 포착되었다.	B N S
close-knit	(형) 긴밀히 맺어진, 굳게 단결된, 논리적으로 빈틈 없는	B N S
close-up	(명) 클로즈업, 근접 촬영 (형) 클로즈업의, 근거리에서의, 정밀한 (부) 클로즈업으로 이 사진·영화 용어는 모든 형태에서 하이픈으로 연결한다. The director uses a lot of close-ups. 그 감독은 클로즈업을 많이 사용한다. The director uses a lot of close-up shots. 그 감독은 클로즈업 샷을 많이 사용한다. The director shot the scene close-up. 그 감독은 그 장면을 클로즈업으로 찍었다.	B N S
close up	(동) 무언가를 봉인하다 The surgeon must close up the wound. 외과 의사는 그 상처를 봉합해야 한다.	B N S
cm	centimeter(센티미터)의 약어	S
co. **cos.**	company의 약어 co.의 복수형. s 뒤에 마침표를 찍는 것에 주의한다.	B N S A
co-	(접두) '공동', '공통', '함께'라는 뜻 co-가 들어간 임시 합성어는 그 단어가 고유명사 앞이나 o로 시작하는 단어 앞에 오지 않는 한, 혹은 하이픈이 가독성을 높이지 않는 한 하이픈을 넣지 않는다. coauthor 공동 저자 coworker 동료 co-opt 위원회 등에서 새 회원을 선임하다, 남의 것을 마음대로 사용하다	B S A
	co-가 직업이나 지위를 나타낼 때, 사전에 등재 안 된 용어에는 하이픈을 넣는다. co-author 공동 저자 co-worker 동료 co-chairman 공동 의장 co-defendant 공동 피고인 그렇지 않은 경우에는 하이픈을 넣지 않는다. coequal 동등한; 동등한 사람, 동등한 것 coeducational 남녀공학의	N
coauthor	(명) 공동 저자	B S A
co-author	(명) 공동 저자	N
Coca-Cola	(명) 코카콜라	

co-chairman	(명) 공동 의장	N +
c.o.d.	cash on delivery(대금 교환 인도, 물건을 받고 대금을 지불하는 제도)의 약어	N
co-defendant	(명) 공동 피고인	N +
coed **coeducational**	(명) (남녀공학의) 여학생 (형) 남녀공학의 (형) 남녀공학의	B N S A
coequal	(형) 동등한, 동격의 (명) 동등한 사람, 동등한 것	B N S A
Coeur d'Alene	코어 달레인(미국 아이다호주의 도시)	
coexist **coexistence**	(동) 공존하다 (명) 공존	B N S A
coffeemaker	(명) 커피메이커	B S
coffee maker	(명) 커피메이커	N
cohost	(동) 공동 사회를 보다 (명) 공동 사회자	B S A
co-host	(동) 공동 사회를 보다 (명) 공동 사회자	N
collector's item	(명) 수집가의 흥미를 끄는 물건	B S
collectors' item	(명) 수집가의 흥미를 끄는 물건	N
color-blind	(형) 색맹의, 피부색으로 인종 차별을 하지 않는	B S
colorblind	(형) 색맹의, 피부색으로 인종 차별을 하지 않는	N
color blindness	(명) 색맹	B N S
commander in **chief**	(명) 총사령관 하이픈을 쓰지 않는다. 이름 바로 앞에서 호칭으로 쓰일 때 (Commander in Chief John Arthur 존 아서 총사령관)가 아니면 모두 소문자로 쓴다.	B N S
confectioners' **sugar**	정제 가루 설탕	B N S A
(for) conscience' **sake**	양심상	N
(for) conscience's **sake**	양심상	B
(for) convenience' **sake**	편의상	N

(for) convenience's sake	편의상	B
cookie cutter **cookie-cutter**	(명) 쿠키틀(쿠키 모양 찍는 데 쓰는 모형) (형) 쿠기틀의	B N S
co-op	(명) 소비[협동]조합, 공동 주택 (동) 협동조합의 관리로 하다	B N S
cooperate	(동) 협력하다, 협조하다	B N S A
co-opt	(동) (위원회 등에서 새 회원을) 선임[선출]하다, 남의 것을 마음대로 사용하다	B N S
coordinate	(형) 동등한, 등위의 (명) 대등한 것 (동) 조정하다, 대등하게 하다, 조직화하다	B N S
co-owner	(명) 공동 소유자	B N S A
copilot	(명) (항공기) 부조종사	B S A
co-pilot	(명) (항공기) 부조종사	N
copter	(명) helicopter의 약어	B N S
copyedit	(동) (원고를) 정리[교열]하다	B S
copy-edit	(동) (원고를) 정리[교열]하다	N
copy editor	(명) 교열 담당자	B N S
cosigner	(명) 연서인, 어음의 공동 서명인	B S A
co-signer	(명) 연서인, 어음의 공동 서명인	N
cosponsor	(명) 공동 스폰서[주최자, 후원자] (동) 공동 주최[후원]하다	B S A
co-sponsor	(명) 공동 스폰서[주최자, 후원자] (동) 공동 주최[후원]하다	N
costar	(명) 주연급으로 함께 공연한 배우 (동) 공동 주연을 맡다	B S A
co-star	(명) 주연급으로 함께 공연한 배우 (동) 공동 주연을 맡다	N
cost of living **cost-of-living**	(명) 생활비 (형) 생활비의 The cost of living in New York is too high. 뉴욕의 생활비는 너무 비싸다. The employees got a cost-of-living raise. 직원들은 생활비를 인상 받았다.	B N S

could've	could have의 축약형. could of라고 쓰면 안 된다.	
countdown **count down**	(명) 카운트다운, 초읽기 (동) 카운트다운[초읽기]하다	B N S
countdown	(형) 카운트다운의[하는], 초읽기의[하는]	+
counter-	(접두) 반대하는, 대항하는, 대응하는 접두사에 하이픈을 연결하는 표준 규칙을 적용한다. 사전에 올라 있지 않은 합성어를 만들 때는 고유명사 앞에 쓰일 때나 어색한 합성어가 안 되게 할 때를 제외하면 하이픈을 넣지 않는다.	B N S A
counterclockwise	(형) 반시계 방향의 (부) 반시계 방향으로	B N S
coup d'état	(명) 쿠데타, 무력 정변	B N S A
couples, **couple's,** **couples'**	표기법 지침서와 사전에서는 couple's massage(커플 마사지)와 couples' retreat(커플 휴양)처럼 자주 쓰이는 용어에서 couple's나 couples'를 복수 소유격, 단수 소유격, 형용사구 가운데 무엇으로 해석해야 하는지 분명하게 명시하지 않는다. 구두법 자문단 구성원들은 건별로 판단하라고 권했고, They got a couple's massage.(그들은 커플 마사지를 받았다.)라는 문장에서는 단수 소유격을 쓰는 것을 선호했고, They went on a couples' retreat.(그들은 커플 휴양을 갔다.)라는 문장에서는 복수 소유격을 쓰는 것을 선호했다.	+
court-martial **court-martialed** **courts-martial**	(명) 군법회의 (동) 군법회의에 회부하다 (형) 군법회의에 회부된 court-martial의 복수형 모든 문맥에서 하이픈을 넣는다.	B N S
cover-up **cover up**	(명) 은폐 (공작) (동) 완전히 가리다, 숨기다, 은폐하다 명사로 쓰일 때는 하이픈을 넣는다. Prosecutors alleged a cover-up. 검찰은 은폐 의혹을 제기했다. 동사로 쓰일 때는 하이픈을 넣지 않는다. They tried to cover up the scandal. 그들은 그 스캔들을 은폐하려 했다.	B N S
coworker	(명) 함께 일하는 사람, 동료	B S A
co-worker	(명) 함께 일하는 사람, 동료	N
crime-fighter	(명) 범죄에 맞서 싸우는 사람	N
crime fighter	(명) 범죄에 맞서 싸우는 사람	+
crime fighting	(명) 범죄와의 전쟁	B +

crisscross	(명) 열십자, 십자형, 엇갈림, 모순 (형) 십자의, 교차된	B N S
Crock-Pot	(명) 전기 도기 냄비 (상표명)	
Crohn's disease	(명) 크론병	
cross-check	(명) 대조 검토[확인] (동) 대조 검토[확인]하다 (형) 대조 검토[확인]하는	B S
crosscheck	(명) 대조 검토[확인] (동) 대조 검토[확인]하다 (형) 대조 검토[확인]하는	N
crosscut	(형) 가로로 자른 (명) (목재를) 가로 켜기, 샛길, 지름길	B N S
cross-examination cross-examine	(명) 반대 심문 (동) 반대 심문하다	B N S
crossover cross over	(명) 크로스오버(두 가지 이상의 스타일이 섞인 것), 입체 교차로 (형) 크로스오버의, 건널목의 (동) 넘어가다, 건너가다 She drives a crossover. 그녀는 크로스오버 (자동차)를 운전한다. She drives a crossover vehicle. 그녀는 크로스오버 차량을 운전한다. They will cross over to the other side. 그들은 반대편으로 건너갈 것이다.	B N S
cross-reference	(명) 상호 참조 (동) 상호 참조하다	B N S
cross section	(명) 횡단면, 단면	B N S
cross-section	(동) 횡단면을 자르다 Researchers normally cross-section the sample so they can examine the tissue. 연구원들은 조직을 검사할 수 있게 일반적으로 샘플의 횡단면을 자른다.	B N S
crosswise	(부) 십자형으로, 옆으로, 가로로 (형) 십자형의, 가로의, 비스듬한	B N S
crowd-pleaser	(명) 관객을 즐겁게 하는 사람/공연, 인기인, 스타	B S
crowdsourcing	(명) 크라우드소싱. 대중(crowd)과 아웃소싱(outsourcing)의 합성어로, 기업 활동 일부 과정에 대중을 참여시키는 것 주요 사전과 표기법 지침서는 이 단어의 동사형을 다루지 않는다. 동사형은 crowd source처럼 두 단어로 쓸 수도 있고 crowd-source처럼 하이픈으로 연결할 수도 있다.	B N S
Cs	대문자 C의 복수형. 문자로 매기는 성적 포함.	B
C's	대문자 C의 복수형. 학생의 성적 포함.	N A

c's	소문자 c의 복수형	**B N S A**
CST	Central Standard Time(미국 중부와 캐나다 중부의 표준시)의 약어	**B N S A**
cum이 들어간 어구의 하이픈 연결	'~ 겸', '~이 붙은'의 뜻인 라틴어 cum이 들어간 합성어는 하이픈을 넣는다. actor-cum-dancer 배우 겸 댄서 politics-cum-theater 정치 겸 연극 kitchen-cum-dining room 주방 겸 식당	**B N S**
cum laude	(부) 우등으로 (형) 우등인	**B N S**
cure-all	(명) 만병통치약	**B N S A**
cut-and-dried, cut and dried	(형) 미리 결정된, 틀에 박힌, 무미건조한, 진부한 명사 앞에서 형용사로 쓰일 때 하이픈을 넣는다. a cut-and-dried debate 진부한 논쟁 명사 뒤에 올 때는 하이픈을 넣지 않는다. The issue is cut and dried. 그 문제는 이미 결정되어 있다.	**B N S**
cutback cut back	(명) 축소, 삭감 (동) 줄이다, 축소하다, 삭감하다 There will be severe cutbacks. 극심한 삭감이 있을 것이다. Try to cut back on sugary snacks. 단맛의 간식을 줄이도록 하세요.	**B N S**
cutback	(형) 축소하는, 삭감하는 형용사로 쓰일 때는 하이픈을 넣지 않는다. The cutback procedures have become too severe. 삭감 절차가 너무 가혹해졌다.	**N +**
cutoff cut off	(명) 중단, 차단, 마감 기한 (형) 마감의, 중단하는, 차단하는 (동) 중단하다, 끊다, 가로막다 The applicant missed the cutoff. 그 지원자는 마감 기한을 놓쳤다. The applicant missed the cutoff date. 그 지원자는 마감일을 놓쳤다. Be careful not to cut off other drivers. 다른 운전자를 가로막지 않게 조심하세요.	**B N S**
cutout cut out	(명) 차단, 도려내기 (동) (잘라서) ~을 만들다, 그만두다, 삭제하다	**B N S**
cutting edge	(명) 최첨단, 전위, 신랄함 They operate on the cutting edge. 그들은 최첨단에서 움직인다.	**B N S A**

cutting-edge, cutting edge	(형) 최첨단의, 칼날의 도서와 과학 문헌 표기법에서는 명사 앞에서 형용사로 쓰일 때 하이픈을 넣는다. The factory uses cutting-edge techniques. 그 공장은 최첨단 기술을 이용한다.	**B S**
	기사 표기법에서는 명사 앞에서 형용사로 쓰일 때와 be동 사 뒤에 올 때, 하이픈이 의미 이해에 도움이 될 때는 하이 픈을 넣는다. I like cutting-edge art. 나는 최첨단 예술을 좋아한다. They were cutting-edge artists. 그들은 최첨단 예술가였다.	**N**
	학술적 글에서는 형용사로 쓰일 때 하이픈을 넣지 않는다. The factory uses cutting edge techniques. 그 공장에서는 최첨단 기술을 사용한다.	**A**
	명사 뒤에 오는 형용사일 때는 하이픈을 넣지 않는다. The techniques the factory uses are cutting edge. 그 공장에서 사용하는 기술은 최첨단이다.	**B S A**
CV	curriculum vitae (이력서)의 약어	**B N S**

D

'd	had나 would의 축약형 If I'd known은 If I had known의 축약형이다. I'd love to는 I would love to의 축약형이다.	B N S A
data processing	(명) 데이터 처리	B N S
date rape	(명) 데이트 강간[성폭행]	B N S
date-rape	(동) 데이트 상대를 성폭행하다	B S
date rape	(동) 데이트 상대를 성폭행하다	N
date-rape	(형) 데이트 강간[성폭행]의	✛
daybed	(명) 침대 겸용 소파, 낮잠이나 휴식용 긴 의자	B N S
day care	(명) 데이케어(미취학 아동·고령자·환자를 낮에 시설에서 돌봐주는 것), 주간 탁아, 주간 노인 돌봄 **They put their son in day care.** 그들은 아들을 주간 돌봄에 맡겼다.	B N S A
day-care	(형) 데이케어의, 주간 탁아의, 주간 노인 돌봄의 **They put their son in a day-care center.** 그들은 아들을 주간 돌봄 센터에 맡겼다.	B S
day care	(형) 데이케어의, 주간 탁아의, 주간 노인 돌봄의 **They put their son in a day care center.** 그들은 아들을 주간 돌봄 센터에 맡겼다.	N A
daylight saving time	(명) 일광 절약 시간, 서머타임	B N S
day's, days'	a hard day's work(힘든 하루의 일)와 two days' time (이틀의 시간) 같은 표현들은 일반적으로 소유격으로 해석된다. 그런 이유로 아포스트로피를 사용하고, 단수 소유격 one day's와 복수 소유격 two days'를 구별해야 한다. (p. 23의 '준 소유격' 참고)	B N S
daytime	(명) 낮, 주간 (형) 낮의, 주간의	B N S
day-to-day	(형) 나날의, 일상의, 그날그날 꾸려 가는 명사 앞에 오는 형용사일 때는 하이픈을 넣는다. **a day-to-day occurrence** 일상적으로 일어나는 일	B N S A

day to day	(부) 하루하루, 나날이	B N S A +
	동사 뒤에서 부사로 쓰일 때는 가독성을 높이기 위해 하이픈이 필요하지 않은 한 하이픈을 넣지 않는다.	
	He survives day to day. 그는 하루하루 살아간다.	
day trip	(명) 당일 여행	B N S
day-tripper	(명) 당일 여행자	
D.C., DC	Washington, D.C와 마침표 항목 참고	
D-Day	(명) 디데이(중요한 일이나 작전이 예정된 날)	N
	두 개의 대문자 D를 하이픈으로 연결한다.	
D-day	(명) 디데이(중요한 일이나 작전이 예정된 날)	B S
	대문자로 쓰인 첫 번째 D와 소문자로 쓴 day를 하이픈으로 연결한다.	
de-	(접두) 강하(내려감), 분리, 부정, 역전, 해체, 강조	B N S A
	접두사를 하이픈으로 연결하는 표준 규칙을 적용한다. 일반적으로, 고유명사 앞이나 어색한 합성어가 안 되게 할 때를 제외하면 하이픈을 넣지 않는다.	
deal breaker	(명) 거래[협상]를 깨는 사람, (일의) 성사 장애 요인	B N S A +
dean's list	(명) 대학 학기말이나 학년말의 우등생 명단	B N S
decades	(명) decade(10년)의 복수형	B N S A
	복수형을 만들 때 아포스트로피를 찍지 않는다. 1980s 1980년대	
	생략된 숫자는 아포스트로피로 대체한다. '80s 80년대	
degree	(명) (각도와 온도의 단위인) 도, 정도, 학위	B N S A +
	degree가 들어간 합성어가 명사 앞에 올 때 보통 하이픈을 넣는다. a 90-degree angle 90도 각도 a 10-degree rise in temperature 온도 10도 상승	
deep-fry	(동) 음식물을 기름에 튀기다	B N S
deep-fried	(형) 튀긴	
	동사와 형용사 모두 하이픈을 넣는다.	

Denny's	데니스(미국의 24시간 운영 패밀리 레스토랑) 이 패밀리 레스토랑 이름의 복수형, 소유격, 복수 소유격을 만들 때 구두법 자문단은 만장일치로 단수형 이름을 수정하지 않고 그대로 사용하는 것을 지지했다. Our town has three Denny's. 우리 시에는 데니스가 3곳 있다. Denny's location is convenient. 데니스의 위치는 편리하다. All three Denny's locations are convenient. 데니스 세 곳 모두 위치가 편리하다.	**+**
-designate	(형) (직책에) 지명된 형용사로 쓰일 때 하이픈을 넣는다. chairman-designate 의장에 지명된	**N**
devil's advocate	(명) (열띤 논의가 이뤄지게) 일부러 반대 입장을 취하는 사람, 악역을 맡은 사람	**B N S**
devil's food cake	(명) 맛이 진한 초콜릿 케이크	**B S**
devil's-food cake	(명) 맛이 진한 초콜릿 케이크	**N**
die-hard	(형) 끝까지 버티는, 최후까지 저항하는, 완고한 보통 하이픈을 넣는다. a die-hard supporter 완고한 지지자	**B N S A +**
die hard	(동) 여간해서 죽지 않다, 쉽게 사라지지 않다 Old habits die hard. 오래된 습관은 쉽게 사라지지 않는다.	**B N S A**
die-off	(명) 종의 멸종 The ice age brought a massive die-off. 빙하기는 대규모 멸종을 가져왔다.	**B S +**
die off	(동) (하나도 안 남게 될 때까지) 하나하나씩 죽어 가다 The mammoths died off. 매머드들이 하나씩 죽어 갔다.	**B N S A**
dis-	(접두) 불(不), 비(非), 무(無)의 뜻 접두사에 하이픈을 연결하는 표준 규칙을 적용한다. 어색한 합성어가 안 되게 할 때를 제외하면 하이픈을 넣지 않는다.	**N**
dis	(동) '멸시하다, 깔보다, 헐뜯다'라는 뜻의 속어 You shouldn't dis your boss. 상사를 헐뜯으면 안 된다.	**B N S**
dismember	(동) 잊다, 생각이 안 나다	**B N S A**
disservice	(명) 해, 폐, 냉대, 구박 (동) 피해를 주다	**B N S A**
District of Columbia	(명) 컬럼비아 특별구. 줄여서 D.C.라고 한다. 미국의 수도 Washington을 포함한 연방 의회 직할 특별구로, 정식 호칭은 Washington, D.C.	
DNA	(명) deoxyribonucleic acid(데옥시리보핵산)의 약어	**B N S A**

DNS	domain name system(도메인 이름 시스템)의 약어	B N S A
dollar's worth	준 소유격(quasi possessive). 아포스트로피를 찍는다. You get your dollar's worth. 너는 본전을 뽑는구나.	B N
-door	문이 ∼개인 (two-door, four-door 항목 참고)	
dos and don'ts	(명) 따라야 할 규칙, 행동 준칙	B
do's and don'ts	(명) 따라야 할 규칙, 행동 준칙	N
dot-com	(명) 닷컴 회사(인터넷 비즈니스를 주로 하고, '.com'으로 끝나는 주소가 있음)	B N S A
double-blind	(형) 이중맹검법의 (명) 이중맹검법	B N S
double-breasted	(형) 상의의 단추가 두 줄인[더블의]	B N S
double check	(명) 재확인	B S
double-check	(명) 재확인	N
double-check	(동) 다시 확인하다, 재확인하다	B N S
double-click	(명) 더블 클릭 (동) 더블 클릭하다	N
double cross	(명) 배반, (내기에서) 지겠다고 약속하고 이기기, 이중 교잡	B N S
double-cross	(동) 져 주겠다는 말을 어기고 이기다, 배반하다	B N S
double date	(명) 더블데이트	B N S
double-date	(동) 더블데이트를 하다	B N S
double-edged	(형) 양날의, 두 가지로 해석되는, 모호한	B N S
double entendre	(명) 이중적 의미를 갖는 말(그중 하나는 상스러운 뜻)	B S
double-entendre	(명) 이중적 의미를 갖는 말(그중 하나는 상스러운 뜻)	N
double jeopardy	(명) 이중 위험(같은 혐의로 이중 기소되는 위험)	B N S
double-jointed	(형) (전후좌우로 자유로이 움직이는) 이중 관절이 있는	B N S
double-park	(동) 이중[병렬] 주차하다	B N S
double play	(명) (야구) 병살, 더블 플레이	B N S
double-space	(동) 한 행씩 띄어 타자를 치다	B N S
double standard	(명) 이중 잣대, 이중 기준	B N S

down으로 끝나는 명사와 동사	사전에 올라 있는 **down**으로 끝나는 명사 대부분은 하이픈이 들어 있지 않다. **breakdown** 고장, 몰락, 결렬 **countdown** 카운트다운, 초읽기 **lockdown** 제재, 감방에 죄수 감금 **rundown** 감원, 축소 **shutdown** 공장 등의 일시 휴업이나 폐쇄 **예외** **sit-down** 연좌 데모, 연좌 파업 **down**으로 끝나는 구동사 대부분은 하이픈 없이 두 단어로 쓴다. **break down** 고장 나다, 실패하다 **count down** 카운트다운하다, 초읽기하다 **lock down** 안전을 위해 사람들을 실내에 가두다, 감금하다 **run down** 기계가 멈추다, 건전지가 다 되다, 위축되다 **shut down** 문을 닫다, 기계가 멈추다 **sit down** 앉다	**B** **N** **S**		
downsize	(동) (인력, 규모를) 줄이다	**B** **N** **S**		
Down syndrome	(명) 다운 증후군	**B** **N** **S**		
Dr.	doctor의 약어	**B** **N** **S** **A**		
drive-by	(명) 차로 가기, 차 타고 가며 총 쏘기 (형) 차로 가는, 주행 중인 차에서의	**B** **N** **S**		
drive-in	(명) 드라이브인 (형) 드라이브인식의	**B** **N** **S**		
driver's license **driver's licenses**	(명) 운전 면허증 driver's license의 복수형	**B** **N** **S** **A**		
driver's-side	운전석 쪽	**✦**		
drive-through	(명) 드라이브스루(차를 탄 채 지나가며 이용하는 식당, 은행 등) (형) 드라이브스루식의	**B** **S**		
drive-thru	(명) 드라이브스루(차를 탄 채 지나가며 이용하는 식당, 은행 등) (형) 드라이브스루식의	**N**		
dropout **drop out**	(명) 낙후, 탈락, 탈락자, 중퇴자 (동) 중퇴하다, 탈퇴하다	**B** **N** **S**		
dropout	(형) 중퇴의, 탈퇴의	**✦**		
drugmaker	(명) 제약회사, 약제사	**B** **N** **S**		
Ds	대문자 D의 복수형. 문자로 표시하는 성적 포함.	**B**		
D's	대문자 D의 복수형. 문자로 표시하는 성적 포함.	**N** **A**		

d's	소문자 d의 복수형	**B N S A**
DSL	digital subscriber line(디지털 가입자 회선)의 약어	**B N S A**
DVD	digital video [versatile] disc(디지털 비디오[다기능] 디스크)의 약어	**B N S**
DVDs	DVD의 복수형	
DVR	digital video recorder(디지털 영상 저장 장치)의 약어	**B N S**
DVRs	DVR의 복수형	

E

e-	(접두) '전자 통신, 인터넷'과 관련이 있음을 나타냄 도서 표기법에서는 하이픈을 넣는다.	**B**
	기사 표기법은 임시 합성어에서 e-에 하이픈을 넣을지 말지를 명시하지 않지만, e-commerce(전자 상거래), e-tickets(전자 티켓), e-banking(전자 금융, 인터넷 뱅킹), e-book(전자책)을 포함한 여러 특정 용어에는 하이픈을 넣는 것을 선호한다. **예외** email	**N**
each other's	each other(서로)의 단수 소유격. 아포스트로피는 s 앞에 온다.	**B N S A**
eagle-eyed	(형) 눈이 날카로운	**B N S**
early의 하이픈 연결	합성 형용사의 일부로 쓰일 때는 흔히 하이픈을 넣지만(an early-winter snowfall, 초겨울의 눈), 명사를 꾸밀 때나 부사의 일부로 쓰일 때는 하이픈을 넣지 않는다. It was early winter. 초겨울이었다. They will visit in early September. 그들은 9월 초에 방문할 것이다.	**+**
eBay	(명) 이베이(인터넷 경매 사이트)	
e-book	(명) 전자책	**B N S**
eco-의 하이픈 연결	편집 스타일은 사전에 올라 있지 않은 용어에서 eco-에 하이픈을 언제 넣을지에 대해 구체적 지침을 제시하지 않는다. 접두사 규칙과 eco-가 들어간 단어 중 사전에 등재된 것들은 ecohero(환경 영웅)와 ecocatastrophe(환경 오염으로 인한 생태계의 이변)처럼 (어색해 보여도) eco- 뒤에 하이픈을 넣지 않은 형태를 선호한다. 그러나 구두법 자문단은 대부분의 형용사(eco-smart, 친환경의)와 명사(eco-smarts, 친환경)에서 eco-에 하이픈 연결하는 것을 훨씬 더 선호했다.	
eco-conscious	(형) 환경 보호 의식이 강한, 환경 문제에 관심이 큰	**B S +**
eco-friendly	(형) 환경친화적인, 친환경의	**B S +**
E. coli	(명) 대장균	**B N S**
e-commerce	(명) 전자 상거래	**B N S**
ecosystem	(명) 생태계	**B N S**

ecotour **ecotourist** **ecotourism**	(명) 에코 투어, 생태 관광, 환경친화적 관광 (명) 생태 관광객, 환경친화적 관광 주창자 (명) 생태 관광, 환경친화적 관광	B N S
ed.	edition(출간된 책의 형태나 횟수를 나타내는 '판')의 약어	S
Ed., Eds.	각각 editor(편집자)와 editors의 약어. 대문자 E를 써서 edition의 약어와 구별한다.	S
EDT	Eastern Daylight Time(미국, 캐나다의 동부 하절기 표준 시간)의 약어	B N S A
e.g.에 마침표	e.g.는 라틴어 exempli gratia의 약어로, for example (예를 들어)의 뜻이며 for example로 읽는다. 각 단어 끝에 마침표를 찍는다.	B N S A
e.g. 뒤에 쉼표	e.g. 뒤에는 항상 쉼표를 찍는다.	B N
egghead	(명) 지식인, 인텔리, 인텔리인 체하는 사람	B N S
egg roll	(명) 에그롤, 춘권(달걀을 넣은 피에 채소와 고기를 말아 넣고 튀긴 중국 요리로, spring roll이라고도 함)	B N S
eggshell	(명) 달걀 껍질, 깨지기 쉬운 것 (형) 얇고 부서지기 쉬운	B N S
either와 쉼표	주요 스타일들은 either(~도 역시)를 쉼표로 구분해야 할지 말지에 대해 명확한 지침을 주지 않는다. 구두법 자문단은 다음 문장에서 either 앞에 쉼표 사용 여부에 대해 의견이 갈렸다. I didn't see that movie, either. I didn't see that movie either. 나도 그 영화 안 봤어요.	✚
-elect	(형) 당선된, 선출된 명사에 연결될 때 하이픈을 넣는다. Consult the councilwoman-elect. 시의원 당선자와 상의하십시오. Mayor-elect John Ramsey 존 램지 시장 당선자	B N S
'em	them의 축약형. em 앞에 찍혀 있는 게 아포스트로피라는 데 유의한다. 아포스트로피는 오른쪽이 휘어 있고 왼쪽이 뚫려 있다. 실수로 오른쪽이 뚫려 있는 왼쪽 작은따옴표가 찍히지 않도록 한다. (p. 29의 '아포스트로피의 방향' 참고)	B N S A
e-mail	(명) 전자 우편, 이메일 (동) 전자 우편[이메일]을 보내다	B S A
email	(명) 전자 우편, 이메일 (동) 전자 우편[이메일]을 보내다	N

emcee **emceed** **emceeing**	(명) 사회자 (동) 사회를 보다 동사 emcee의 과거형, 과거분사 동사 emcee의 현재분사, 동명사 기사 표기법에서는 master of ceremonies를 이니셜 M.C.로 쓰기보다 M.C.를 발음대로 쓴 단어 emcee를 선호한다.	N
Emmys	에미상(Emmy)의 복수형. Academy of Television Arts & Sciences(미국 텔레비전 예술 과학 아카데미)에서 수여하는 상인 에미상(Emmy)의 복수형에는 아포스트로피를 찍지 않는다. (awards의 하이픈 연결 항목 참고)	
empty handed	(형) 빈손인 (부) 빈손으로 명사 뒤에 올 때나 부사로 쓰일 때는 보통 하이픈 없이 두 단어로 띄어서 쓰지만, 하이픈을 썼을 때 의미 이해나 가독성에 도움이 되면 하이픈을 넣을 수 있다.	B
empty handed	(형) 빈손인 명사 앞에 올 때는 하이픈이 의미 이해나 가독성에 도움이 되면 하이픈을 넣을 수 있다.	B
empty-handed	(형) 빈손인 명사 앞에서 하이픈을 넣는다.	B N S
empty-handed	(형) 빈손인 (부) 빈손으로	N S
endgame	(명) 체스의 종반전, 정치적 절차의 최종 단계	B N S
end user	(명) 최종 소비자[사용자], 실수요자	B S
end-user	(명) 최종 소비자[사용자], 실수요자	N
energy efficient **energy efficiency**	(형) 에너지 효율이 좋은 (명) 에너지 효율 (fuel efficient 항목 참고)	
entitled 뒤의 쉼표	titled 항목 참고 (entitled는 '~라는 제목의'라는 뜻의 형용사)	
ER	emergency room(응급실)의 약어	B N S
'er	구어체 대화에서 쓰이는 her의 축약형. 아포스트로피가 휘어진 방향을 확인하고 왼쪽 작은따옴표로 잘못 쓰이지 않았는지 확인한다. (p. 29 '아포스트로피의 방향' 참고)	B N S A
e-reader	(명) 전자책 단말기	B S +
Esq	esquire(편지에서 수취인 성명 뒤에 붙이는 경칭으로, '~ 씨, ~ 님, ~ 귀하')의 약어	B N S

-esque	(접미) ~풍의, ~식의, ~ 같은, ~처럼 보이는	+
	구두법 자문단 대다수는 -esque에 하이픈을 넣어서 어색함이 줄고 가독성이 높아지면 하이픈을 넣는 쪽을 지지했다.	
	modelesque 모델처럼 보이는	
	Youngmanesque 젊은 남자 같은	
EST	Eastern Standard Time(동부 표준시: 미국과 캐나다 동부의 동절기 시간제)의 약어	B N S A
et al.	라틴어 et alia(외, 그리고 다른 사람들)의 약어	B
	al 뒤에 마침표를 찍는다. 이 표현은 보통 쉼표로 구분한다.	
etc.	라틴어 et cetera(기타 등등)의 약어	B
	뒤에 마침표를 찍고 앞에 쉼표를 찍는다.	
E-Trade	(명) 전자 주식 거래, 전자 상거래	N
	이름에서 별표 대신 하이픈을 쓴다.	
EU	European Union(유럽 연합)의 약어	B N S
Euro-	(접두) 유럽의, 유럽 연합의	B N S
	European(유럽의, 유럽 연합의)의 의미이고, 사전에 올라 있지 않은 명사, 형용사, 부사형에 쓰일 때 흔히 하이픈을 넣는다. e는 보통 대문자로 쓴다.	
	Euro-styled 유럽 스타일의	
Euro-American	(형) 유럽과 아메리카의, 구미의	N
Eurotrash	(명) 유럽의 초유한족(超有閑族, 세계를 유람하여 놀고 지내는 부자들)	B S
every day everyday	(명) 매일 (부) 매일, 날마다 (형) 일상적인, 매일의	B N S
	Every day is a new adventure. 매일이 새로운 모험이다. We visit every day. 우리는 매일 방문한다. The store offers everyday values. 그 상점은 일상적 가치를 제공한다.	
ex-	(접두) 전의 ~	B N
	사전에 달리 명시되어 있지 않는 한 이 접두사가 들어간 합성어에는 하이픈을 넣는다. ex-friend 전 친구 ex-lover 전 연인	
	예외 도서 표기법에서는 ex를 두 단어 이상의 통칭 용어(generic terms)나 고유명사에 연결하려면 엔 대시를 사용한다. ex–Vice President Dick Cheney 딕 체니 전 부통령	B
ex-boyfriend	(명) 전 남자 친구	B N

excommunicate **excommunication**	(동) 가톨릭교회에서 파문하다, 제명하다, 추방하다 (명) 파문[추방, 제명]당한 사람 (명) 가톨릭교회의 파문, 제명, 추방	**B** **N** S
ex-convict, ex-con	(명) 전과자	**B** **N** S
ex-girlfriend	(명) 전 여자 친구	**B** **N**
(for) expedience' **sake**	편의상	**N**
(for) expedience's **sake**	편의상	**B**
expropriate **expropriation**	(동) (토지 등을) 수용하다, (재산을) 몰수하다 (명) (토지의) 수용, (재산의) 몰수	**B** **N** S
extra에 하이픈 **연결**	'대단히, 특별히, ~ 외의'라는 뜻의 extra는 일반적으로 도서 표기법에서는 가능한 경우 늘 하이픈 없이 한 단어로 붙여서 쓴다. extramural 도시나 대학의 교외의 extrafine 극상의, 특별한 **예외** extra-articulate 대단히 명료한	**B**
	기사 표기법은 extra가 '일반적인 크기나 범위, 정도를 넘 어서'의 의미일 때 하이픈을 쓴다. an extra-large room 초대형 방 an extra-dry martini 엑스트라 드라이 마티니(단맛이 거의 없 는 마티니) extra-spicy sauce 대단히 매운 소스 extra가 '~ 외의'를 의미할 때는 접두사 기본 규칙이 적용 된다. extramarital 혼외의 extrasensory 초감각적인 extracurricular 과외의	**N**
	사전에 등재 안 된 단어의 경우, 과학 문헌이나 학술적 글 에서는 하이픈 없이 두 단어로 띄어 쓸 수도 있고, 하이픈 으로 연결해 쓸 수도 있으며, 하이픈 없이 한 단어로 쓸 수 도 있다. an extra dry martini/an extra-dry martini/ an extradry martini 극도로 단 맛이 적은 마티니	S **A**
	구두법 자문단 중 도서 표기법 전문가들은 명사 앞에 extra가 들어간 합성어에는 하이픈을 넣는 걸 선호했지만 extra가 명사 뒤에 오는 경우에는 하이픈 넣는 것을 선호하지 않았다. He ordered an extra-dry martini. 그는 엑스트라 드라이 마티니를 주문했다. Be extra nice. 각별히 친절하게 행동해라.	**+**

extracurricular	(형) 과외의, 본업 이외의, 정규 과목 이외의	**B N S A**
extramarital	(형) 혼외의	**B N S A**
extrasensory	(형) 초감각적인	**B N S A**
extraterrestrial	(형) 외계의, 지구 밖 생물체의	**B N S A**
extra-virgin	(형) 엑스트라버진의(최고 품질의 올리브에서 첫 번째로 짜낸)	**B N S**

F

face-lift	(명) 안면 주름을 없애는 시술 (동) 안면 주름 제거 시술을 하다	B N S
face-off	(명) 대결, (아이스하키) 시합 개시	B N S
face off	(동) (아이스하키 같은) 경기를 시작하다, 대결할 준비를 하다	B N S
face-to-face	(형) 마주보는, 대면하는 (부) 얼굴을 맞대고 a face-to-face meeting 대면 회의 Let's meet face-to-face. 얼굴 맞대고 만나자.	B S
face to face	(형) 마주보는, 대면하는 (부) 얼굴을 맞대고 a face to face meeting 대면 회의 Let's meet face to face. 얼굴 맞대고 만나자.	N
fact-check	(동) 정보의 사실 여부를 확인하다	B N S
fact-checker	(명) 정보의 사실 여부를 확인하는 사람, 팩트 체커	B S
fact checking, fact-checking	(명) (정보에 대한) 사실 확인, 팩트 체크 동명사는 하이픈을 안 쓰는 형태를 선호하나, 하이픈을 쓰는 형태도 허용된다. Fact checking is important. 팩트 체크는 중요하다.	B +
fact-finding	(명) 진상 조사 (형) 진상 조사의	B N S
fall	(명) 가을	
family	family를 ly 부사로 혼동하지 않도록 한다. ly로 끝나는 부사는 합성 수식어의 일부로 쓰일 때 하이픈을 쓰지 않는다. a happily married couple 행복한 부부 그러나 명사인 family는 합성어를 만들 때 하이픈을 쓴다. a family-friendly excursion 가족 친화적인 여행	
family-owned and -operated	가족이 소유하고 운영하는 (허공에 뜬 하이픈 항목 참고)	N
FAQ FAQs	frequently asked question(자주 묻는 질문)의 약어 FAQ의 복수형 복수형에 아포스트로피를 쓰지 않는다. 단, 모두 대문자로 쓰인 글이어서 아포스트로피를 쓰지 않으면 소유의 의미인지 아닌지 혼동될 때는 복수형에 아포스트로피를 쓴다.	B N S A

faraway	(형) 먼, 멀리 떨어진 a faraway place 멀리 떨어진 곳	B N S
far-flung	(형) 널리 퍼진, 광범위한, 간격이 넓은, 멀리 떨어진	B N S
farmers' market	(명) 생산자 직거래 장터, 농산물 직판장 They went to the weekly farmers' market. 그들은 주간 농산물 직판장에 갔다.	B
farmers market	(명) 생산자 직거래 장터, 농산물 직판장 구두법 자문단 중 기사 표기법 전문가들은 아포스트로피를 찍지 않는 것을 선호했다. They went to the weekly farmers market. 그들은 주간 농산물 직판장에 갔다. (p. 24의 '소유격 vs. 형용사형' 참고)	+
far-off	(형) (시간, 거리, 관계가) 먼, 아득한	B N S
far-ranging	(형) 광범위한, 스케일이 큰, 장거리에 걸친	N
farsighted	(형) 먼 곳을 잘 보는, 선견지명이 있는	B N S
Father's Day	(명) 아버지날(미국의 아버지날은 6월 셋째 일요일)	B N S A
FBI	Federal Bureau of Investigation(미연방수사국)의 약어	B N S A
F-bomb	f로 시작하는 욕설(fuck(젠장)을 다르게 표현한 말). 구두법 자문단은 하이픈을 넣는 쪽을 선호했다.	+
FDR	Franklin Delano Roosevelt(프랭클린 들라노 루스벨트, 미국의 제32대 대통령으로 재임은 1933~1945년)의 이름 이니셜	B N S A
FedEx	미국 택배회사 Federal Express(페더럴 익스프레스)의 상표명	
figure skate figure skating figure skater	(동) 피겨 스케이팅을 타다 (동) figure skate의 현재분사, 동명사 (명) 피겨 스케이팅 (명) 피겨 스케이팅 선수	B N S
filmgoer	(명) 영화를 자주 보는 사람, 영화팬	B N S
filmmaker filmmaking	(명) 영화 제작자, 영화감독 (명) 영화 제작	B N S
firefight	(명) 총격전, 포격전	B N S
firefighter firefighting	(명) 소방관 (명) 진화 작업	B N S
first class	(명) 일등석 They are seated in first class. 그들은 일등석에 앉아 있다.	B N S

first-class	(형) 일등석의 명사 앞에 올 때나 뒤에 올 때나 하이픈을 넣는다. They have first-class seats. 그들은 일등석 좌석이 있다.	N S
first-class	(형) 일등석의, 최고 수준의 명사 앞에서는 보통 하이픈을 넣는다. They have first-class seats. 그들은 일등석 좌석이 있다. 명사 뒤에 올 때는 가독성이나 의미 이해에 도움이 될 때만 하이픈을 넣는다.	B
first class, first-class	(부) 일등석으로, 일등석을 이용하여 구두법 자문단은 이 단어가 부사로서 동사 뒤에 올 때 하이픈을 쓸지 말지에 대해 의견이 갈렸다. He flies first-class. / He flies first class. 그는 비행기 일등석을 탄다.	✛
firsthand	(부) 직접, 바로 (형) 직접의, 직접 얻은	B N S
501 (c) (3) **501 (c) (3)s**	(명) 비영리 법인 501 (c) (3)의 복수형 미국의 세법상 비영리 법인을 나타내는 코드. c와 3을 괄호에 넣어 공백 없이 표기한다.	
	복수형에 아포스트로피를 쓰지 않는다.	✛
fixer-upper	(명) 손볼 곳이 많은 허름한 집	B N S
flare-up **flare up**	(명) 불길이 확 타오름, 불끈 화를 냄, 질병의 재발 (동) 확 타오르다, 벌컥 화를 내다, 갑자기 재발하다	B N S
flashback	(명) (영화, TV, 책의) 플래시백[회상 장면], 회상 (동) 추억이 되살아나다, 과거로 되돌아가다	B N S
flashbulb	(명) 카메라의 플래시 전구	B N S
flash card	(명) 플래시 카드(그림·글자 등이 적힌 학습용 카드), (체조 등의) 득점 표시 카드	B S
flashcard	(명) 플래시 카드(그림·글자 등이 적힌 학습용 카드), (체조 등의) 득점 표시 카드	N
flash flood	(명) 갑작스런 홍수, 갑자기 불어난 물	B N S
flash-forward **flash forward**	(명) (문학, 영화) 플래시포워드, 미래의 한 장면을 삽입하는 표현 기법 (동) 미래의 장면으로 건너뛰다	B N S
flash in the pan	(명) 반짝 성공	B S

F

flash mob	(명) 플래시몹(미리 정한 장소에 모여 아주 짧은 시간 동안 약속한 행동을 한 후 바로 흩어지는 불특정 다수의 군중 행위)	B S +
flatbed	(명) (측면이 없는) 평상형 트레일러[트럭] (형) (트럭 등이) 평상형이	B N S
flatbread	(명) 효모[발효제]를 사용하지 않은 빵	N +
flatfoot	(명) 경찰관의 속어, 순경	B N S
flatfoot	(명) 평발 He had a flatfoot. 그는 평발이었다.	B S
flat foot	(명) 평발 He had a flat foot. 그는 평발이었다.	N
flat-footed flat-footedness	(형) 평발인, 단호한, 무방비 상태의 (명) 평발임	B N S
flatland	(명) 평지	B N S
flat-out flat out	(형) 전속력의, 노골적인 (부) 전속력으로, 완전히	B N S
flat-panel	(형) 평면 화면의	B N S
flat-panel	(명) 평면 화면	N
flat screen	(명) 평면 화면	B N S
flip-flop	(명) (엄지발가락과 둘째 발가락 사이로) 끈을 끼워서 신는 슬리퍼, (소신·태도·방침의) 급변 (동) 태도가 표변하다	N
flyaway	(형) 바람에 나부끼는, 변덕이 심한 (명) 경솔한 사람, 도주자	B N S
flyby	(명) 저공비행, 우주선의 천체로의 근접 통과	B N S
fly-by-night	(명) 빚지고 야반도주하는 사람 (형) 빨리 한몫 잡을 생각만 하는, 무책임한	B N S
fly-fishing	(명) 제물낚시	B N S
flyweight	(명) (권투·레슬링 등의) 플라이급(체중이 보통 48-51kg) 선수	B N S
FM	라디오 방송 시스템 중 frequency modulation(주파수 변조)의 약어	B N

-fold	(접미) ~배의, ~겹의 아라비아 숫자 뒤에 오거나(125-fold, 125배의, 125겹의) 하이픈이 들어간 다른 용어 뒤에 올 때 (twenty-eight-fold, 스물여덟 배의, 스물여덟 겹의)가 아니면 하이픈을 넣지 않는다.	B N
follow-up **follow up**	(명) 후속 조치, 후속편, 추적, 추적 검사 (동) 추적하다, 더 알아보다	B N S
fool's errand	(명) 헛걸음, 헛수고, 헛고생	B N S A
fool's gold	(명) 금과 비슷한 색의 광물(황동석, 황철석), 빛 좋은 개살구	B N S A
for로 시작하는 어구 주위의 쉼표	for가 'for example(예를 들어)'이나 'for more information(더 많은 정보를 원하시면)'처럼 도입 문구의 앞에 올 때, 그 문구는 종종 쉼표로 구분한다. 단, 반드시 쉼표로 구분해야 하는 건 아니다. For more information, visit our website. 더 많은 정보를 원하시면, 저희 웹사이트를 방문하세요. For more information visit our website. 더 많은 정보를 원하시면 저희 웹사이트를 방문하세요.	B N S A
forefather	(명) 조상, 선조	B N S
foregoing	(형) 앞서 말한, 방금 말한 (명) 앞서 말한 것	B N S
four-door	(명) 문이 4개 있는 차량 명사일 때, 가독성이나 의미 이해에 도움이 된다면 하이픈을 넣는다. Her car is a four-door. 그녀의 차는 문이 4개 있는 차다.	B N S A
four-door	(형) 문이 4개 있는 형용사로서 명사 앞에 올 때는 보통 하이픈을 넣는다. a four-door sedan 문이 4개인 세단	B N S A
401(k)	미국 세법 코드 중 하나로, 급여 소득자의 퇴직 적립금에 대한 특별 면제 조치 조항. 퇴직 적립금제, 적립 퇴직금.	N
401(k)s	401(k)의 복수형	✦
forward-looking	(형) 미래를 계획하는, 앞을 내다보는, 전향적인, 진보적인 명사 앞에 올 때는 하이픈을 넣는다. a forward-looking statement 전향적 성명서	B N S
	명사 뒤에 올 때는 하이픈을 넣지 않는다. This statement is forward looking. 이 성명서는 전향적이다.	B
	be동사 뒤에 올 때는 하이픈을 넣는다. This statement is forward-looking. 이 성명서는 전향적이다.	N

frame-up	(명) 무고, 범행 조작, 날조	B N S
frame up	(동) 함정에 빠뜨리다, 날조하다	N
-free	~가 없는, ~로부터 자유로운, ~가 면제된 사전에 올라 있지 않은 용어들의 경우, -free로 끝나는 합성 형용사가 명사 앞이나 뒤에 쓰이면 하이픈을 넣는다. a tax-free donation 면세 기부	B N S A
free-associate	(동) 자유롭게 연상하다, 생각나는 것을 말하다	N
free association	(명) 자유 연상(법)	B N S
free-for-all	(명) 누구나 자유롭게 참가하는 경기[토론], 무한 경쟁, 난투극 (형) 누구나 참가할 수 있는, 자유 경쟁의	B N S
free-form	(형) 자유로운 형식의	B N S
freehand	(형) 손으로만 그린, 자유 묘사의	B N S
freelance	(명) 프리랜서, 독립 노동자, 자유직업인, 자유 계약자	N
free lance	(명) 프리랜서, 독립 노동자, 자유직업인, 자유 계약자 프리랜서의 의미일 때는 보통 두 단어로 쓰지만, 한 단어로 쓸 수도 있다.	B S
free lance	(명) 중세의 용병	B N S
freelance	(동) 프리랜서[자유 계약자]로 일하다 (형) 프리랜서[자유 계약자]로 일하는 (부) 프리랜서로[자유 계약자로] She prefers to freelance. 그녀는 프리랜서로 일하는 걸 선호한다. She has been freelancing. 그녀는 프리랜서로 일해 왔다. She got a freelance assignment. 그녀는 프리랜서 일을 맡았다. She works freelance. 그녀는 프리랜서로 일한다.	B N S
freelancer	(명) 프리랜서, 독립 노동자, 자유직업인, 자유 계약자	B S
free-lancer	(명) 프리랜서, 독립 노동자, 자유직업인, 자유 계약자	N
freeload **freeloader** **freeloading**	(동) 음식을 공짜로 얻어먹다, 남의 소유물·설비를 거저 쓰다 (명) 음식을 잘 얻어먹는 사람, 무임승차자 (명) 공짜로 얻어먹기, 식객 노릇	B N S
free market	(명) 자유 시장	B N S

Freemason	프리메이슨단(Free and Accepted Masons)의 회원. 프리메이슨단은 세계 동포주의, 인도주의, 개인주의, 합리주의, 자유주의 이념을 바탕으로 결성된 세계적인 비밀 결사 단체로, 회원 상호 간의 친선과 우애를 목적으로 한다. 1717년에 런던에서 결성되었고 현재도 명맥을 유지하고 있다.	B N S
free-range	(형) 놓아 기르는, 방목의 명사 앞이나 뒤에 올 때 하이픈을 넣는다.	N S
	명사 앞에 올 때 하이픈을 넣고, 명사 뒤에 올 때도 가독성에 도움이 되면 하이픈을 넣을 수 있다.	B
freestanding	(형) (조각·담 등이) 독립되어 서 있는, 버팀 없이 서 있는	B N S
freethinker **freethinking**	(명) 자유사상가 (형) 자유사상을 지닌	B N S
free throw	(명) (농구의) 자유투	B N S
free verse	(명) 자유시	B N S
freewheeling	(형) 자유분방한, 인습에 얽매이지 않는, 특정 주제에 국한되지 않는	B N S
freeze-dry **freeze-dried** **freeze-drying**	(동) (식품을) 동결 건조하다 (형) 동결 건조된 (형) 동결 건조법의, 동결 건조의	B N S
freeze-frame	(명) (영상의) 정지 화면, 스톱 모션	B S
freeze frame	(명) (영상의) 정지 화면, 스톱 모션	N
freeze-frame	(동) 장면을 일시 정지시키다	B N S
French Canadian	(명) 프랑스계 캐나다인 (형) 프랑스계 캐나다인의	B N S
freshwater	(명) 민물, 담수 They live in freshwater. 그것들은 민물에 산다.	B S
fresh water	(명) 민물, 담수 They live in fresh water. 그것들은 민물에 산다.	N
freshwater	(형) 민물의[담수의], 민물(담수)에 사는 They are a freshwater species. 그것들은 민물에 사는 종이다.	B N S
-friendly	(접미) ~에 적합한, ~에 친화적인, ~에 해를 주지 않는 명사와 결합하여 합성 형용사를 만들 때, 명사 앞에 오면 하이픈을 넣는다. They use ocean-friendly solvents. 그들은 해양 친화적 용제를 사용한다.	B N S A

F

	하이픈이 의미 이해에 도움이 되지 않는 한 하이픈을 넣지 않는다.	B S A
	be동사 뒤에 올 때는 하이픈을 넣는다. Their practices are ocean-friendly. 그들의 관행은 해양 친화적이다.	N
	ly 부사 뒤에서는 하이픈을 넣지 않는다. environmentally friendly practices 환경친화적 관행	B N S A
from A to B 구조와 쉼표	구두법 자문단은 만장일치로 from soup to nuts(처음부터 끝까지)에 쉼표를 찍지 않는 것을 선호했고, 대다수는 다음과 같은 더 긴 구조에서 to가 이끄는 항목들을 쉼표로 구분하지 않는 것을 선호했다. They serve everything you can imagine, from the famous homemade potato bisque soup to the pan-seared ahi crusted with macadamia nuts to the fresh fruit sorbet with real mango and pineapple served in a carved-out half pineapple. 그들은 유명한 수제 감자 비스크 수프부터 마카다미아 너트를 뿌린 팬에 구운 참치, 반으로 갈라 속을 파낸 파인애플에 진짜 망고와 파인애플을 곁들인 신선한 과일 셔벗까지 여러분이 상상할 수 있는 모든 것을 제공합니다. 구두법 자문단 중 소수는 매우 길고 복잡한 from A to B 구조는 때로 각각의 to 앞에 쉼표를 넣음으로써 이해에 도움이 될 수 있다고 했다.	+
from A to B 구조에서 to, through, until 대신 대시 사용	일부 상황에서는 Open 8–midnight(8시부터 자정까지 영업)처럼 엔 대시를 사용하여 범위를 나타낼 수 있지만, from을 썼다면 대시가 아니라 to나 through, until을 써야 한다. They're open from 8 to midnight. 그들은 8시부터 자정까지 영업한다.	B
front and center	(부) 가장 중요한 위치에[로] (형) 가장 눈에 띄는, 주목을 끄는 The issue was front and center. 그 문제가 주목을 끌었다.	B N S A
front man	(명) 대외적인 간판 구실을 하는 사람, 밴드의 리드 보컬	B S
frontman	(명) 대외적인 간판 구실을 하는 사람, 밴드의 리드 보컬	N
front-runner	(명) 선두 주자, 선거의 가장 유력한 후보	B N S
fruitcake	(명) 프루트케이크, 괴짜, 이상한 사람	B N S
Fs	대문자 F의 복수형. 문자로 표현하는 성적 포함.	B
F's	대문자 F의 복수형. 학생의 성적 포함.	N A
f's	소문자 f의 복수형	B N S A
FTP	File Transfer Protocol(파일 전송 규약)의 약어	B N S A

fuckup **fuck up**	(명) 실수만 하는 사람, 엉망인 사람, 실수, 실패 (동) 일을 망치다 That guy is a total fuckup. 그 녀석은 완전 엉망인 놈이야. He's afraid he'll fuck up. 그는 일을 망칠까 두려워하고 있다.	**B N** S
fucked-up	(형) 엉망진창인, 혼란스러운, 큰 충격을 받은 The whole evening was fucked-up. 저녁 내내 엉망이었다.	**B** S
fuel-efficiency	(명) 연료 효율, 연비	**N**
fuel efficiency	(명) 연료 효율, 연비 구두법 자문단은 이 명사구에 하이픈을 넣지 않는 쪽을 선호했다.	**✦**
fuel-efficient, **fuel efficient**	(형) (자동차 등이) 연료 효율이[연비가] 좋은 명사 앞에 올 때 하이픈을 넣는다.	**B N** S **A**
	명사 뒤에 올 때는 보통 하이픈을 넣지 않는다.	**B** S **A**
	명사 뒤에 올 때 하이픈을 넣는다.	**N**
full-time **full time**	(형) 풀타임의, 상근의, 전임의 (부) 풀타임으로, 상근으로, 전임으로 She has a full-time job. 그녀는 상근직이다. She works full time. 그녀는 풀타임으로 일한다.	**B N**
fund-raising **fund-raiser**	(명) 모금 활동, 자금 조달 (형) 모금 활동의, 자금 조달의 (명) 기금 모금자, 자금 조달자	**B** S
fundraising **fundraiser**	(명) 모금 활동, 자금 조달 (형) 모금 활동의, 자금 조달의 (명) 기금 모금자, 자금 조달자	**N**
	구두법 자문단은 동사형은 하이픈 없이 한 단어로 쓰는 것을 선호했다. Volunteers fundraise frequently. 자원봉사자들이 자주 모금을 한다.	**✦**
F-word	욕설(fuck을 대신해서 쓰는 말)	**N ✦**
FYI	for your information (참고로)의 약어	**B N** S **A**

G

G-8	Group of Eight(선진국 주요 8개국 그룹)의 약어	N
G-20	Group of Twenty(선진·신흥 20개국의 재무 장관 및 중앙은행 총재 회의)의 약어	N
GED	General Educational Development의 약어. GED는 미국식 고등 검정고시로, 합격하면 고등학교 졸업과 동등한 자격이 주어진다.	B N S A
getaway	(명) (범행 후의) 도주, (차나 경주의) 출발, 단기 휴가	B N S
get-go	(명) 시작, 처음, 최초 He was in trouble from the get-go. 그는 처음부터 곤경에 처해 있었다.	B N S
get-out	(명) (책임이나 의무의) 회피(책), (곤란, 궁지로부터의) 탈출, 도피 It's hot as all get-out. 너무 덥다. * as all get-out은 '몹시, 심하게, 극도로'의 뜻	B N S A
getting	합성 명사에서 구두법 자문단 대다수는 이 단어의 하이픈 연결을 선호했다. He's only interested in vote-getting. 그는 표를 얻는 데만 관심이 있다. She's all about attention-getting. 그녀는 관심을 끄는 데만 급급하다.	✦
get-together **get together**	(명) 사교 모임, (비공식) 집회 (동) 모이다, 모으다	B N S
get up	(동) (앉거나 누워 있다가) 일어나다	B N S
getup	(명) (색다른) 옷차림, 복장 That's quite a getup you're wearing. 당신 옷이 정말 멋지네요.	B S
get-up	(명) (색다른) 옷차림, 복장 That's quite a get-up you're wearing. 당신 옷이 정말 멋지네요.	N
GI **GIs**	(명) 미군 병사 GI의 복수형	B N S A
gift giving	(명) 선물을 주는 행위 It's the time for gift giving. 선물을 증정할 시간입니다.	B ✦

girls' night out	여자들끼리 모여서 밤에 외출해 노는 것	**+**
	구두법 자문단은 girls를 복수 소유격으로 취급하는 것을 지지했다. (p. 24의 '소유격 vs. 형용사형' 참고)	
giveaway **give away**	(명) 비밀 누설, 포기, 경품 (동) 거저 주다, (기회를) 저버리다, 폭로하다, 누설하다	**B N** S
GMT	Greenwich Mean Time(그리니치 표준시)의 약어	**B N** S **A**
go-between	(명) 중개자, 주선인, 중매인, 연결시키는 것	**B N** S
goer	(명) ~에 자주 가는 사람, ~에 즐겨 가는 사람	**B N** S
	goer가 쓰인 합성 명사 중 park goer(공원에 자주 가는 사람), show goer(쇼를 보러 자주 가는 사람), mall goer(쇼핑몰에 자주 가는 사람)처럼 사전에 올라 있지 않은 것들은 하이픈 없이 두 단어로 쓴다. 그러나 operagoer(오페라 애호가), moviegoer(영화팬), filmgoer(영화팬)은 하이픈 없이 한 단어로 쓴다.	
go-go	(명) 고고(춤), 고고를 추는 모임 (형) 정력적인, 고고(춤)의, 최신 유행의	**B N** S
good-bye	(명) 작별 인사, 작별	**B** S
	It was a long and mournful good-bye. 길고 애절한 작별이었다.	
goodbye	(명) 작별 인사, 작별 (감탄사) 안녕, 안녕히 가십시오, 잘 가	**N**
	It was a long and mournful goodbye. 길고 애절한 작별이었다. John yelled, "Goodbye!" 존이 "잘 가"라고 소리쳤다.	
good-looking	(형) 잘생긴, 보기 좋은	**B N** S
(for) goodness' sake	제발	**B N**
GOP	Grand Old Party(미국 공화당의 속칭)의 약어	**B N** S **A**
go-to	(형) 기댈 수 있는, 도움을 청할 수 있는	**B** S
	She's my go-to person for these jobs. 그녀는 이 일들에 대해 내가 도움을 청할 수 있는 사람이다.	
Gov.	이름 앞에서 직함으로 쓰일 때 governor(주지사)의 약어	**B N** S **A**
GPA	grade point average(미국 교육 제도에서 일정 기간의 평균 평점)의 약어	**B N** S **A**
GPS	global positioning system(위치 정보 시스템, 위성 항법 장치)의 약어	**B N** S **A**
grader	(명) 학년생	**B** S
	a fifth grader 5학년생	

G

-grader	~ 학년생 a fifth-grader 5학년생	N
Grammys	Grammy(그래미상)의 복수형. Grammies로 쓰기도 한다. Grammy는 미국 레코딩 예술 과학 아카데미(National Academy of Recording Arts and Sciences)가 우수 레코드와 노래, 가수에 매년 수여하는 상으로, 그 시상식이 그래미 시상식(The Grammy Awards)이다.	
great-	가족 관계를 나타내는 표현에서 great 뒤에 하이픈을 넣는다. great-grandfather 증조할아버지 great-aunt 이모 할머니, 고모 할머니	B N
gridiron	(명) 석쇠, 미식축구 경기장	B N S
gridlock	(명) 교통 정체, 교착 상태 (동) 정체시키다, 마비시키다	B N S
Groundhog Day	(명) 그라운드호그 데이, 성촉절(聖燭節) 2월 2일로, 봄이 옴을 점치는 날.	B N S
grown-up	(명) 어른 (형) 어른이 된, 성인용의	B N S
guess what 뒤의 마침표나 물음표	구두법 자문단 대다수는 Guess what 뒤에 마침표를 찍는 것을 지지했고, 소수가 물음표를 쓰는 것을 선호했다. Guess what. / Guess what? 어떻게 생각해?	+
gung ho	(형) 열렬한, 열광적인	B S
gung-ho	(형) 열렬한, 열광적인	N
G-string	(명) G선(바이올린의 최저음 현), 스트리퍼의 음부를 가리는 천 조각	B N S

H

hairdo **hairdos**	(명) (여성의) 머리 손질(법), 머리 모양, 헤어스타일 hairdo의 복수형	B N S
hair-raising	(형) 머리카락이 쭈뼛해지는, 무시무시한, 소름 끼치는 보통 하이픈을 넣는다.	B N S A
hairsplitting	(명) 사소한 일을 따지기 (형) 사소한 일을 따지는	B N S
half	(명) 반, 절반 (형) 반의, 절반의 임시 합성어에 쓰일 때 늘 하이픈을 쓴다. a half-eaten breakfast 반쯤 먹은 아침 식사 The report was half-finished. 그 보고서는 반쯤 마무리됐다.	B N
halfback	(명) (미식축구에서) 하프백 (선수), (축구, 하키, 럭비에서) 중위 (선수)	B N S
half-baked	(형) 덜 구워진, 섣부른, 불완전한, 준비가 부족한	B N S
half blood	(명) 혼혈아, 잡종, 이복[이부] 형제[자매]	B S
half-blood	(명) 혼혈아, 잡종, 이복[이부] 형제[자매]	N
half-blood	(형) 혼혈의, 잡종의, 배가 다른, 씨가 다른	B N S
half brother	(명) 어머니[아버지]가 다른 남자 형제	B N S
half-cocked	(형) 총이 안전장치가 된, 조급한, 당황한, 준비가 부족한	B N S
half day **half-day**	(명) 오전이나 오후 중 한나절만 근무하는 날 (형) 반나절의	B N
half dollar	(명) 50센트 은화	B N
half-dollar	(명) 50센트 은화	S
halfhearted **halfheartedly**	(형) 마음이 내키지 않는, 냉담한 (부) 열의 없이, 건성으로, 마지못해	B N S
half hour	(명) 30분, 반 시간	B
half-hour	(명) 30분, 반 시간	N
half-hour	(형) 30분의, 반 시간의, 30분마다의	B N S A

half-life	(명) (방사성 물질의) 반감기, 반생(半生), 만족스럽지 못한 인생 (형) (초상화가) 실물 크기의 반인	B N S
half-moon	(명) 반달, 반달 모양(의 것) (형) 반달의, 반달 모양의	B N S
half note	(명) 2분음표	B N S
half sister	(명) 어머니[아버지]가 다른 여자 형제	B N S
half size	(명) 하프 사이즈(키에 비해 몸통이 큰 체형에 알맞은 여성복 사이즈), 2분의 1 축적	B N
half tide	(명) 반조(半潮)(만조와 간조의 중간)	B N
halftime	(명) (스포츠) 하프 타임, 중간 휴식, 반일 근무 (형) 반일제의	B N S
halftone	(명) 중간색, (사진) 망점, 망판, 반음 (형) 중간색의, 망판의	B N S
half-truth	(명) 반쪽 진실	B N S
halfway	(부) (거리, 시간상으로) 중간에, 부분적으로	B N S
half-wit	(명) 얼빠진 놈, 멍청이, 반편	B N S
handcraft handcrafted	(명) 수공예, 수공예품 (동) 손으로 만들다, 수공하다 (형) 손으로 만든, 수제품의	B N S
handheld, hand-held	(형) 손에 들고 쓰는, 포켓용의, 손바닥 크기인 (명) (손에 들고 조작할 수 있는 정도의) 소형 기기, 초소형 컴퓨터 명사나 형용사로 쓰일 때 하이픈 없이 한 단어로 쓴다.	B S
	형용사로 쓰일 때는 하이픈을 넣는다.	N
	구두법 자문단 중 도서 표기법 전문가들은 명사형으로 한 단어를 선호했다. He used his handheld. 그는 자신의 초소형 컴퓨터를 사용했다. 기사 표기법 전문가들은 명사형에 하이픈을 넣는 것을 선호했다. He used his hand-held. 그는 자신의 초소형 컴퓨터를 사용했다.	✛
hand in glove	(부) 긴밀히 협력하여, 결탁하여 They worked hand in glove. 그들은 긴밀히 협력하여 일했다.	B N S A
hand in hand	(부) 손을 잡고 They walked hand in hand. 그들은 손을 잡고 걸었다.	B S ✛

handmade	(형) 손으로 만든, 수제의	B N S
hands-on	(형) 직접 해 보는, 실제의, 수동의	B N S
hands-off	(형) 불간섭(주의)의, 자동의	B N S
hand washing	(명) 손 씻기, 손으로 씻기, 손빨래하기	B +
hand-washing	(명) 손 씻기, 손으로 씻기, 손빨래하기	N
hand-wringing	(명) (고통·슬픔·절망으로) 손을 부들부들 떨기, 지나친 관심 표현 (형) 절망적인	B N S
Hansen's disease	(명) 한센병, 나병	B N S
hard-and-fast	(형) (규칙이) 엄격한, 예외 없는, 명확한 명사 앞에 올 때 하이픈을 넣는다. a hard-and-fast rule 엄격한 규칙	B N S A
	명사 뒤에 올 때는 가독성에 도움이 되면 하이픈을 넣는다.	B N S A
	be동사 뒤에 올 때는 하이픈을 넣는다.	N
hard-boil **hard-boiled**	(동) 달걀을 완숙이 되게 삶다 (형) 달걀을 완숙으로 삶은, 비정한, 냉철한, (문학 작품이) 하드보일드의(현실의 냉혹하고 비정한 일을 감상에 빠지지 않고 간결한 문체로 묘사하는)	B N S
hard-core	(형) 강경한, 성 묘사가 노골적인	B N S
hardcover	(명) 양장본(딱딱한 표지로 제본한 책) (형) 양장본의	B N S
Hawaii	(명) 하와이	B N S
H-bomb	hydrogen bomb(수소 폭탄)의 약어	B N S
headache	(명) 두통	B N S
head-on	(형) 정면으로 부딪친, 정면으로 대응하는 (부) 정면으로 a head-on collision 정면 충돌 They collided head-on. 그들은 정면으로 충돌했다.	B N S
heads-up	(명) 알림, 경고, 주의 Joe gave us a heads-up that he is on his way. 조는 우리에게 그가 오는 중이라고 알렸다.	B N S
heads up	(감탄사) 조심해라 Heads up, everyone! 모두 조심하세요!	B S

H

health care	(명) 의료 (서비스), 건강 관리 They have good health care. 그들은 좋은 의료 서비스를 갖추고 있다.	B N S
health care	(형) 건강 관리의, 의료 (서비스)의 She has a good health care plan. 그녀는 좋은 건강 관리 계획을 갖고 있다.	N
health-care	(형) 건강 관리의, 의료 (서비스)의 구두법 자문단 중 도서 표기법 전문가들은 형용사형에 하이픈을 넣는 것을 선호했다. She has a good health-care plan. 그녀는 좋은 건강 관리 계획을 갖고 있다.	+
(for) Heaven's sake	제발, 부디, 아무쪼록 구두법 자문단은 s 앞에 아포스트로피를 쓰는 단수 소유격을 만장일치로 선호했다.	+
he'd	he had나 he would의 축약형	B N S A
hello 뒤의 쉼표	이름이나 기타 호칭이 뒤에 올 때, hello 뒤에는 보통 쉼표를 쓴다. Hello, Dan! 안녕, 댄!	
hers	she의 소유대명사로, '그녀의 것'이라는 뜻. 아포스트로피를 쓰지 않는다.	B N S A
he's	he is나 he has의 축약형	B N S A
hey 뒤의 쉼표	이름이나 기타 호칭이 뒤에 올 때, hey 뒤에는 보통 쉼표를 쓴다. Hey, Brenda! 야, 브렌다!	
hi 뒤의 쉼표	이름이나 기타 호칭이 뒤에 올 때, hi 뒤에는 보통 쉼표를 쓴다. Hi, Brenda! 안녕, 브렌다!	
hi-fi	(명) 하이파이(고성능 음악 재생 장치) (형) 하이파이의	B N S
high-chair	(명) 유아들이 쓰는 식사용 높은 의자	B S
highchair	(명) 유아들이 쓰는 식사용 높은 의자	N
highfalutin	(형) 허세를 부리는, 과장된, 허풍 떠는 (명) 호언장담	B N S
high five	(명) 하이파이브	B S
high-five	(명) 하이파이브 (동) 하이파이브를 하다	B N S
high jinks	(명) 떠들어대며 놀기, 난잡하게 떠들어댐 도서, 기사, 과학 문헌 표기법에서 선호하는 형태는 하이픈 없이 두 단어로 쓰는 것이다. (hijinks나 hi-jinks도 쓸 수 있다.)	B N S
high-rise	(명) 고층 건물 (형) 고층의, 위치가 높은	B N S

high school	(명) 고등학교	B N S A
high school	(형) 고등학교의	A
high tech high-tech	(명) 하이테크, 첨단 기술 (형) 첨단 기술의, 최첨단의	B N S
hip-hop	(명) 힙합(1980년대 뉴욕에서 유행하기 시작한 10대들의 거리 문화로, 랩 음악과 브레이크 댄스 등을 포함함) (형) 힙합의	B N S
his	he의 소유격과 소유대명사로, 아포스트로피를 찍지 않는다.	B N S A
hit-and-run	(명) 뺑소니, 치고 빠지기, 야구의 히트앤드런 (형) 뺑소니의, 게릴라식의, 히트앤드런의 He was arrested for hit-and-run. 그는 뺑소니 혐의로 체포되었다. It was a hit-and-run accident. 그것은 뺑소니 사고였다.	B N S
hit and run	(동) 사람을 치고 도망치다, 뺑소니치다 He's not the kind of driver who would hit and run. 그는 뺑소니를 칠 운전자가 아니다.	N
HIV	human immunodeficiency virus(인체 면역 결핍 바이러스)의 약어	B N S
HMO HMOs	(명) 보건 기관(health maintenance organization), 모유 올리고당(human milk oligosaccharide) HMO의 복수형	B N S A
ho-hum	(형) 따분한, 싫증나는 (감탄사) 하아(지루함을 나타내는 하품 소리)	B N S
holdover	(명) 남은 것, 유물, 잔류자, 유임자	B N S
holdup hold up	(명) 열차 강도, 노상강도, (수송 등의) 정체, 터무니없는 요구 (동) 총기를 들고 강탈하다, 떠받치다, 흐름을 방해하다	B N S
homegrown	(형) 집에서 기른[재배한], 국산의, 토착의, 지방색이 있는	B N S
homemade	(형) 집에서 만든, 손수 만든, 국산의	B N S
homeowner's homeowners' homeowners	(형) (단수 소유격) 주택 소유자의 (형) (복수 소유격) 주택 소유자들의 (명) (homeowner의 복수형) 주택 소유자들 (p. 24의 '소유격 vs. 형용사형' 참고)	
homeschooler homeschooling homeschool homeschooled	(명) 홈스쿨링을 시키는 부모, 홈스쿨링을 받는 자녀 (명) 홈스쿨링(학교에 다니지 않고 집에서 공부하는 것) (동) 홈스쿨링을 하다, 집에서 교육하다 (형) 홈스쿨링을 받은, 집에서 교육을 받은	B S

H

home-schooler home-school home-schooled	(명) 홈스쿨링을 시키는 부모, 홈스쿨링을 받는 자녀 (동) 홈스쿨링을 하다, 집에서 교육하다 (형) 홈스쿨링을 받은, 집에서 교육을 받은	N
home schooling	(명) 홈스쿨링(학교에 다니지 않고 집에서 공부하는 것)	N
home-style	(형) 가정 요리의, 가정적인 구두법 자문단 대다수는 이 단어에 하이픈을 넣는 것을 선호했다. They specialize in home-style cooking. 그들은 가정식 요리를 전문으로 한다.	+
homespun	(형) 손으로 짠, 소박한, 수수한 (명) 수직물	B N S
hometown	(명) 고향	B N S
-hood	(접미) '성질', '상태', '계급', '신분', '무리'의 뜻 이 접미사에는 하이픈을 넣지 않으면 어색해지거나 의미에 혼동이 생길 수 있는 경우를 제외하면 보통 하이픈을 넣지 않는다. victimhood 피해자임, 희생자인 상태	B N S A
hors d'oeuvre	(명) 오르되브르, 전채(前菜) (요리) d 뒤에 아포스트로피가 온다.	B N S
hot dog	(명) 핫도그 hot dog가 음식을 가리키는 명사일 때는 하이픈 없이 두 단어로 쓴다.	B N S
hotdog	(동) 과시하다, 으스대다 '과시하다, 으스대다'라는 뜻의 동사일 때 hotdog는 도서와 과학 문헌 표기법에서 붙여서 한 단어로 쓴다. The surfer likes to hotdog. 그 서퍼는 으스대기를 좋아한다. The surfer was hotdogging. 그 서퍼는 으스대고 있었다.	B S
hot-dog	(동) 과시하다, 으스대다 '과시하다, 으스대다'라는 뜻의 동사일 때 기사 표기법에서는 hot-dog처럼 하이픈을 쓴다. The surfer likes to hot-dog. 그 서퍼는 으스대기를 좋아한다. The surfer was hot-dogging. 그 서퍼는 으스대고 있었다.	N
hot plate	(명) 전기 조리 기구	B N S
hour's, hours'	an hour's drive(한 시간 동안의 드라이브)와 two hours' worth(두 시간의 가치) 같은 표현들은 보통 소유격으로 해석된다. 따라서 아포스트로피를 사용하는데, 단수 소유격인 hour's와 복수 소유격인 hours'를 구분해야 한다. (p. 23의 '준 소유격' 참고)	

however와 쉼표	however가 부사로 쓰일 때, 그것이 문장에 삽입된 것으로 판단하느냐 통합된 것으로 판단하느냐에 따라 쉼표로 구분해도 되고 하지 않아도 된다. Jane, however, won't attend. 하지만, 제인은 참석하지 않을 것이다. however가 문장 구조에 필수적이거나 잠깐 끊어 읽어야 하는 게 아니라면 쉼표는 필요하지 않다. Jane however won't attend. 하지만 제인은 참석하지 않을 것이다. however가 접속사로 쓰일 때는 바로 뒤에 쉼표를 찍지 않는다. However you look at it, we have a problem. 당신이 어떻게 보든지 간에, 우리는 문제가 있어요.	**B N S A**
Hula-Hoop	(명) 훌라후프 (동) 훌라후프를 돌리다	**B N S**
hula hoop	(명) 훌라후프 (동) 훌라후프를 돌리다 기사 표기법에서는 고유명사를 보통명사화하여 소문자로 쓰고 하이픈을 쓰지 않는다.	**N**
hush-hush	(형) 쉬쉬하는, 극비의 (부) 은밀히 (명) 극비, 금기, 검열 (동) 비밀로 하다, 쉬쉬하다	**B N S**

H

I

i's	소문자 i의 복수형. 아포스트로피를 쓴다. Dot your i's and cross your t's. i에 점을 찍고 t에 가로줄을 그으세요.	**B N S A**
icebreaker	(명) 쇄빙선. (사람들이 처음 만났을 때) 어색함을 없애려고 하는 말이나 행동	**B N S**
ice maker	(명) 제빙기	**B S**
ice-maker	(명) 제빙기	**N**
ice pick	(명) 얼음 깨는 송곳	**B N S**
I'd	I would나 I had의 축약형	**B N S A**
ID	identification(신분증, 신분 확인)의 약어	**B N S A**
I'd've	I would have의 축약형	**B N S A**
i.e.와 마침표	i.e.는 라틴어 id est의 약어로, '즉'의 뜻이다. i와 e 뒤에 각각 마침표를 찍는다.	**B N S A**
i.e.와 쉼표	i.e. 뒤에는 항상 쉼표를 찍는다.	**B N**
ifs, ands, or buts	(명) 일을 질질 끄는 이유[구실, 핑계]	**B S A**
ifs, ands or buts	(명) 일을 질질 끄는 이유[구실, 핑계]	**N**
IM	instant message(인스턴트 메시지; 인스턴트 메시지를 교환하다) 의 약어. 동사로 쓰일 때 과거형, 과거분사는 IMed, 현재분사와 동명사는 IMing.	**B N S A**
I'm	I am의 축약형	**B N S A**
'im	구어체 대화에서 사용되는 him의 축약형. 아포스트로피가 휘어지는 방향에 주의하고, 왼쪽 작은따옴표 로 잘못 입력되지 않도록 한다. (p. 29의 '아포스트로피의 방향' 참고)	**B N S A**
"in"	'(어떤 것이) 유행하거나 인기가 있다'는 뜻의 형용사로 쓰일 때, 뒤에 명사가 오면 in에 큰따옴표를 붙인다. He hangs with the "in" crowd. 그는 인기 있는 무리와 어울린다. 그렇지 않으면 따옴표를 쓰지 않는다. That color palette is very in right now. 그 컬러 팔레트가 지금 무척 유행이다.	**N**

in'	walkin', talkin', thinkin'처럼 특정 지역의 억양이나 일상적인 말투를 나타낼 때 쓰이는 ing의 단축형	**B N S A**
in-	(접두) '부정', '반대'의 뜻	**B N S A**
	not의 뜻인 접두사 in-을 전치사 in과 헷갈리지 않도록 한다. 부정의 접두사 in-을 사용하는 용어들 대부분은 사전에 올라 있고, 관례상 하이픈을 넣지 않는다. 예는 다음과 같다.	
	insufferable 참을 수 없는, 견딜 수 없는 inaccurate 부정확한 indecision 우유부단, 망설임 indecisive 결단력 없는, 우유부단한 intolerable 참을 수 없는 indiscreet 무분별한, 철없는 indiscretion 무분별한 행동, 경솔한 행동 indirect 간접적인 infallible 결코 틀리지 않는	
	in이 들어간 합성어는 합성 수식어를 만드는 규칙을 따른다. an in-depth study 심층 연구 an in-house recruitment effort 사내 채용 노력	
inbound	(형) 본국행의, 귀항하는	**B N S**
Inc.	Incorporated(주식회사)의 약어	**B**
	도서 표기법에서 Inc.와 Ltd.(유한회사, 주식회사) 등의 앞뒤에는 쉼표를 쓸 필요가 없다.	
	He has worked for ABC Inc. for three years. 그는 ABC 주식회사에서 3년째 일해 왔다.	
	그러나 Inc. 앞에 쉼표를 찍는다면 뒤에도 쉼표를 찍어야 한다. 맞는 표기: He has worked for ABC, Inc., for three years. 틀린 표기: He has worked for ABC, Inc. for three years.	
	기사 표기법에서는 Inc., Ltd., 그리고 이와 비슷한 용어들은 쉼표로 구분하지 않는다.	**N**
	He has worked for ABC Inc. for three years. 그는 ABC 주식회사에서 3년째 일해 왔다.	
including 뒤의 콜론	including은 '~을 포함하여'라는 뜻의 전치사로 열거되는 항목을 이끌며, 뒤에 콜론을 쓰지 않는다.	**B N**
	They have many toppings available including garlic, pepperoni, and onions. 그 식당에서는 마늘, 페퍼로니, 양파를 포함해 많은 토핑을 올려 먹을 수 있다.	
including과 쉼표	'~을 포함하여'란 뜻의 전치사 including 앞에는 쉼표가 오는 경우가 많지만, 뒤에는 쉼표를 쓰면 안 된다.	**B N S A**
	America has many great cities, including New York, Chicago, and San Francisco. 미국에는 뉴욕, 시카고, 샌프란시스코를 포함하여 많은 대도시가 있다.	
	America has many great cities including New York, Chicago, and San Francisco. 미국에는 뉴욕, 시카고, 샌프란시스코를 포함하여 많은 대도시가 있다.	
in-depth, in depth	(형) 심층적인, 면밀한, 상세한, 철저한 (부) 깊이 있게, 상세히	**B N S A**
	형용사로 쓰일 때는 하이픈을 넣는다.	
	The in-depth study has been completed. 심층 연구가 완료되었다.	

I

	기사 표기법에서는 부사로 쓰일 때 하이픈을 넣는다. The partners discussed the matter in-depth. 협력사들이 그 문제를 깊이 있게 논의했다.	**N**
	구두법 지문단 중 도서 표기법 전문가들은 이 단어가 부사로 쓰일 때 하이픈을 넣지 않는 쪽을 선호했다. The partners discussed the matter in depth. 협력사들이 그 문제를 깊이 있게 논의했다.	**✦**
infield	(명) (야구, 크리켓에서) 내야(수), 농가 주변의 밭 (부) 내야에서, 내야로	**B N S**
infighting	(명) 내분, 암투, (권투) 접근전	**B N S**
in-house	(형) 조직 내의, 사내의 (부) 조직 내[사내]에서, 내부적으로 형용사로 쓰일 때 하이픈을 넣는다. The in-house study has been completed. 사내 조사가 완료되었다.	**B N S A**
	기사 표기법에서는 부사로 쓰일 때 하이픈을 넣는다. The partners discussed the matter in-house. 협력사들이 그 문제를 내부적으로 논의했다.	**N**
in-law's	in-law의 소유격은 소유격의 표준 규칙에 따라 만든다. 단수 소유격과 복수 소유격 모두 law 뒤에 아포스트로피를 붙이고 s를 쓴다(복수는 law가 아니라 앞부분 단어에 표시한다). my father-in-law's house 우리 장인어른 댁 all three of my sisters-in-law's husbands 내 시누이 세 명의 남편 모두 (p. 23의 '합성어의 소유격' 참고)	**B N S A**
in-line	(형) (부품·장치가) 일렬로 늘어선, (내연기관이) 직렬식의, (컴퓨터가) 그때마다 즉시 처리하는	**B N S**
in-line	(부) (부품·장치가) 일렬로 늘어서, (내연기관이) 직렬식으로	**B S**
inpatient	(명) 입원 환자	**B N S**
inside out	(형) 안팎을 뒤집은 (부) 안팎을 뒤집어 His shirt was inside out. 그의 셔츠가 뒤집혀 있었다.	**B N S**
	명사 앞에서 합성 형용사로 쓰일 때, 구두법 자문단 대다수는 하이픈을 넣는 것을 선호했다. He wore an inside-out shirt. 그는 셔츠를 뒤집어 입었다.	**✦**
insufferable	(형) 견딜 수 없는, 참을 수 없는	**B N S A**
inter-	(접두) ~ 사이의, 상호 간의, ~ 속의 접두사에 하이픈을 연결하는 표준 규칙을 적용한다. 일반적으로, 고유명사 앞이나 어색한 합성어가 안 되게 할 때를 제외하면 하이픈을 넣지 않는다.	**B N S A**
interminable	(형) 끝없는, 장황한, 지루하게 계속되는	**B N S A**

in-the-know	(형) 잘 알고 있는, 정통한	**B**	**N**	**S**	**A**
	명사 앞에 쓰일 경우, 가독성이 올라가고 의미 이해에 도움이 되면 하이픈을 넣는다. 명사 뒤에 올 때는 하이픈을 안 넣어도 된다.				
in utero	(형) (태아가) 자궁 내의, 아직 태어나지 않은 (부) (태아가) 자궁 내에, 태어나기 전에	**B**			
	an in utero procedure 자궁 내 태아 수술				
in vitro	(형) 체외에서 진행되는, 시험관에서 진행되는 (부) 체외에서, 시험관에서	**B**			
	in vitro fertilization 체외 수정				
in vivo	(형) 체내에서 진행되는 (부) 체내에서	**B**			
	in vivo response 체내 반응				
IOU **IOUs**	(명) 약식 차용증서(I owe you를 글자로 나타낸 것) IOU의 복수형	**B**	**N**	**S**	**A**
	모두 대문자로 쓰인 글이 아니면 복수형에 아포스트로피를 쓰지 않는다. 모두 대문자로 쓰인 글에서는 아포스트로피를 써야 복수형임을 확실히 나타낼 수 있다.				
iPad **iPod**	(명) 아이패드 (명) 아이팟				
IQ **IQs**	(명) intelligence quotient(지능 지수)의 약어 IQ의 복수형	**B**	**N**	**S**	**A**
	모두 대문자로 쓰인 글이 아니면 복수형에 아포스트로피를 쓰지 않는다. 모두 대문자로 쓰인 글에서는 아포스트로피를 써야 복수형임을 확실히 나타낼 수 있다.				
IRS	Internal Revenue Service(미국 국세청)의 약어	**B**	**N**	**S**	**A**
is is와 쉼표	주어가 is로 끝나고 그 뒤에 동사 is나 is로 시작하는 동사구가 올 때, 여러 스타일 지침서에서는 두 is 사이에 쉼표를 찍을 경우 의미 이해에 도움이 된다면 쉼표를 찍으라고 명시한다. 그리고 그 결정은 글쓴이의 판단에 맡긴다.	**B**	**N**	**S**	**A**
	구두법 자문단 대다수는 다음 문장에서 is와 is 사이에 쉼표를 찍지 않는 것을 지지했다. What it is is a good idea. 그것은 좋은 생각이다.	**+**			
-ism의 하이픈 연결	접미사의 하이픈 연결 표준 규칙을 적용한다. 일반적으로, 혼란이나 어색함을 유발하지 않는다면 하이픈을 넣지 않는다.	**B**	**N**	**S**	**A**
isn't	is not의 축약형	**B**	**N**	**S**	**A**
IT	information technology(정보 기술)의 약어	**B**	**N**	**S**	**A**

Italian American	(명) 이탈리아계 미국인 (형) 이탈리아계 미국인의 a famous Italian American 한 유명한 이탈리아계 미국인 an Italian American community 이탈리아계 미국인 커뮤니티	**B S**
Italian-American	(명) 이탈리아계 미국인 (형) 이탈리아계 미국인의 a famous Italian-American 한 유명한 이탈리아계 미국인 an Italian-American community 이탈리아계 미국인 커뮤니티	**N**
it'd	it would나 it had의 축약형	**B N S A**
it's	it is나 it has의 축약형 It's raining. 비가 오고 있어. It's been quite a week. 대단한 한 주었어. it's를 it의 소유격 its와 헷갈리지 않도록 한다.	**B N S A**
its	it의 소유격 The dog wagged its tail. 개가 꼬리를 흔들었다. it의 소유격에는 아포스트로피를 찍지 않는다. (it is나 it has의 축약형인 it's와 비교)	**B N S A**
IUD **IUDs**	(명) intrauterine device(피임용 자궁 내 장치)의 약어 IUD의 복수형	**B N S A**
I've	I have의 축약형	**B N S A**

J

Jack Daniel's	잭 다니엘스	
	위스키 브랜드명인 Jack Daniel's Tennessee Whiskey(잭 다니엘 사의 테네시 위스키)의 줄임말. 단수형과 복수형이 같다. He ordered a Jack Daniel's. 그는 잭 다니엘 위스키를 한 병 주문했다. He ordered two Jack Daniel's. 그는 잭 다니엘 위스키를 두 병 주문했다.	
jack-o'-lantern	(명) 호박등(호박에 얼굴 모양으로 구멍을 뚫고 안에 촛불을 꽂은 등으로, 핼러윈 때 장식함)	**B N S**
J.C. Penney	J.C. 페니(미국의 백화점 체인)	
Jell-O	젤오(미국 General Food사의 젤리로, 과일 맛과 색, 향을 낸 디저트용 젤리)	
Jesus's	Jesus(예수)의 소유격 도서, 과학 문헌, 학술적 글에서 소유격은 s로 끝나는 단어라도 보통 아포스트로피와 s를 써서 만든다. Jesus's teachings 예수의 가르침	**B S A**
Jesus'	기사에서 s로 끝나는 단수 고유명사는 아포스트로피만 써서 복수형을 만든다. Jesus' teachings 예수의 가르침	**N**
JFK	John F. Kennedy(존 F. 케네디)의 이니셜	**B**
JPEG JPEGs	(명) 제이페그(Joint Photographic Experts Group, 정지 이미지를 통신에 사용하기 위해 압축하는 기술 또는 그렇게 줄인 이미지 파일) JPEG의 복수형	**B N S**
Jr.	junior의 약어. junior는 형용사로 '하급의, 2세의, 2학년의', 명사로 '손아랫사람, 하급자, (4년제 대학이나 고등학교의) 3학년생'이다.	**B N S A**
Jr.와 쉼표	Jr.와 고유명사를 쉼표로 구분하지 않는다. Dr. Martin Luther King Jr. was commemorated that day. 그날 마틴 루터 킹 주니어 박사를 기념했다.	**B N S**
	학술적 글에서는 Jr.와 고유명사를 쉼표로 구분한다. Dr. Martin Luther King, Jr., was commemorated. 마틴 루터 킹 주니어 박사를 기념했다.	**A**

K

K2	K2봉(파키스탄령 잠무카슈미르의 카라코람 산맥에 있는 세계 제2의 고봉으로, 높이는 해발 8,611m)	**B S**
K-9	(명) 경찰견, 군용견	**B N S**
karat의 하이픈 연결	캐럿, 다이아몬드 등 보석류의 무게 단위로, 2백 밀리그램에 해당 (carat의 하이픈 삽입 항목 참고)	
kick ass **kick-ass**	(동) 벌주다, 쳐부수다 (형) 강력한, 강렬한, 공격적인, 적극적인	**B N S**
kilowatt-hour	(명) 킬로와트시(時)(1시간에 1킬로와트가 생산되는 양에 상당하는 전력 단위)	**B N S**
the King's English	(명) 표준 영어, 정통 영어	**B S**
the king's English	(명) 표준 영어, 정통 영어	**N**
King of (나라 이름)'s	(나라)의 왕의 King's of Jordan visit가 아니라 King of Jordan's visit (요르단 국왕의 방문). (소유를 나타내는 of 항목 참고)	**B N S**
Kmart	K마트(미국의 할인 마트)	
knockdown	(형) 때려눕힐 정도의, 압도적인, 저항하기 어려운	**B N S**
knock-down-drag-out **knock-down, drag-out**	(명) 가차 없는 다툼[싸움], 철저한 논쟁 (형) (싸움이나 언쟁이) 가차 없는, 격렬한	**B S**
knockoff **knock off**	(명) (일의) 중단, 마무리, 급정지 (동) (일을) 중단하다, 중간에 끝내다	**B N S**
knockout **knock out**	(명) 녹아웃, KO (동) 나가떨어지게 하다, KO시키다	**B N S**
know-it-all	(명) 아는 체하는 사람, 똑똑한 체하는 사람 (형) 아는 체하는, 똑똑한 체하는	**B N S**
know-nothing	(명) 무식한 사람, 무학문맹자, 불가지론자	**B N S**
known의 하이픈 연결	합성 형용사의 하이픈 연결 표준 규칙을 적용한다. 하이픈을 넣을 때 의미 이해에 도움이 되면 하이픈을 넣는다. a lesser-known man 덜 알려진 사람	**B N S A**
Kool-Aid	쿨에이드(미국의 과일향 음료 상표명)	

L

LA	Los Angeles(로스앤젤레스)의 약어	**B** S **A**
L.A.	Los Angeles(로스앤젤레스)의 약어	**N**
laid-back	(형) 느긋한, 태평스러운	**B N** S **A**
landline	(명) (휴대폰과 다르게 지상 통신선으로 연결되는) 일반 전화	**B N** S
Lands' End	미국 의류 제조업체 상표명	
laptop	(명) 노트북 컴퓨터	**B N** S
late의 하이픈 연결	late가 합성 형용사에 쓰일 때 하이픈을 넣는 경우가 많지만, 명사구의 일부로 쓰일 때는 하이픈을 넣지 않는다. a late-winter snowfall 늦겨울의 강설 It was late winter. 늦은 겨울이었다. They will visit in late September. 그들은 9월 말에 방문할 것이다.	**+**
late night	(명) 늦은 밤, 심야 He does his best work in the late night. 그는 늦은 밤에 일을 가장 잘한다.	**B N** S **A**
late-night	(형) 심야의 명사 앞에 올 때 보통 하이픈을 넣는다. He hosts a late-night program. 그는 심야 프로그램을 진행한다.	**B N** S **A**
Latin American	(명) 라틴 아메리카 사람 (형) 라틴 아메리카의, 라틴 아메리카 사람의	**N**
layoff **lay off**	(명) (일시적) 해고, 강제 휴업, (시합이나 활동) 중지 기간 (동) 해고하다, 그만하다, 그만 먹다 They had a lot of layoffs this year. 그들은 올해 해고를 많이 했다. I hope they don't lay off any employees. 나는 그들이 직원을 아무도 해고하지 않기 바란다.	**B N** S
layout **lay out**	(명) 배치, 설계, 구획, 지면 배정 (동) 펼치다, 설계하다, 계획하다 I like the layout of this apartment. 나는 이 아파트의 배치가 마음에 든다. Lay out your clothes for tomorrow. 내일 입을 옷들을 준비해서 늘어놓으렴.	**B N** S

K
L

 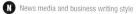

layover **lay over**	(명) 여정 상의 두 지점 사이에서 잠시 머무름, 단기 체류 (동) 긴 여정 중에 잠깐 들르다[머물다] He has a nine-hour layover in Chicago. 그는 시카고에서 9시간 체류한다. The flight will lay over for nine hours in Chicago. 그 비행기는 시카고에서 9시간 동안 머물 것이다.	B N S
lb.	(무게를 나타내는) 파운드 (라틴어 libra에서 나옴. 약 454그램) 도서에서는 파운드를 lb.보다 pound로 쓰는 것을 권하지만, 적절할 때(예를 들어 표 같은 경우)는 약어인 lb.로 쓰는 것을 허용한다. 보통 lb. 뒤에 마침표를 찍는다. 상당히 기술적인 문맥에서는 마침표를 생략할 수 있다. 도서 표기법에서는 lb.가 복수형에서도 형태가 바뀌지 않는다. 1 lb. 1파운드 5 lb. 5파운드 100 lb. 100파운드	B
	기사에서는 pound를 약어로 lb.라고 쓰지 않는다.	N
	과학 문헌과 학술적 글에서는 글쓴이가 적절하다고 생각하는 경우, 약어인 lb. 사용을 허용한다.	S A
left-click	(명) 마우스 왼쪽 버튼 누르기 (동) 마우스의 왼쪽 버튼을 누르다 Only a left-click will pull up the submenu. 마우스 왼쪽 버튼을 한 번만 누르면 하위 메뉴가 나올 것이다. You must left-click in the document body. 문서 본문을 마우스 왼쪽 버튼으로 클릭해야 한다.	✦
left hand **left-hander** **left-handed**	(명) 왼손 (명) 왼손잡이 (형) 왼손잡이의, 왼손잡이를 위한, 왼손으로 하는	B N S
left wing **left-winger** **left-wing**	(명) (정치의) 좌파, 좌익, (스포츠의) 좌익(수) (명) 좌파인 사람, 좌익수 (형) 좌파의, 좌익의 She represents the left wing of the party. 그녀는 그 당의 좌익을 대표한다. He is a left-winger. 그는 좌파다. They say he has a left-wing agenda. 그에게는 좌파적 의제가 있다고들 한다.	B N S
lengthwise, **lengthways**	(형) 긴, 세로의 (부) 길게, 세로로	B N S
-less	(접미) ~이 없는, ~하지 않는, ~의 영향을 받지 않는 접미사에 하이픈을 연결하는 표준 규칙을 적용한다. 일반적으로, 고유명사 앞이나 어색한 합성어가 안 되게 할 때를 제외하면 하이픈을 넣지 않는다.	B N S A
let's	let us의 축약형으로, 무언가를 권하거나 제안할 때 쓴다. 동사 let의 3인칭 단수형인 lets와 혼동하지 않도록 한다. Let's go to the movies. 영화 보러 가자.	

lets	동사 let의 3인칭 단수형. 아포스트로피를 절대 찍으면 안 된다. He lets the cat out at night. 그는 밤에 그 고양이를 밖으로 내보낸다.	
Levi's	리바이스. 청바지 회사의 브랜드명. 단수형과 복수형이 같다. He wore his Levi's. 그는 리바이스를 입었다. They wore their Levi's. 그들은 리바이스를 입었다.	
lifeblood	(명) 생명선, 활력의 근원, 사람의 생명에 필요한 혈액 하이픈 없이 한 단어로 쓴다.	B N S
lifesaver **Life Savers**	(명) 인명 구조자, 생명의 은인, 곤경에서 구해 주는 것 (명) 미국 Life Savers 사에서 만든 박하사탕 상품명 보통명사는 한 단어로 붙여서 쓴다. This loan is a real lifesaver. 이 대출금은 정말 생명의 은인이다. 사탕 이름은 두 단어로 띄어 쓴다. I love to eat Life Savers. 나는 라이프 세이버스 사탕 먹는 걸 무척 좋아한다.	B N S
lifestyle	(명) (개인이나 집단의) 생활 방식, 생활 양식	B N S
liftoff **lift off**	(명) 이륙, 발사, (계획이나 사업의) 개시 (동) 이륙하다	B N S
-like	(접미) ~같은, ~다운 사전에 올라 있지 않은 용어들에는 하이픈을 넣는다. a secretary-like position 비서 같은 위치 a dog-like devotion 개와 같은 헌신 -like가 하이픈으로 연결되어 있지 않은 둘 이상의 단어로 된 용어와 결합할 때, 보통은 전체 합성어를 하이픈으로 연결한다. It's a wine-cellar-like space. 그곳은 와인 저장고 같은 공간이다.	B N S
likely	(형) ~할 것 같은, 그럴듯한, 있을 법한, 적당한, 유망한 (부) 아마, 필시 흔히 형용사로 쓰인다. likely voters 투표할 의향이 높은 유권자들 형용사로 쓰이는 likely가 합성 수식어의 일부가 될 때는 하이픈을 넣는다. 옳은 표기: likely-voter response 투표할 의향이 높은 유권자의 응답	
lineup	(명) 사람이 늘어선 줄, (선수의) 진용, 라인업, 면면, 인원 구성 We have a great lineup this year. 우리는 올해 라인업이 아주 훌륭해요.	B N S
line up **lineup**	(동) 줄을 서다, 줄을 세우다 (형) 줄을 세우는, 라인업의(용의자를 다른 사람들과 함께 일렬로 세워 증인에게 보이는) Line up at the door. 문 앞에 줄을 서세요.	B N S A

L

	형용사로 쓰일 때, 구두법 자문단 대다수는 하이픈을 넣지 않고 한 단어로 쓴다. Your lineup procedure won't work. 당신의 라인업 절차는 효과가 없을 거예요.	**✦**
LinkedIn	링크드인(세계 최대의 비즈니스 전문 소셜 네트워크 사이트)	
Lions Club, Lions Clubs International	(명) 라이온스클럽(1917년에 미국 실업가들이 창설한 국제적인 민간 사회봉사 단체로, 우리나라는 1959년에 가입)	
lion's den	(명) 사자굴, 무서운 상대가 있는 곳 도서 표기법에서는 단수 소유격으로 쓴다.	**B**
lion's share	(명) 제일 좋은[큰] 몫, 알짜, 단물 s 앞에 아포스트로피를 찍는다.	**B N S**
lockdown **lock down**	(명) (움직임과 행동의) 제재, 대규모 사회 통제, 봉쇄, (재소자들의) 엄중한 감금 (동) 지역을 봉쇄하다, 안전을 위해 실내에 가두다	**B N S**
lockdown	(형) (움직임과 행동을) 제재하는, 대규모로 사회를 통제한, 봉쇄한, (재소자들을) 엄중하게 감금한	**✦**
log-in	(명) 로그인, 컴퓨터에 접속하기	**B S**
login	(명) 로그인, 컴퓨터에 접속하기	**N**
log in	(동) 로그인[로그온]하다, 컴퓨터에 접속해 사용을 시작하다, 출근을 기록하다	**B N S A**
log off	(동) 로그오프하다, 컴퓨터 시스템 사용을 끝내다	**B N S A**
logoff	(명) 로그오프, 컴퓨터 시스템 사용 끝내기	**N**
log-on	(명) 로그온, 컴퓨터에 접속하기	**B S**
logon	(명) 로그온, 컴퓨터에 접속하기	**N**
log on	(동) 로그온[로그인]하다, 컴퓨터에 접속해 사용을 시작하다	**B N S A**
LOL	laughing out loud(크게 소리 내 웃다)의 채팅 약어로, 매우 웃기다는 뜻	**B N S A ✦**
long-standing	(형) 오래된, 여러 해에 걸친 long과 standing 사이에 하이픈을 넣는다. They have a long-standing commitment. 그들은 오랫동안 헌신해 왔다.	**B N S A ✦**

long term **long-term**	(명) 장기 (형) 장기적인 We will see growth in the long term. 우리는 장기적으로 성장을 보게 될 것이다. Long-term growth projections are encouraging. 장기적인 성장 전망은 고무적이다.	**B N** S
long time **longtime**	(명) 장기간 (형) 오랜, 오랫동안의 They haven't visited in a long time. 그들은 오랫동안 방문하지 않았다. The longtime friends had their first argument. 오랜 친구들이 처음으로 말다툼을 했다.	**B N** S
Lord's Prayer	(명) 주기도문	**B N** S
Lou Gehrig's **disease**	(명) 루게릭병, 근위축성측삭경화증	**B N** S
lover	(명) 무척 좋아하는 사람, 애호가, 광 lover가 들어간 대부분의 명사구에서 첫 번째 단어가 사랑받는 대상일 때, 하이픈을 넣지 않는다. movie lover 영화 애호가 chocolate lover 초콜릿광	**B A +**
lover's, lovers', **lovers**	구두법 자문단 대다수는 chocolate lover's special(초콜릿 애호가 특별 제품)에서는 단수 소유격을 쓰는 것을 지지했지만, fashion lovers' paradise(패션 애호가들의 천국)에서는 복수 소유격을 지지했다. 이는 각 표현에서 lover가 한 사람임을 강조하는지 여러 명임을 강조하는지에 기초하여 단수나 복수를 선택해야 한다는 것을 시사한다. (p. 24의 '소유격 vs. 형용사형' 참고)	**+**
lowercase **lowercased** **lowercasing**	(명)소문자 (활자) (동)소문자로 쓰다[인쇄하다], 대문자를 소문자로 바꾸다 lowercase의 과거형, 과거분사 lowercase의 현재분사, 동명사	**B N** S
LLC	(컴퓨터) logical link control(논리 링크 제어)의 약어 쉼표로 구분하지 않는다.	**B**
LLP	limited liability partnership(유한책임조합)의 약어 쉼표로 구분하지 않는다.	**B**
Ltd.	Limited(유한회사, 주식회사)의 약어 (Inc. 항목 참고)	**B N**

L

M

M1, M16	(명) M1 소총, M16 소총 an M16 military rifle M16 군용 소총 한 자루	N
MA, MS	(명) master of arts[문학 석사 (학위)]와 master of science[이학 석사 (학위)]의 약어 Carrie Altman, MS, gave a presentation. 이학 석사 캐리 앨트먼이 발표했다.	B S A
M.A., M.S.	master of arts[문학 석사 (학위)]와 master of science[이학 석사 (학위)]의 약어 This is Carrie Altman, M.S. 이분은 이학 석사 캐리 앨트먼 씨입니다.	N
Ms.	여성 이름 앞에 붙이는 경칭 Ms. Jones will see you now. 존스 씨가 지금 당신을 만날 거예요.	B N S A
ma'am	(명) madam(부인)의 비격식 용어	B N S
machine gun machine-gun	(명) 기관총 (동) 기관총으로 쏘다 (형) 기관총의, 기관총과 같은, 빠르고 단속적인	B N S
Macy's	메이시스 백화점 이 백화점은 로고에서 아포스트로피 대신 별을 사용하지만, 이름을 쓸 때는 아포스트로피를 써야 한다. 이 회사의 언론 보도자료에도 아포스트로피가 찍혀 있다. 복수형과 단수 소유격, 복수 소유격을 만드는 데 구두법 자문단은 만장일치로 단수형을 그대로 사용하는 것을 선호했다. Our town has three Macy's. 우리 도시에는 메이시스 백화점이 세 곳 있다. Macy's location is perfect. 메이시스 백화점의 위치는 완벽하다. All three Macy's locations are perfect. 메이시스 백화점 세 곳의 위치는 모두 완벽하다.	+
magna cum laude	(형) (대학 졸업 성적이) 우등인 (부) (대학 졸업 성적이) 우등으로	B N S
maitre d'와 악센트 부호	maitre d': 웨이터 주임, 호텔 지배인 도서와 과학 문헌 표기법은 i 위에 악센트 부호를 찍은 것 (i, maître d')을 선호하지만, 악센트 부호를 찍지 않아도 된다.	B S
	기사 표기법에서는 i 위에 악센트 부호를 찍지 않는다.	N

maitre d'의 복수형	도서와 과학 문헌 표기법에서, 그리고 구두법 자문단 대다수는 maitre d'의 복수형을 maitre d's로 쓴다. 자문단 중 소수가 maîtres d'라는 복수형을 선호했다.	B N S ✦
make-believe	(명) 가장, ~하는 체하기, 위장, ~하는 체하는 사람 (형) ~인 체하는, 거짓의	B N S
makeover	(명) 수리, 수선, 변신, 외모의 개조	B N S
maker	maker가 들어간 합성 명사 중 사전에 올라 있지 않은 것은 maker 앞에 하이픈을 넣는다. pie-maker 파이를 만드는 사람, 파이 만드는 기계 chart-maker 도표 만드는 사람, 도표 제작 프로그램 **예외** coffee maker 커피메이커 drugmaker 약제사, 제약회사 policymaker 정책 입안자	N
	합성 명사에는 하이픈을 넣지 않는다. pie maker, chart maker	✦
makeup	(명) 화장, 분장, 구성, 구조, 성질, 기질 (형) 재시험의 She applied her makeup. 그녀는 화장을 했다. Kindness is in his makeup. 친절은 그의 기질에 있다. Take the makeup exam. 재시험을 보거라.	B N S
make up	(동) 화장을 하다, 만들다, 구성하다, 지어내다	B N S
making, -making	사전에 올라 있지 않은 (동)명사를 만들 때 하이픈을 넣지 않는다. He enjoys guitar making. 그는 기타 만들기를 즐긴다.	B ✦
	기사 표기법에서는 하이픈이 가독성에 도움이 된다면 명사형에 하이픈을 넣을 수 있다. He enjoys guitar-making. 그는 기타 만들기를 즐긴다.	N
	형용사형에는 합성 수식어에 하이픈 연결하는 표준 규칙을 적용한다. 일반적으로, 하이픈을 넣을 때 가독성에 도움이 되면 하이픈을 넣는다. He saw his guitar-making career come to an end. 그는 자신의 기타 제작 경력이 끝나는 걸 보았다.	B N S A
Martha's Vineyard	마서스 빈야드(미국 매사추세츠주 케이프 코드 연안의 섬으로, 고급 휴양지이자 피서지. 미국 대통령도 이곳으로 휴가를 가곤 한다.)	B N S A
Martin Luther King Jr. Day	마틴 루터 킹 목사 탄생일. 1월 셋째 월요일로, 1986년부터 미국의 공휴일. 참고로 킹 목사의 실제 생일은 1월 15일.	B N
mash-up	(명) 둘 이상의 요소가 섞인 것, 짬뽕	B S
mashup	(명) 둘 이상의 요소가 섞인 것, 짬뽕	N

M

mass market **mass-market** **mass-marketed**	(동) 상품을 대량 판매하다 (형) 대량 판매용의, 대중 시장의 (형) 대량 판매되는 They will mass market their new product line. 그들은 신제품군을 대량으로 판매할 것이다. The publisher focuses on mass-market paperbacks. 그 출판사는 대량 판매용 페이퍼백에 초점을 맞추고 있다. Consumers favor mass-marketed products. 소비자들은 대량 판매되는 제품을 선호한다.	**B N S**
mass-produce	(동) 대량 생산하다	**B S**
mass produce	(동) 대량 생산하다	**N**
mass-produced	(형) 대량 생산의, 대량 생산된	**B N S A**
master's degree, **master's**	(명) 석사 학위 master of arts(문학 석사 학위)나 master of science(이학 석사 학위)로 쓸 수도 있다.	**B N S A**
matter of fact	(명) 사실, 실제 That's a matter of fact. 그것은 사실이다.	**B N S A**
matter-of-fact	(형) 사실의, 실제의, 사무적인 명사 앞에서 형용사로 쓰일 때 각 단어 사이에 하이픈을 넣는다. He had a matter-of-fact tone. 그는 사무적인 어조였다.	**B N S A**
	be동사 뒤에서는 하이픈을 넣는다. His tone was matter-of-fact. 그의 어조는 사무적이었다.	**N**
matter-of-factly	(부) 있는 그대로, 무미건조하게, 사무적으로, 객관적으로 He said it matter-of-factly. 그는 그것을 무미건조하게 말했다.	**B N S +**
MBA	Master of Business Administration(경영학 석사)의 약자	**B N S A**
M.C., MC	emcee 항목 참고	
McDonald's	맥도널드(햄버거 체인점, 햄버거 상표명) 구두법 자문단은 McDonald's의 복수형과 단수·복수 소유격을 단수형 그대로 써서 만드는 것을 만장일치로 지지했다. Our town has three McDonald's. 우리 도시에는 맥도널드가 세 곳 있다. McDonald's location is perfect. 맥도널드의 위치는 완벽하다. All three McDonald's locations are perfect. 맥도널드 세 곳의 위치는 모두 완벽하다.	**+**

MD, MDs	doctor of medicine(의학 박사)의 약어 Carlos Iglesia, MD, gave a presentation. 의학 박사 카를로스 이글레시아 씨가 발표했다.	**B** S **A**
M.D., M.D.s	doctor of medicine(의학 박사)의 약어 This is Carlos Iglesia, M.D. 이분이 의학 박사 카를로스 이글레시아 씨입니다.	**N**
MDT	Mountain Daylight Time(산악 여름 시간. 로키산맥에 가까운 미국과 캐나다 일부 지역의 하계 표준시)의 약어	**B N** S **A**
Megan's Law	(명) 메이건 법, 성범죄자 통지법(성범죄 전과자가 이주해 올 경우 신원, 주소 등을 지역 사회에 통지하도록 의무화한 법률)	**B N** S **A**
meltdown **melt down**	(명) 금속의 용융, 원자로 노심의 용해, (제도, 기업의) 완전 붕괴, 주가 대폭락 (동) (금속 등이) 녹다, (금속 등을) 녹이다 The power plant had a meltdown. 그 발전소가 붕괴되었다. They will melt down the gold. 그들은 금을 녹일 것이다.	**B N** S
men's	man의 복수 소유격. 일부 상표명에서 아포스트로피를 쓰지 않는 경우가 있지만, 일반적으로 그것은 오류로 본다.	**B N** S **A**
Mercedes-Benz	(명) 메르세데스 벤츠. 독일의 고급 승용차 상표명으로, 줄여서 흔히 Mercedes나 Benz라고 부른다.	
merry-go-round	(명) 회전목마, 급선회, (일, 사회, 생활 등이) 급하게 돌아감	**B N** S
Mexican American	(명) 멕시코계 미국인 (형) 멕시코계 미국인의	**B** S
Mexican-American	(명) 멕시코계 미국인 (형) 멕시코계 미국인의	**N**
mg	milligram(밀리그램)의 약어	**B** S
MIA	missing in action(전투 중 행방불명된 병사)의 약어	**B N** S **A**
mid의 하이픈 연결	고유명사나 아라비아 숫자 앞, 어색하거나 혼동을 일으키는 합성어가 안 되게 할 때를 제외하고는 mid 뒤에 하이픈을 넣지 않는다. midforties 40대 중반 midsentence 문장 중간 mid-September 9월 중순 mid-1840s 1840년대 중반	**B N** S **A**
	구두법 자문단은 계절명 앞에는 하이픈을 넣는 것을 만장일치로 지지했다. We will visit in mid-spring. 우리는 봄 중순에 방문할 거예요.	**✛**

M

	도서 표기법에서는 mid와 두 단어로 쓴 합성어가 결합해 만들어진 합성 명사에서는 하이픈을 한 번만 쓴다. **We will visit mid-next year.** 우리는 내년 중순에 방문할 거예요. 하지만 형용사로 쓰일 때는 합성어 전체에, 단어 사이마다 하이픈을 쓸 수 있다. **a mid-thirteenth-century cathedral** 13세기 중반의 대성당 **a mid-next-year plan** 내년 중반 계획	**B**
	next year처럼 단어 사이를 띄어 쓴 합성어 앞에 mid가 올 때 어떻게 할지에 대해서는 구두법 자문단의 의견이 나뉘었다. 대다수는 명사구 mid next year에 하이픈을 넣지 않는 쪽을 택했고, 다른 사람들은 mid-next year처럼 하이픈을 하나 넣는 쪽이나 mid-next-year처럼 하이픈을 두 개 넣는 쪽을 택했다.	**+**
mid- to late-	～ 중반에서 ～ 후반까지 mid- to late-1980s(1980년대 중반에서 후반까지) 같은 표현에서, mid-에는 하이픈을 넣는다. (p. 140의 '허공에 뜬 하이픈' 참고)	**B N S**
middle class **middle-class**	(명) 중산층, 중류 계급 (형) 중산층의, 중류 계급의 명사형에는 하이픈을 넣지 않는다. **They are members of the middle class.** 그들은 중산층이다.	**B N S A**
	형용사형은 명사 앞에 올 때 하이픈을 넣는다. **They have middle-class sensibilities.** 그들에게는 중산층의 감성이 있다.	**B N S A**
	형용사형은 be동사 뒤에 올 때 하이픈을 넣는다. **That family is middle-class.** 그 가족은 중산층이다.	**N**
Middle Eastern	(형) 중동의	**B N S**
military titles	(명) 군 계급명 군 계급명을 약어로 쓸 때는 뒤에 마침표를 찍는다. **Gen.** General, 장군　**Lt.** Lieutenant, 중위　**Col.** Colonel, 대령 **Maj.** Major 소령　**Cpl.** Corporal, 상등병 복수형은 약어에 s를 쓰고 뒤에 마침표를 찍는다. Gens., Majs., Cpls., 등	**B N S A**
mind-set	(명) 심적 경향, 태도, 사고방식	**B N S**
mind's eye	(명) 마음의 눈, 상상력	**B N S**

mini	접두사의 일반적 규칙을 적용한다. 일반적으로, 의미의 명확성을 위해 필요할 때가 아니면 하이픈을 넣지 않는다. miniseries 텔레비전에서 방송하는 미니시리즈 minivan 소형 승합차　　miniskirt 미니스커트 minicourse 정규 학기와 학기 사이에 있는 단기 코스 minibus 약 15인승의 소형버스	B N S A
mixed bag	(명) 온갖 것들이 모인 것, 어중이떠중이, 뒤범벅	B N S
mixed-up	(형) 혼란에 빠진, 정서적으로 불안정한, 갈피를 못 잡는 The police were all mixed-up. 경찰은 혼란에 빠져 갈피를 못 잡고 있었다.	B N S
mix-up **mix up**	(명) 혼동, 혼란, 뒤얽힘, 혼전, 난투 (동) 뒤죽박죽으로 만들다, 뒤섞다 There has been a terrible mix-up. 엄청난 혼동이 있었다. I mix up their names all the time. 나는 항상 그들의 이름을 혼동한다.	B N S
mL	milliliter(밀리리터)의 약어	B
ml	milliliter(밀리리터)의 약어	S
MLB	Major League Baseball(메이저리그 야구)의 약어	
mm	millimeter(밀리미터)의 약어	B S
M&M'S	미국 마즈(Mars) 사에서 만드는 단추 모양의 초콜릿 상표명	B S
M&M's	미국 마즈(Mars) 사에서 만드는 단추 모양의 초콜릿 상표명	N
mock-up	(명) 실물 크기의 모형, 모델, 기획안, 모방	B N S
moneymaker **moneymaking**	(명) 많은 수익을 낳는 상품[사업], 돈벌이에 능한 사람 (명) 돈벌이, 축재	B N S
monthlong	(형) 한 달간 계속되는	B N S
month's, months'	one month's vacation(한 달의 휴가), three months' time(석 달의 시간) 등에서 단수 소유격 one month's와 복수 소유격 two months'의 형태를 구별해야 한다. (p. 23의 '준 소유격' 참고)	B N S A
moonlight **moonlighting** **moonlit**	(명) 달빛 (형) 달빛의, 야밤의 (동) 야간에 부업을 하다, 야반도주하다 (명) 야간 부업, 두 직업 겸업 (형) 달 밝은, 달빛에 비친, 달빛을 받은 모두 한 단어로, 하이픈을 쓰지 않는다.	B N S
moped	(명) 모터 달린 자전거	B S

M

mo-ped	(명) 모터 달린 자전거	N
motherboard	(명) 머더보드(컴퓨터 시스템의 주요 구성 부품을 넣은 주 회로 기판)	B N S
motherfucker **motherfucking**	(명) 후레자식, 망할 놈, 쌍놈 (형) 망할, 쌍놈의, 괘씸한	B N S
mother-in-law **mothers-in-law**	(명) 시어머니, 장모 mother-in-law의 복수형	B N S
mother lode	(명) 광산의 주 광맥, 주요 원천, 모체	B N S
Mother's Day	어머니날(미국에서는 5월 두 번째 일요일, 영국에서는 사순절(Lent)의 네 번째 일요일)	B N S
mother tongue	(명) 모국어	B N S
moviegoer	(명) 영화를 자주 보러 다니는 사람, 영화 팬	B N S
MP3 **MP3s**	(명) 엠피쓰리(디지털 음악 압축 파일) MP3의 복수형	B N
mpg	miles per gallon(갤런당 마일 수)의 약어	B N
mph	miles per hour(시간당 마일 수)의 약어	B N S
Mr. **Mrs.** **Ms.**	~ 씨, ~ 님, ~ 선생(남자의 성, 성명 앞에 붙이는 경칭) ~ 씨, ~ 부인, ~ 여사(mistress의 약자로, 기혼 여성의 성, 성명 앞에 붙이는 경칭) ~ 씨, ~ 님(혼인 여부에 상관없이 여성의 성, 성명 앞에 붙이는 경칭)	B N S A
MST	Mountain Standard Time(산악 표준 시간, 로키산맥에 가까운 미국과 캐나다 일부 지역의 동계 표준시)의 약어	B N S A
much의 하이픈 연결	명사 앞에 올 때는 하이픈을 쓰지만 명사 뒤에 올 때는 하이픈을 쓰지 않는다 a much-needed rest 절실히 필요한 휴식 rest that was much needed 무척 필요했던 휴식	B
	하이픈을 넣지 않는다. a much needed rest 절실히 필요한 휴식 rest that was much needed 무척 필요했던 휴식	A
	기사와 과학 문헌 표기법에서는 하이픈 연결의 표준 규칙을 적용한다. 하이픈이 의미 이해와 가독성에 도움이 된다면 하이픈을 넣는다.	N S
multi-	(접두) 많은 ~, 다수의 ~, 여러 배의 ~ 접두사에 하이픈을 연결하는 표준 규칙을 적용한다. 일반적으로, 고유명사 앞이나 어색한 합성어가 안 되게 할 때를 제외하면 하이픈을 넣지 않는다	B N S A

multimillion multimillionaire	(형) 수백만의 (명) 대부호, 갑부	B N S A
multimillion-dollar multibillion-dollar	(형) 수백만 달러 규모의 (형) 수십억 달러 규모의 a multimillion-dollar home 수백만 달러짜리 집 a multibillion-dollar deal 수십억 달러의 거래	B N S A

M

N

nationwide	(형) 전국적인 (부) 전국적으로	B N S
Native American	(명) 아메리카 원주민 (형) 아메리카 원주민의 명사로 쓰이든 형용사로 쓰이든 하이픈을 쓰지 않는다.	B N S
NATO	North Atlantic Treaty Organization(북대서양조약기구)의 머리글자	B N S A
NBA	National Basketball Association(미국 농구 협회)의 약어	
NBC	미국의 방송사 National Broadcasting Company의 약어	
NC-17	미국의 영화 관객 등급 기호 중 하나로, '17세 이하 미성년자 관람 불가 영화'를 뜻함	N
nearsighted nearsightedness	(형) 근시의, 근시안적인, 소견이 좁은 (명) 근시임, 근시안적임, 선견지명이 없음	B N S
never-ending	(형) 끝없는, 영원한 명사 앞에 올 때 보통 하이픈을 쓴다.	B N S A
	be동사 뒤에서 하이픈을 쓴다. This problem is never-ending. 이 문제는 끝이 없다.	N
nevertheless와 쉼표	nevertheless(그럼에도 불구하고, 그렇지만)처럼 문장을 수식하는 부사들은 쉼표로 구분해도 되고 안 해도 된다. 그 부사를 삽입어구로 보면 쉼표로 구분하고, 문장에 잘 통합된 것으로 보면 쉼표로 구분하지 않아도 된다. 맞는 표기: The parking garage, nevertheless, was almost empty. 맞는 표기: The parking garage nevertheless was almost empty. 그럼에도 불구하고 주차장은 거의 비어 있었다.	B N S A
New Year's New Year's Day New Year's Eve	1월 1일, 새해 첫날 1월 1일, 새해 첫날 12월 31일 (밤)	B N S
NFL	National Football League(전미 미식축구 연맹)의 약어	
NHL	National Hockey League(북미 아이스하키 연맹)의 약어	
night-blind	(형) 밤눈이 어두운, 야맹증의	B S +
night blindness	(명) 야맹증	B N S

nightcap	(명) 자기 전에 마시는 술, 잘 때 쓰는 모자	B N S
nightclub	(명) 나이트클럽 (동) 나이트클럽에서 놀다	B N S
nightfall	(명) 해질녘, 땅거미, 황혼	B N S
nightgown	(명) (여성, 어린이용) 잠옷	B N S
nightlife	(명) (환락가 등에서의) 밤의 유흥, 밤의 오락	B S
night life	(명) (환락가 등에서의) 밤의 유흥, 밤의 오락	N
night-light	(명) (병실, 복도, 화장실에) 밤새도록 켜놓는 불, (선박의) 야간등	B S
night light	(명) (병실, 복도, 화장실에) 밤새도록 켜놓는 불, (선박의) 야간등	N
night owl	(명) 올빼미형 인간, 밤에 자지 않는 사람	B N S
night school	(명) 야간학교	B N S
night-school, night school	(형) 야간학교의 도서와 과학 문헌 표기법에서는 하이픈을 쓴다. He received his night-school diploma. 그는 야간학교 졸업장을 받았다.	B S
	기사 표기법에서는 명사 앞에서 명사를 수식할 때나 be동사 뒤에 올 때, 의미 이해에 도움이 될 때만 하이픈을 쓴다.	N
	학술적 글에서는 하이픈을 쓰지 않는다. He received his night school diploma. 그는 야간학교 졸업장을 받았다.	A
nightstand	(명) 침실용 탁자(= night table, bedside table)	B N S
night table	(명) 침실용 탁자(= night stand, bedside table)	B N S
nighttime	(명) 야간, 밤중	B N S
night vision	(명) 야간 시력 명사로 쓰일 때, 하이픈 없이 두 단어로 쓴다. Cats have excellent night vision. 고양이들은 야간 시력이 뛰어나다.	B N S
night-vision	(형) 밤에 볼 수 있게 하는, 야간 식별의 They use night-vision goggles. 그들은 야간 투시경을 사용한다.	B
9/11	2001년 9월 11일의 뉴욕 쌍둥이 빌딩 테러 사건의 별칭으로, 이렇게 아라비아 숫자로 쓸 수 있지만, 도서에서는 단어로 쓰는 게 좋다.	B N
911 call	미국의 (경찰·구급차·소방서 등의) 긴급 전화번호	N

N

nitty-gritty	(명) (문제의) 핵심, (사물의) 본질, 기본적인 사실 (형) 본질적인, 근본적인, 직접적인, 실제적인	**B N S**
no와 쉼표	no는 쉼표로 구분하는 경우가 많지만, 반드시 그래야 하는 건 아니다. 쉼표가 가독성이나 리듬에 도움이 되지 않으면 생략할 수 있다. No, coyotes don't come this far south. 아뇨, 코요테는 이렇게 남쪽 멀리 오지 않아요. No you don't. 아니, 넌 안 그래.	**B**
no의 복수형	no의 복수형은 no 뒤에 es를 쓰고 아포스트로피는 쓰지 않는다. (nos라고 쓸 수도 있다.) Among the votes, there were only three noes. 투표 중 반대표는 3표에 불과했다.	**B N S**
No.	number를 약어로 쓸 때는 N을 대문자로 No라고 쓴 다음 마침표를 찍는다. The group had the No. 1 hit single. 그 그룹은 1위를 한 히트 싱글이 있었다.	**N**
no-go	(형) 안 되는, 불가능한, 부적절한, 출입 금지의 (명) 안 되는 일, 실패	**B N S**
	명사형의 경우 구두법 자문단은 만장일치로 하이픈을 넣는 것을 지지한다. The plan was a no-go. 그 계획은 실패였다.	**+**
no-hitter	(명) (야구) 무안타 경기	**B N S**
no-holds-barred	(형) 어떤 제약도 없는, 규칙이나 관습에 얽매이지 않는, 무제한의, 전면적인 형용사로 쓰일 때는 하이픈을 넣는다. a no-holds-barred competition 무제한 경쟁 그렇지 않으면 하이픈을 쓰지 않는다. They fought with no holds barred. 그들은 아무 제약 없이 싸웠다.	**B N S**
non-	(접두) ~가 아님 일반적으로 하이픈을 쓰지 않으며, 예외는 다음과 같다.	
	도서 표기법에서는 non-wine-drinking(비 와인 음주)처럼 어색한 합성어가 안 되게 할 때만 non에 하이픈을 연결한다. 한 단어짜리 고유명사와 결합할 때는 하이픈으로 연결하지만, 두 단어 이상으로 된 고유명사와 두 단어 이상으로 된 합성어와 결합할 때는 엔 대시로 연결한다 non-English 비영어 non–French Canadian 비프랑스계 캐나다인(엔 대시) non–high school 비고등학교(엔 대시)	**B**

	기사 표기법에서는 어색한 합성어가 안 되게 할 때나 고유명사에 연결될 때만 non에 하이픈을 연결한다. non-nuclear 비핵 non-wine-drinking 비 와인 음주 non-French Canadian 비프랑스계 캐나다인 non-high school 비고등학교 non-English 비영어	**N**
nonetheless와 쉼표	nonetheless(그렇긴 하지만, 그럼에도 불구하고, 그럴더라도)처럼 문장을 수식하는 부사들은 쉼표로 구분해도 되고 구분하지 않아도 된다. 해당 부사를 삽입 어구로 본다면 쉼표를 찍고, 문장에 잘 통합된 것으로 본다면 쉼표를 안 찍어도 된다. 맞는 표기: The parking garage, nonetheless, was almost empty. 맞는 표기: The parking garage nonetheless was almost empty. 그럼에도 불구하고 주차장은 거의 비어 있었다.	**B N** S **A**
no-no	(명) 해서는 안 되는 행동, 금지 사항 단수 명사형일 때 사이에 하이픈을 쓴다. Looking at another student's paper is a major no-no. 다른 학생의 시험지를 보는 것은 절대 안 될 일이다.	**B N** S
no-no's	도서와 과학 문헌 표기법에서는 no-no의 복수형을 만들 때 아포스트로피를 쓴다. Talking and chewing gum are both major no-no's. 대화와 껌 씹기는 둘 다 주요 금지 사항이다.	**B** S
no-nos	기사 표기법에서는 no-no의 복수형에 아포스트로피를 쓰지 않는다. Talking and chewing gum are both major no-nos. 대화와 껌 씹기는 둘 다 주요 금지 사항이다.	**N**
no-nonsense	(형) 진지한, 엄숙한, 현실적인, 허튼짓을 용납하지 않는	**B N** S
nonprofit	(명) 비영리단체 (형) 비영리적인	**B N** S **A**
nonstick	(형) (프라이팬이나 냄비가) 요리 도중 눌어붙지 않는	**B N** S **A**
nor'easter	(명) (= northeaster) 북동풍, 북동의 강풍	**B N** S
not과 쉼표	not으로 시작하는 명사구가 대조를 위해 문장에 삽입될 때 쉼표로 구분한다. The student with the best grades, not the most popular student, will be appointed. 가장 인기 있는 학생이 아닌 가장 좋은 성적을 받은 학생이 임명될 것이다. It was Rick, not Alan, who cleaned the microwave. 전자레인지를 청소한 사람은 앨런이 아니라 릭이었다.	**B N** S **A**

N

not only A but B와 쉼표	not only A but (also) B(A뿐 아니라 B도 역시) 구조를 따르는 구에서는 일반적으로 but 앞에 쉼표가 필요하지 않다. Not only children on vacation from school but also adults on vacation from work flocked to the theater. 학교에서 방학을 맞은 아이들뿐 아니라 직장에서 휴가를 얻은 어른들까지 극장으로 몰려들었다.	**B N S A**
NRA	National Rifle Association(전미 총기 협회)의 약어	**B N S A**
n't	isn't, aren't, wasn't, weren't, can't, couldn't, doesn't, didn't, hasn't, hadn't, won't, wouldn't, shouldn't 등에서 not의 축약형	**B N S A**
N-word	(명) 흑인 비하 단어	**N**
NYC	New York City(뉴욕 시)의 약어	**B N S A**

O

o'clock	(부) ~ 시	B N S
odd	(형) 이상한, 특이한, 홀수의, ~ 남짓한 odd로 시작하는 합성 형용사에는 하이픈을 쓴다. odd-number days 홀수일	B N
	odd로 끝나는 합성 형용사에는 하이픈을 쓴다. I've told you a thousand-odd times. 내가 천 번 남짓 말했잖아.	B
odds의 하이픈 연결	betting odds 항목 참고	
-off	합성 수식어의 일부로서 '할인된'의 뜻 구두법 자문단 대다수는 $10-off coupon(10달러 할인 쿠폰) 같은 합성 수식어에 하이픈을 넣는 것을 선호했다.	+
off-and-on	(형) 불규칙한, 단속적인 보통 하이픈을 넣는다. They have an off-and-on relationship. 그들은 단속적인 관계를 유지하고 있다. = 그들은 서로 만났다가 안 만났다가 한다.	B N S A
off and on	(부) 불규칙적으로, 단속적으로, 때때로 They see each other off and on. 그들은 서로 만났다가 안 만났다가 한다.	B N S A
off-Broadway **off-off-Broadway** **off Broadway**	(형) 오프브로드웨이의, 브로드웨이 밖에서 제작한 (형) 오프오프브로드웨이의 (부) 오프브로드웨이에서 He starred in an off-Broadway play. 그는 오프브로드웨이 연극에 출연했다. 부사로 쓰여 위치를 나타내는데, 이때는 하이픈을 쓰지 않는다. The show is playing off Broadway. 그 쇼는 오프브로드웨이에서 상연되고 있다.	B N S
off-line	(형) 컴퓨터가 오프라인의, 정기 운항 노선 외의 (부) 오프라인으로	B S
offline	(형) 컴퓨터가 오프라인의, 정기 운항 노선 외의 (부) 오프라인으로	N
off-putting	(형) 정이 안 가는, 불쾌하게 하는, 반감을 갖게 하는	B N S

0

offset	(명) 상쇄하는 것, 벌충(액), 오프셋 인쇄 (동) 상쇄하다, 벌충하다, 오프셋 인쇄하다, 갈라져 나오다 (형) 오프셋 인쇄의 They calculated their offsets. 그들은 벌충액을 계산했다. The deposits offset our losses. 예금이 우리의 손실을 벌충해 준다. They use offset printing processes. 그들은 오프셋 인쇄 프로세스를 이용한다.	B N S
off-site	(부) 특정 장소에서 떨어져서, 부지 밖에서 They filmed off-site. 그들은 촬영지 밖에서 촬영했다.	B
off-site	(형) 특정 장소에서 떨어진, 부지 밖의 (부) 특정 장소에서 떨어져서, 부지 밖에서 They filmed off-site. 그들은 촬영지 밖에서 촬영했다. It was an off-site shoot. 그것은 촬영지 밖에서 촬영한 것이었다.	N
offstage	(형) 무대 뒤의, 사생활의, 비공식적인 (부) 무대 밖에서, 사생활에서, 비공식으로 모든 경우 하이픈을 넣지 않고 한 단어로 쓴다. an offstage spat 무대 뒤에서의 말다툼 The incident happened offstage. 그 사건은 무대 밖에서 일어났다.	B N S
oh와 쉼표	Oh는 흔히 쉼표로 구분하지만 반드시 그래야 하는 건 아니다. 쉼표가 가독성이나 글의 리듬에 도움이 안 되면 생략할 수 있다. Oh, I see what you're up to. 오, 네가 무슨 꿍꿍이인지 알겠어. Oh you. 오, 당신.	B
okay (= OK)	(동) 승인하다, 동의하다, 허락하다 철자를 풀어서 쓴 okay를 동사로 사용할 때(도서 표기법의 옵션) 아포스트로피는 쓰지 않는다. 활용형은 okays, okayed, okaying.	B
OK'd	동사로 쓰일 때 OK의 과거형은 아포스트로피를 쓴다. (기사 표기법에서는 마침표는 쓰지 않는다. 도서 표기법은 마침표를 쓸지 여부를 명시하지 않지만, 《시카고 표기법 매뉴얼》은 자체 사용법에 서 마침표 생략을 선호한다는 것을 보여 준다.)	B N
OK'ing	동사 OK의 진행형은 아포스트로피를 쓴다. (기사 표기법은 마침표를 사용하지 않는다는 데 유의한다. 도서 표기법은 마침표를 쓸지 여부를 명시하지 않지만, 《시카고 표기법 매뉴얼》은 자체 사용법 에서 마침표 생략을 선호한다는 것을 보여 준다.)	B N

OKs	OK가 동사로 사용될 때 3인칭 단수 현재형으로, 아포스트로피는 쓰지 않는다. I hope the boss OKs my raise. 나는 사장님이 내 임금 인상을 승인해 주기를 바라고 있다.	N
-old	숫자와 연도를 결합하여 명사를 만들 때는 하이픈을 쓴다. The school began admitting five-year-olds. 그 학교는 5살짜리 아이들을 입학시키기 시작했다.	B N
	또 명사 앞에 쓰이는 형용사형에는 하이픈을 넣는다. Carrie works on a five-year-old computer. 캐리는 5년 된 컴퓨터를 가지고 일한다.	
	그러나 다음과 같은 맥락에서는 하이픈을 쓰지 않는다. He is five years old. 그는 다섯 살이다.	
	(언제 수를 아라비아 숫자로 쓸지, 단어로 풀어서 쓸지에 대해서는 p.191~194의 '수를 아라비아 숫자로 쓰기 vs. 단어로 쓰기' 표 참고)	
old-fashioned	(형) 구식의, 유행에 뒤떨어진	B N S
old-school, old school	(명) 모교, 보수주의자, 전통주의자 (형) 구식의, 전통적인 (부) 구식으로 명사 앞에서 형용사로 쓰일 때는 하이픈을 쓴다. He has an old-school style. 그는 스타일이 구식이다.	B S
	명사 뒤에 올 때는 하이픈을 쓸 수도 있고 쓰지 않을 수도 있다. That look is old school. 그 스타일은 구식이다.	B
	형용사로 be동사 뒤에 올 때는 하이픈을 쓴다. That look is old-school. 그 스타일은 구식이다.	N
	부사형의 경우, 구두법 자문단은 하이픈 연결에 대해 의견이 갈렸다. 절반은 He dances old school.(그는 구식으로 춤을 춘 다.)을 선호했고, 절반은 He dances old-school.을 선호했다.	✚
old-timer old-time	(명) 고참, 노인, 시대에 뒤진 사람 (형) 옛날의, 과거의, 구식의	B N S
Old World old-world	(명) 구세계(유럽, 아시아, 아프리카) (형) 예스러운, 고풍스러운, 고대의, 구세계의 지리적 지역을 가리키는 고유명사로 쓰일 때는 하이픈 없이 두 단어로 첫 글자를 대문자로 쓴다. Back in the Old World, our ancestors kept things simple. 과거 구세계에서, 우리 조상들은 세상을 단순하게 살았다. 일반 형용사로 쓰일 때는 하이픈을 쓴다. Their children picked up their old-world mannerisms and attitudes. 그들의 자녀들은 그들의 예스러운 버릇과 태도를 익혔다.	B N S A
on-again, off-again	(형) 나타났다가 사라지는, 단속적인	B S

0

on-air	(형) 방송 중인, 무선 방송의	**B N** S
onboard	(형) 기내[선내, 차내]에 탑재[장치]한 an onboard computer 기내/선내/차내 컴퓨터	**B N** S
on board	(부) 비행기에, 배에, 차에 Hurry up and get on board. 서둘러 탑승하세요.	**B** S
onboard	(부) 비행기에, 배에, 차에 Hurry up and get onboard. 서둘러 탑승하세요.	**N**
onetime, one-time	(형) 한때의, 이전의, 한 번만의 (부) 한때, 이전에 한 단어로 쓴 **onetime**은 보통 '한때의, 이전의'를 뜻한다. a onetime child star 한때의 아역 스타 그러나 '한 번만의'라는 뜻의 형용사로 쓰일 수도 있다. Hurry to take advantage of this onetime deal. 이 한 번뿐인 거래를 서둘러 이용하세요.	**B** S
	한 단어로 쓴 **onetime**은 '한때의, 이전의(former)'를 뜻한다. a onetime child star 한때의 아역 스타 '한 번만의'라는 뜻의 형용사일 때는 하이픈을 쓴다. Hurry to take advantage of this one-time deal. 이 한 번뿐인 거래를 서둘러 이용하세요.	**N**
online	(형) (컴퓨터) 온라인의 (부) 온라인으로	**B N** S
on-site	(형) 현장의, 현지의 (부) 현장에서, 현지에서 an on-site restaurant 현장 식당 products manufactured on-site 현장에서 제조된 제품들	**B N** S
onstage	(형) 무대의, 무대 위에서의, 공연 중인 (부) 무대에서, 공연 중에 an onstage incident 무대 위에서의 사건 The incident happened onstage. 그 사건은 공연 중에 일어났다.	**B N** S
on-time on time	(형) 정기적인, 시간에 어김없는 (부) 시간을 어기지 않고, 제시간에, 정각에 on-time delivery 정시 배달 It must arrive on time. 그건 제시간에 도착해야 한다.	**B N** S
operagoer	(명) 오페라를 자주 보러 가는 사람, 오페라 애호가	**B N** S
or와 쉼표	두 독립절 사이에 or가 올 때, 그 절들이 매우 짧거나 서로 밀접한 관련이 있는 경우가 아니라면 보통 or 앞에는 쉼표를 찍지 않는다. He will be on the flight first thing in the morning, or perhaps he will change his mind last minute as he often does. 그는 아침에 일어나자마자 비행기를 타거나, 아니면 그가 자주 그러는 것처럼 마지막 순간에 마음을 바꿀 것이다.	**B N** S **A**

	둘 이상의 항목이 연달아 오는 경우, 도서, 과학 문헌, 학술적 글 표기법에서는 or 앞에 쉼표를 찍는다. a cherry, apple, or peach pie 체리, 사과, 또는 복숭아 파이	B S A
	기사 표기법에서는 연달아 오는 항목들에서 or 앞의 쉼표를 생략한다. a cherry, apple or peach pie 체리, 사과 또는 복숭아 파이 열거용 쉼표(serial comma) 항목 참고	N
ours	we의 소유대명사로, '우리의 것'이라는 뜻. 아포스트로피를 찍지 않는다.	B N S A
out-	(접두) ~보다 나아, ~을 초과하여, ~ 외(外), ~ 이상으로 '~보다 나아'나 '~을 초과하여'의 뜻일 때는 하이픈을 넣지 않아서 구조가 어색해지거나 혼란을 초래할 때가 아니라면 하이픈을 쓰지 않는다. outjump 더 잘 뛰다, 더 높이 뛰다 outmambo 맘보를 더 잘 추다 outcalculate 계산을 더 빨리하다, 계산을 더 잘하다	B S A
	《웹스터 뉴월드 대학 사전》에 올라 있지 않은 단어 중 out이 '~보다 나아'나 '~을 초과하여'의 뜻인 모든 단어에서 out 뒤에 하이픈을 쓴다. out-jump 더 잘 뛰다, 더 높이 뛰다 out-mambo 맘보를 더 잘 추다 out-calculate 계산을 더 빨리하다, 계산을 더 잘하다 사전에 올라 있는 단어들은 관례상 하이픈을 쓰지 않는다. outbid 경매에서 ~보다 더 비싼 값을 부르다 outdance ~보다 춤을 더 잘 추다 outdrink ~보다 더 마시다 outeat ~보다 더 많이 먹다 outflank 선수를 치다, 측면에서 공격하다 outfox ~보다 한 수 앞서다 outgrow 몸이 커져서 옷이 작아지다, ~보다 더 커지다 outgun ~보다 군사력[화력]이 우세하다 outlast ~보다 더 오래가다 outperform ~보다 더 나은 결과를 내다, ~보다 기량이 뛰어나다 outscore ~보다 많이 득점하다 outspend ~보다 돈을 더 많이 쓰다 outstrip ~를 앞지르다, ~를 능가하다 outtalk ~를 말로 이기다 outthink ~보다 깊이 생각하다, ~보다 우수한 생각을 하다	N
-out	out으로 끝나는 명사와 형용사 중 사전에 올라 있지 않은 것들은 모두 out 앞에 하이픈을 쓴다. cop-out 책임 회피, 변명 fade-out 페이드아웃 동사의 경우, 두 단어로 취급하고 하이픈을 쓰지 않는다. fade out 화면이 점점 희미해지다, 음향이 점점 작아지다 hide out 숨다, 도망치다 pull out 기차가 출발하다, 어떤 곳을 떠나다 walk out 떠나다, 그만두다 wash out 씻어내다	N
outbid	(동) 경매에서 ~보다 비싼 값을 부르다	B N S A
outbound	(형) 외국으로 가는, 시외로 가는	B N S
outbreak	(명) (전쟁, 사고, 질병 등의) 발생, 발발	B N S

outdance	(동) ~보다 춤을 잘 추다	**B N S A**
outdated	(형) 구식의, 시대에 뒤떨어진	**B N S**
outdo	(동) ~보다 뛰어나다, ~들 능가하다, ~를 이기다	**B N S A**
outdrink	(동) ~보다 술을 더 마시다	**B N S A**
outeat	(동) ~보다 더 많이 먹다	**B N S A**
outer space	(명) 우주 공간, 대기권 밖 우주, 별 사이의 공간 명사로 쓰일 때 하이픈을 넣지 않고 두 단어로 쓴다.	**B N S**
outfield	(명) 외야, 외야수 (부) 외야에	**B N S A**
outfox	(동) ~보다 한 수 앞서다	**B N S A**
outgrow	(동) 몸이 커져서 옷이 작아지다, ~보다 더 커지다	**B N S A**
outgun **outgunned**	(동) ~보다 군사력[화력]이 우세하다 outgun의 과거형, 과거분사 (형) 군사력[화력]에서 밀린	**B N S A**
outlast	(동) ~보다 더 오래가다	**B N S A**
out-of-towner	(명) 외지 사람, 타향 사람	**B N S**
outpatient	(명) 외래 환자	**B N S**
outperform	(동) ~보다 더 나은 결과를 내다, ~보다 기량이 뛰어나다	**B N S A**
output	(명) 생산량, 산출량, 컴퓨터의 출력 (동) 출력해 내다	**B N S**
outrun	(동) ~보다 더 빨리[멀리] 달리다, 넘어서다, 웃돌다	**B N S A**
outscore	(동) ~보다 많이 득점하다	**B N S A**
outsource **outsourcing**	(동) (회사가 작업을) 외부에 위탁하다 (명) 아웃소싱(작업의 외부 위탁)	**B N S**
outspend	(동) ~보다 돈을 더 많이 쓰다	**B N S A**
outstrip	(동) ~를 앞지르다, ~를 능가하다	**B N S A**
outtalk	(동) ~를 말로 이기다	**B N S A**
outthink	(동) ~보다 깊이 생각하다, ~보다 우수한 생각을 하다	**B N S A**

over-	(접두) 정상보다 많은, 과도하게, 위쪽에, 바깥에, 가로질러	B N S A
	접두사 over-로 시작하는 합성어는 어색함을 피하거나 의미 이해에 도움을 주기 위해 필요한 경우가 아니면 하이픈을 쓰지 않는다.	
	overeager 지나치게 열심인 overnourish 과도하게 영양분을 공급하다 overstaff 필요 이상의 종업원을 두다	
overall over all overalls	(형) 종합적인, 전반적인, 전체의 (부) 종합적으로, 전반적으로, 대체로 (전치사구) 전반적으로, 전체적으로, 전부 (명) 상하가 하나로 이어진 작업복	B N S
	형용사나 부사로 쓰일 때 하이픈을 쓰지 않는다. an overall success 전반적인 성공 Overall, we succeeded. 전반적으로 우리는 성공했다. 두 단어로 쓰는 over all은 전치사구이다. The victors will reign over all. 승자들이 전부 지배할 것이다. overalls는 상하가 하나로 이어진 작업복을 가리킨다.	
over-the-counter	(형) 처방전 없이 살 수 있는, (주식이) 장외 거래의	B N S
over the counter, over-the-counter	(부) 처방전 없이, (주식) 장외 거래로 구두법 자문단은 이 표현이 부사로 쓰일 때 하이픈을 쓸지 말지에 대해 의견이 갈렸다. They sell it over the counter. They sell it over-the-counter. 그들은 그것을 처방전 없이 판매한다.	✛
overweight	(형) 과체중의, 비만의, 중량 초과의 (명) 과체중, 초과 중량	B N S
owner's manual	(명) 사용자 안내서 구두법 자문단은 이 어구에서 단수 소유격 owner's를 쓰는 것을 선호했다. (p. 24의 '소유격 vs. 형용사형' 참고)	✛
Oxford comma	열거형 쉼표(serial comma) 항목 참고	

0

P

pallbearer	(명) 장례식에서 관을 운구하는 사람	B N S
pan-	(접두) 전(全) ~, 범(汎) ~, 총(總) ~ 고유명사 앞에서 하이픈을 쓰고 첫 글자를 대문자로 쓴다. Pan-African 전아프리카의, 범아프리카주의의 (사람) Pan-American 전미의, 범아메리카주의의 Pan-Asiatic 범아시아의 그렇지 않은 경우 하이픈 연결 표준 규칙을 적용한다. 하이픈을 넣을 때 가독성에 도움이 된다면 하이픈을 넣고, 그렇지 않으면 넣지 않는다. panspectral 전스펙트럼의 panchromatic 전색(全色)의, 전정색(全整色)의(모든 가시광선에 감광하는)	N
	고유명사 앞에서 하이픈을 쓰지만 소문자로 쓴다. pan-African 전아프리카의, 범아프리카주의의 (사람) 하이픈 연결의 표준 규칙을 적용한다. 하이픈을 넣을 때 가독성에 도움이 된다면 하이픈을 넣고, 그렇지 않으면 넣지 않는다. panspectral 전스펙트럼의 panchromatic 전색(全色)의, 전정색의	B S A
pari-mutuel	(명) (경마) 이긴 말에 건 사람들에게 수수료를 제하고 건 돈 전부를 나누어 주는 방법	B N S
Parkinson's disease, Parkinson's	(명) 파킨슨병	B N S
part-time part time	(형) 파트타임인, 시간제의, 비상근의 (부) 파트타임으로, 비상근으로 She has a part-time job. 그녀는 파트타임으로 하는 일이 있다. She works part time. 그녀는 파트타임으로 일한다.	B N
passenger-side	(명) 조수석 (쪽) 합성 형용사의 경우, 구두법 자문단은 소유격이 아니라 하이픈을 쓴 형태를 선호했다. passenger-side window 조수석 쪽 창 passenger-side air bag 조수석 쪽 에어백	+
passer-by passers-by	(명) 지나가는 사람, 통행인 passer-by의 복수형	N

passerby passersby	(명) 지나가는 사람, 통행인 passerby의 복수형	B S
pat down	(명) 옷 위로 더듬어서 하는 몸수색(무기, 위험물 소지 여부 조사) 도서나 과학 문헌 표기법에서 이 단어는 명사로 쓰일 때 하이픈을 쓰지 않는다. Police gave him the requisite pat down. 경찰이 그에게 필요한 몸수색을 했다.	B S
pat-down	(명) 옷 위로 더듬어서 하는 몸수색(무기, 위험물 소지 여부 조사) 기사 표기법에서는 명사로 쓰일 때 하이픈을 쓴다. Police gave him the requisite pat-down. 경찰이 그에게 필요한 몸수색을 했다.	N
pat down	(동) 옷 위로 몸을 가볍게 더듬어 무기나 위험물을 소지하고 있지 않은지 수색하다, 가볍게 두드리다 The officer must pat down the suspect. 경찰관은 용의자의 옷 위로 몸을 더듬어 무기나 위험물이 없는지 수색해야 한다.	B S N
pat-down	(형) 옷 위로 더듬어서 하는 몸수색의(무기, 위험물 소지 여부 조사) They followed standard pat-down procedure. 그들은 표준적인 몸수색 절차를 따랐다.	N
PDF	Portable Document Format의 약어 어도비사의 애크러뱃(Acrobat)에서 사용하는 파일 포맷.	B N S A
PDT	Pacific Daylight Time(태평양 여름 시간, 미국과 캐나다 서부의 하절기 시간제)의 약어	B N S A
peacekeeping peacemaker peacemaking	(명) 평화 유지 (형) 평화 유지의 (명) 중재자, 조정자, 유엔 평화 유지군 (명) 조정, 중재, 화해 (형) 조정하는, 중재하는, 화해를 가져오는	B N S
peacetime	(명) 국가의 평(화)시 (형) 평(화)시의	B N S
penny-wise	(형) 한 푼을 아끼는, 절약하는	B N S
people watching, people-watching	(명) 인간 관찰 보통 하이픈을 쓰지 않는다. He enjoys people watching. 그는 사람들 관찰하는 것을 즐긴다.	B +
	하이픈이 가독성에 도움이 된다고 느끼면 명사형에 하이픈을 넣을 수 있다. He enjoys people-watching. 그는 사람들 관찰하는 것을 즐긴다.	N

P

percent	(명) 퍼센트, 백분율, 비율 (형) 퍼센트의 하이픈을 넣지 않는다. The difference was just 2 percent. 차이는 겨우 2퍼센트였다. He got a 2 percent raise. 그는 2퍼센트 인상을 받았다.	B N
(for) Pete's sake	젠장	B N S A
PG PG-13	(영화) 보호자 지도 하에 관람가(parental guidance) (영화) 13세 미만은 보호자 지도 하에 관람가	N
PGA	Professional Golfers' Association(미국 프로 골프 협회)의 약어	
PhD, PhDs	doctor of philosophy(철학 박사, 일반적인 박사의 의미로 많이 쓰임)의 약어 Jason Wellsley, PhD, gave a presentation. 제이슨 웰슬리 박사가 발표를 했다.	B S A
Ph.D., Ph.D.s	doctor of philosophy(철학 박사, 일반적인 박사의 의미로 많이 쓰임)의 약어 This is Jason Wellsley, Ph.D. 이분은 제이슨 웰슬리 박사이십니다.	N
pick-me-up	(명) 기운을 돋우는 음료나 음식, 강장제, 기운을 돋우는 것 (소식 등)	B N S
pickup	(명) 픽업트럭, 사람을 태우러 감, 물건을 찾으러 감, 승객, 적하물 (형) 즉석의, 임시로 만든 트럭, 차로 태워 온 사람이나 물건, 누군가를 차로 태우러 가는 행위를 의미하는 명사는 하이픈 없는 한 단어 형태를 사용한다. We drove my pickup. 우리는 내 픽업트럭을 운전했다. The kids joined in a pickup game. 아이들은 즉석 게임에 참여했다. I need to schedule a pickup. 픽업 일정을 잡아야 해요.	B N S
pick-up truck	(명) 픽업트럭	B S
pickup truck	(명) 픽업트럭	N
piecemeal	(형) 조각의, 따로따로의, 단편적인 (부) 조금씩, 점차로, 따로따로	B N S
pigskin	(명) 돼지가죽, 미식 축구공	B N S
Pikes Peak	(명) 파이크스 피크(미국 콜로라도주 로키산맥에 있는 산)	B N S
ping-pong	(명) 탁구, 핑퐁 (동) 왔다 갔다 하다, 주거니 받거니 하다	B S
pingpong	(명) 탁구, 핑퐁 (동) 왔다 갔다 하다, 주거니 받거니 하다	N

pipeline	(명) (석유, 가스) 파이프라인, 보급선, (유통, 정보) 경로 (동) 파이프라인으로 수송하다	B N S
placekick **placekicker**	(명) 플레이스킥(공을 땅 위에 놓고 차기) (동) 플레이스킥하다 (명) 플레이스킥을 하는 선수	B S
place kick **place-kicker**	(명) 플레이스킥(공을 땅 위에 놓고 차기) (동) 플레이스킥하다 (명) 플레이스킥을 하는 선수	N
play off **playoff**	(동) 속이다, 창피를 주다, 장난질을 치다, 동점 경기의 결승전을 하다 (명) 우승 결정전	B N S
please와 쉼표	편집 스타일에는 언제 please를 쉼표로 구분하는지에 대한 분명한 규칙이 없다. 구두법 자문단 대다수는 쉼표를 찍는 것을 선호했다. May I have your attention, please? 주목해 주시겠어요?	✦
PLO	Palestine Liberation Organization(팔레스타인 해방 기구)의 약어	B N S A
plug and play	(명) 플러그 앤드 플레이(프린터 등 주변 기기를 컴퓨터 본체에 연결만 하면 바로 사용할 수 있는 것)	B S
plug-and-play	(형) 플러그 앤드 플레이의, 주변 기기를 컴퓨터 본체에 연결하면 바로 사용할 수 있는	B N S
plug-in **plug in**	(명) 플러그 접속식[콘센트식] 전기 제품 (형) 플러그 접속식의, 콘센트식의 (동) 콘센트에 플러그를 끼우다	B N S
p.m.	post meridiem(오후)의 약어 주요 스타일들은 이 약어의 경우 모두 소문자에 마침표를 찍은 형태를 선호한다. 단, 출간되는 책에서는 때때로 작은 대문자(소문자와 같은 높이로 쓰는 대문자)를 쓰고 마침표는 찍기도 하고 찍지 않기도 한다.	B N S A
PO Box	사서함(post office box) 주소에서는 B를 대문자로 쓰지만, 문서의 본문에서는 소문자 b로 쓴다. She stopped to check her PO box. 그녀는 사서함을 확인하기 위해 멈췄다.	B
P.O. Box	사서함(post office box) 주소에서는 B를 대문자로 쓰지만, 문서의 본문에서는 소문자 b로 쓴다. She stopped to check her P.O. box. 그녀는 사서함을 확인하기 위해 멈췄다.	N

P

po'boy	(명) 미국 남부 루이지애나주에서 주로 먹는 대형 샌드위치 (poor boy)	B N S
point-blank	(형) 목표물에 바로 대고 쏜, 단도직입적인 (부) 똑바로 겨누어, 단도직입으로	B N S
pom-pom	(명) 폼폼(치어리더들이 손에 들고 흔드는 술), 털모자의 장식 방울 치어리더들이 사용하는 술이나 옷이나 가구에 달린 술 장식의 의미일 때는 하이픈을 쓴다. The cheerleaders waved their pom-poms. 치어리더들이 폼폼을 흔들었다.	B S
pompom	(명) 폼폼(치어리더들이 손에 들고 흔드는 술), 털모자의 장식 방울 기사 표기법에서는 하이픈 없이 한 단어로 쓴다. The cheerleaders waved their pompoms. 치어리더들이 폼폼을 흔들었다.	N
pooh-pooh, **pooh-poohing**	(동) 콧방귀 뀌다, 코웃음 치다, 경멸하다 Must you pooh-pooh everything I suggest? 내가 제안하는 건 전부 콧방귀를 뀌어야겠어요?	B N S
post-	(접두) ~ 후의, ~ 다음의 접두사에 하이픈을 연결하는 표준 규칙을 적용한다. 일반적으로, 어색한 조합을 방지하기 위해서가 아니면 하이픈을 쓰지 않는다.	B S A
	사전에 올라 있지 않은 용어에는 하이픈을 쓴다. post-mortem 사후의, 검시의; 부검, 검시, 사후 검토 post-convention 전당 대회 후의 post-picnic 소풍 후의 post-breakup 이별 후의 **두 가지 예외** postelection 선거 후의 postgame 스포츠 경기 후의	N
postdate	(동) (수표 등에) 실제보다 날짜를 늦춰 적다, 시간적으로 뒤에 일어나다	B N S A
postdoctoral	(형) 박사 학위 취득 후의 (명) 박사 학위 취득 후의 연구원	B N S A
postelection	(형) 선거 후의	B N S A
postgame	(형) 스포츠 경기 후의	B N S A
postgraduate	(형) 대학 졸업 후의, 대학원의 (명) 대학원생	B N S A
Post-it	(명) 포스트잇, 접착식 메모지 접착식 메모지의 상표명. 하이픈을 쓰고 it은 소문자로 쓴다.	

postmortem	(명) 부검, 검시, 사후 검토 (형) 사후의, 검시의 (부) 사후에	B S
post-mortem	(명) 부검, 검시, 사후 검토 (형) 사후의, 검시의 (부) 사후에	N
postoperative	(형) 수술 후의	B N S A
postscript	(명) (편지의) 추신, (책의) 후기	B N S A
post-traumatic stress disorder	(명) 외상 후 스트레스 장애(PTSD) post 뒤에 하이픈을 넣는다.	B N S A
postwar	(형) 전후의 (명) 전후	B N S
potluck	(명) 각자 음식을 하나씩 마련해 오는 파티, 있는 재료로 만든 요리	B N S
potpie	(명) (냄비에 만든) 고기 파이	B N S
pot sticker	(명) 초승달 모양의 군만두	B N S
pound의 약어	lb. 항목 참고	
ppm	parts per million(백만 분의 일)이나 pages per minute (분당 페이지)의 약어	B S
PPO	preferred provider organization(특약 의료 기구, 종업원이 의사나 병원을 일정 범위 내에서 선택할 수 있는 교섭형 계약 의료 조직)의 약어	B N S
pre-	(접두) ~ 전의, 미리, ~의 앞부분에 있는, 선행해서 사전에 합성 명사가 하이픈 없이 나타나더라도 뒤따르는 단어가 e로 시작하면 하이픈으로 연결한다.	N
	접두사에 하이픈을 연결하는 표준 규칙을 적용한다. 일반적 으로, 명확성을 위해 필요하지 않으면 하이픈을 넣지 않는다.	B S A
preapprove	(동) 사전에 승인하다[찬성하다, 인가하다]	B N S A
prearrange	(동) 사전에 조정[협의]하다, 미리 준비하다, 예정하다	B N S A
precondition	(명) 전제 조건, 필수 조건 (동) 미리 조정하다, 미리 조건을 갖추다	B N S A
preconvention	(형) 전당 대회 전의	B S A
pre-convention	(형) 전당 대회 전의	N
precook	(동) 식품을 미리 조리하다	B N S A

P

predate	(동) 실제보다 앞당긴 날짜로 하다, 시간적으로 선행하다 (명) 실제 발행일보다 앞당긴 날짜가 찍힌 신문	B N S A
predecease	(동) ~보다 먼저 사망하다 (명) 먼저 죽음	B N S A
predispose	(동) ~하는 성향을 갖게 하다, ~에 기울게 하나, 병에 걸리기 쉽게 하다, 미리 처분하다	B N S A
pre-election	(형) 선거 전의	N
preeminent preeminence	(형) 뛰어난, 탁월한, 걸출한, 발군의 (명) 탁월, 걸출, 발군	B S
pre-eminent	(형) 뛰어난, 탁월한, 걸출한, 발군의	N
preempt preemptive	(동) 선매권에 의하여 획득하다, 선매권을 얻기 위해 점유하다, 먼저 차지하다 (형) 선매의, 선매권이 있는, 선제의	B S
pre-empt pre-emptive	(동) 선매권에 의하여 획득하다, 선매권을 얻기 위해 점유하다, 먼저 차지하다 (형) 선매의, 선매권이 있는, 선제의	N
pre-establish	(동) 미리 결정하다	B N S A
preexist preexisting	(동) 이전에[부터] 존재하다, (사람이) 전세(前世)에 존재하다, ~보다 전에 존재하다 (형) 기존의	B S
pre-exist pre-existing	(동) 이전에[부터] 존재하다, (사람이) 전세(前世)에 존재하다, ~보다 전에 존재하다 (형) 기존의	N
preflight	(형) 비행 전의, 비행에 대비한	B N S A
pregame	(형) 스포츠 경기 시작 전의	B N S A
preheat	(동) (오븐을 특정 온도까지) 예열하다	B N S A
prehistoric	(형) 유사 이전의, 선사시대의	B N S A
prejudge	(동) 미리 판단하다, 예단하다, 속단하다	B N S A
premarital	(형) 결혼 전의, 혼전의	B N S A
prenatal	(형) 태어나기 전의, 출생 전의, 태아기의	B N S A
prenoon	(형) 정오 전의	B S A
pre-noon	(형) 정오 전의	N

prenuptial	(형) 혼전의, (동물) 교미 전의 보통 하이픈을 쓰지 않는다.	**B N S A**
pretax	(형) 세금 공제 전의, 세금을 포함한 보통 하이픈을 쓰지 않는다.	**B N S A**
prewar	(형) 전쟁 전의 보통 하이픈을 쓰지 않는다.	**B N S A**
Presidents Day	(미국의) 대통령의 날(초대 대통령인 조지 워싱턴과 에이브러햄 링컨의 생일을 기념하여 정한 2월 세 번째 월요일)	**N**
Presidents' Day	(미국의) 대통령의 날(초대 대통령인 조지 워싱턴과 에이브러햄 링컨의 생일을 기념하여 정한 2월 세 번째 월요일)	**B S**
prima facie, prima-facie	(형) 첫인상의, 분명한, 자명한 (부) 언뜻 보기에, 일견, 첫인상으로 형용사일 때는 하이픈을 쓰지 않는다. a prima facie solution 분명한 해결책	**B S**
	형용사일 때 하이픈을 쓴다. a prima-facie solution 분명한 해결책	**N**
	부사일 때 하이픈을 쓰지 않는다. He reached his conclusion prima facie. 그는 일견 결론에 도달했다.	**B N S**
prime time prime-time	(명) TV의 황금 시간대, 골든아워 (형) 황금 시간대의 대문자로 쓰지 않는다.	**N**
'Prince/Princess of 국가명'의 소유격	Prince of England's visit(영국 왕세자의 방문)처럼 국가명으로 소유격을 나타낸다. Prince's of England visit 가 아니다.	**B N S A**
pro의 하이픈 연결	'친~, 찬성하는, 지지하는, 좋아하는'의 접두사 pro가 사전에 올라 있지 않은 합성 형용사를 만들 때, 도서, 과학 문헌, 학술적 글에서는 pro와 뒤의 단어를 띄어서 두 단어로 쓸 수도 있고, 하이픈으로 연결할 수도 있고, 붙여서 한 단어로 쓸 수도 있다. He is pro labor. / He is pro-labor. / He is prolabor. 그는 노조를 지지한다.	**B S A**
	구두법 자문단 대다수는 하이픈을 쓴 형태를 선호했다. She is pro-labor. 그녀는 노조를 지지한다. He is pro-peace. 그는 평화를 지지한다. 소수가 두 단어로 쓴 형태를 선호했다. She is pro labor. 그녀는 노조를 지지한다. He is pro peace. 그는 평화를 지지한다. 한 단어로 쓴 형태를 선택한 사람은 없었다. (p. 156의 'pro-' 참고)	**✛**

P

	기사 표기법에서는 pro가 '무언가에 찬성하는, 무언가를 지지하는[좋아하는]'을 뜻하는 신조어에 쓰일 때는 늘 하이픈을 쓴다. pro-labor 노동조합을 지지하는, 친노조의 pro-chocolate 초콜릿을 좋아하는	N
proactive	(형) 솔선하는, 진취적인, 미리 대책을 강구하는	B N S A
pro-business	(형) 친기업적인	N
profit sharing	(명) (노사 간의) 이익 분배	B S
profit-sharing	(명) (노사 간의) 이익 분배	N
profit-sharing	(형) 이익 분배의, 이익 분배적인	B N S
profit-taking	(명) 시세 차익 거래	N
pro forma	(형) 서식과 관련된, 형식상의, 견적의 (부) 형식상, 형식으로, 견적으로	B N
pro-labor	(형) 노동조합을 지지하는, 친노조의	N
pro-peace	(형) 평화를 지지하는	N
pro-war	(형) 전쟁에 찬성하는, 전쟁을 지지하는	N
psi	pounds per square inch(제곱인치당 파운드)의 약어	S
PST	Pacific Standard Time(태평양 표준시, 미국·캐나다 서부의 동절기 시간제)의 약어	B N S A
PTA	Parent-Teacher Association(사친회)의 약어	B N S A
PT boat	(명) 미 해군의 고속 초계 어뢰정	B N S A
pullback **pull back**	(명) 뒤로 끌어당김, 되돌림, 장애(물), 군대의 철수, (물가, 가치의) 하락 (동) (군대가) 후퇴하다, 하려던 일을 취소하다	B N S
pullout **pull out**	(명) 빼내기, 군대의 철수, 도로의 대피소 (동) (기차가 역을) 떠나다, 손을 떼다	B N S
push button	(명) 누름단추, 버튼	B S
push-button	(명) 누름단추, 버튼 (형) 누름단추식의, 버튼식의, 원격 조종에 의한	N
put-on **put on**	(명) 겉치레, 속임수, 속이기 위한 꾸밈새 (형) 거짓의, 꾸민 행동의, 겉치레의 (동) 몸에 걸치다, 가장하다, 놀리다, 과장하다, 상연하다	B N S

put-together의 하이픈 연결	구두법 자문단 대다수는 a well-put-together woman (잘 차려입고 맵시가 좋은 여자)에는 하이픈을 두 개 쓰는 걸 선호했지만 a nicely put-together woman(잘 차려입고 맵시가 좋은 여자)에는 하이픈을 하나만 쓰는 것을 선호했다.	+

Q

Q-and-A format	question-and-answer format(질문과 답변 포맷)의 약어	N
quasi	(형) 유사한, 외견상의, 준하는 (부) 외견상, 표면상, 즉, 말하자면 보통 합성 형용사의 일부일 때는 하이픈을 쓴다. a quasi-successful venture 성공한 것 같은 벤처기업 그러나 명사의 일부로 쓰일 때는 하이픈을 쓰지 않는다. a quasi possessive 준 소유격	B
Queen Anne's lace	야생 당근(2년생 야생화)	B N S
'Queen of 국가명'의 소유격	마지막 단어에 아포스트로피를 찍고 s를 붙인다. Queen of England's visit(영국 여왕의 방문)이고 Queen's of England visit가 아니다.	B N S A
Quran	쿠란. Koran(코란)의 다른 철자. 이슬람교의 경전. 이 단어에는 아포스트로피를 쓰지 않는다.	B N S

Q

R

rainmaker	(명) (아메리카 원주민의) 비를 부르는 주술사, 영업 실적 우수자, 인공 강우 전문가	B N S
rank and file **rank-and-file**	(명) 일반 사병, 일반 서민, 대중, 보통 회원 (형) 평사원의, 일반 서민의, 대중의, 사병의	B N S A
R & B	(명, 형) rhythm and blues(리듬 앤드 블루스, 리듬 앤드 블루스의)의 약어	B S
R&B	(명, 형) rhythm and blues(리듬 앤드 블루스, 리듬 앤드 블루스의)의 약어	N
re 뒤의 마침표	전치사 re(regarding의 뜻, ~에 관하여)는 문장 끝에 오지 않는 한 뒤에 마침표를 찍지 않는다.	B N S
re와 콜론	콜론의 표준 규칙을 적용한다. 이론적으로, 전치사 re는 단어 regarding보다 콜론이 덜 필요하다. 그러나 re를 포함하는 문장과 구는 강조를 위해서, 혹은 글의 서두에 자주 쓰이므로 흔히 re와 함께 콜론이 사용된다. 다음과 같은 re 구문 뒤에 콜론이 올 수 있다. Re your recent correspondence: we will discuss payroll further next week. 당신의 최근 서신에 관하여: 우리는 다음 주에 급여에 대해 더 논의할 것입니다. 또는, 특히 비즈니스 서신의 맨 위에서는 re 뒤에 콜론을 바로 쓸 수 있다. Re: Your letter. Re: 당신의 편지.	B N S
re-	(접두) 다시, 새로, 원상으로, 서로 접두사에 하이픈을 연결하는 표준 규칙을 적용한다. 일반적으로, 가독성에 도움이 되거나 혼란을 방지해 주지 않는다면 하이픈을 쓰지 않는다. re-create 다시 만들다, 개조하다, 재현하다 recreate 레저 시간을 즐기다, 기분 전환을 하다, 기운을 회복시키다	B N S A
re-cover **recover**	(동) 커버를 갈다[새로 씌우다] (동) 회복되다, 손실을 만회하다 '커버를 새로 씌우다'의 의미일 때는 '건강을 회복하다, 손실을 만회하다'는 의미인 recover와 구별하기 위해 하이픈을 쓴다.	B N S A
re-create **recreate**	(동) 다시 만들다, 개조하다, 재현하다 (동) 레저 시간을 즐기다, 기분 전환을 하다, 기운을 회복시키다 '다시 만들다'의 의미일 때는 '레저 시간을 즐기다, 기분 전환을 하다'의 뜻인 recreate와 구별하기 위해 하이픈을 쓴다.	B N S A

recur	(동) 되풀이되다, 다시 일어나다	**B** **N** S
redhead **redheaded**	(명) 빨간 머리인 사람, 대학 1년생 (형) 머리카락이 빨간	**B** **N** S
red-hot	(형) 시뻘겋게 단, 작열하는, 감정이 격렬한 하이픈을 넣는다. 사탕 이름은 Red Hots로 하이픈을 쓰지 않는다.	**B** **N** S **A**
redneck	(명) (경멸적으로) 미국 남부의 무식한 백인 노동자 (형) 편협한, 완고한	**B** **N** S
redo	(동) 다시 하다, 고쳐 장식하다, 개정하다, 고쳐 쓰다	**B** **N** S
reelect **reelection**	(동) 재선하다, 다시 선출하다 (명) 재선(再選)	**B** S
re-elect **re-eleection**	(동) 재선하다, 다시 선출하다 (명) 재선(再選)	**N**
reemerge **reemergence**	(동) 다시 나타나다, 재출현하다 (명) 재출현	**B** S
re-emerge **re-emergence**	(동) 다시 나타나다, 재출현하다 (명) 재출현	**N**
reemploy **reemployment**	(동) 재고용하다 (명) 재고용	**B** S
re-employ **re-employment**	(동) 재고용하다 (명) 재고용	**N**
reenact **reenactment**	(동) 다시 법률로 정하다 (명) 법의 재제정	**B** S
re-enact **re-enactment**	(동) 다시 법률로 정하다 (명) 법의 재제정	**N**
reenlist	(동) 재입대하다, 재모집하다, 다시 입대시키다	**B** S
re-enlist	(동) 재입대하다, 재모집하다, 다시 입대시키다	**N**
reenter **reentry**	(동) 다시 들어가다, 재가입하다, 재입국하다, 재입장하다 (명) 다시 들어감, 재입국, 재입장	**B** S
re-enter **re-entry**	(동) 다시 들어가다, 재가입하다, 재입국하다, 재입장하다 (명) 다시 들어감, 재입국, 재입장	**N**
reestablish	(동) 재건하다, 복직시키다, 복구하다, 부흥하다	**B** S
re-stablish	(동) 재건하다, 복직시키다, 복구하다, 부흥하다	**N**

R

reexamine **reexamination**	(동) 재시험[재검사, 재심사]하다, 재심문하다 (명) 재시험, 재검사, 재심문	B S
re-examine **re-examination**	(동) 재시험[재검사, 재심사]하다, 재심문하다 (명) 재시험, 재검사, 재신문	N
refi, re-fi	refinancing(재융자)의 약어 하이픈을 넣을지 여부에 대해 구두법 자문단의 의견이 갈렸다.	+
refinance	(동) 재융자하다, 차환하다, 돈을 새로 빌려서 먼저 빌린 것을 갚다	B N S A
relay **re-lay**	(동) (정보를) 전달하다, (뉴스를) 중계하다 (동) 다시 놓다, 다시 깔다, 다시 부과하다 He tried to relay the information to his subordinates. 그는 그 정보를 부하들에게 전달하려고 했다. You'll have to re-lay that tile. 당신은 그 타일을 다시 깔아야 할 것이다.	B N S A
release **re-lease**	(동) 놓아 주다, 풀어 주다, 석방하다 (동) 토지나 집을 다시 임대하다	B N S A
reread	(동) 다시 읽다, 재독(再讀)하다	B N S A
re-sign	(동) 다시 서명하다, 재조인하다, 계약을 경신하다 '다시 서명하다'의 의미일 때는 '사임하다, 사직하다, 물러나다'의 resign과 구별하기 위해 하이픈을 넣어야 한다.	B N S A
respectively와 쉼표	구두법 자문단은 '각자, 각각, 제각기'의 respectively를 쉼표로 구분하는 것을 만장일치로 지지했다.	+
Rhodes scholar	(명) 로즈 장학생[영국 옥스퍼드 대학에서 공부하는 미국·독일·영연방 공화국 출신 학생들에게 주어지는 로즈 장학금(Rhodes scholarship)을 받는 학생. 이 장학금은 1902년에 영국의 정치가 세실 로즈(Cecil Rhodes)가 시작했다.]	
rib eye	(명) 소갈비살, (송아지의) 스테이크용 가슴살	B S
rib-eye	(명) 소갈비살, (송아지의) 스테이크용 가슴살 (형) 소갈비살의, 스테이크용 가슴살의	N
right-click	(동) 마우스의 오른쪽 버튼을 클릭하다 구두법 자문단은 이 단어가 동사와 명사로 쓰일 때 하이픈을 쓰는 것을 선호했다. You must right-click in the document body. 문서 본문에서 마우스 오른쪽 단추를 눌러야 한다. Only a right-click will pull up the submenu. 마우스 오른쪽 버튼을 클릭하면 하위 메뉴가 표시될 것이다.	+
(for) righteousness' **sake**	정의를 위하여	B N

right hand **right-hander** **right-handed**	(명) 오른손, 오른쪽, 가장 믿을 만한 사람, 오른팔, 심복 (명) 오른손잡이, 오른손으로 가한 일격 (형) 오른손잡이인, 오른손잡이를 위한	B N S
right-of-way	(명) 통행권, 통행 우선권, (발언, 행동의) 우선권, 통행권이 보장된 공공 도로	B S
right of way	(명) 통행권, 통행 우선권, (발언, 행동의) 우선권, 통행권이 보장된 공공 도로	N
right wing **right-winger** **right-wing**	(명) 우익, 우파, 보수파, 우익수 (명) 우익[우파, 보수파]인 사람, 우익수 (형) 우익[우파, 보수파]의	B N S
rip-off **rip off**	(명) 도둑질, 강탈, 사기, 갈취, 모방, 도용 (동) 훔치다	B N S
RN	registered nurse(공인 등록 간호사)의 약어 도서에서 registered nurse(공인 등록 간호사)의 약어인 RN에는 마침표를 찍지 않고, RN이 고유명사 뒤에 올 때는 쉼표로 구분한다. John Doe, RN 공인 등록 간호사 존 도우 씨 명사로 쓰일 때, 복수형은 아포스트로피를 찍지 않는다. Two RNs were on duty. 공인 등록 간호사 두 명이 근무 중이었다.	B
R.N.	기사 표기법에서는 이름 뒤에 자격명을 안 쓰는 것이 좋다. 하지만 기사에서 이름 뒤에 자격명을 써야 할 필요가 있다면, R.N.에는 마침표를 찍고 쉼표로 구분한다. John Doe, R.N. 공인 등록 간호사 존 도우 씨 명사로 쓰일 때, 복수형은 아포스트로피를 찍지 않는다. Two R.N.s were on duty. 공인 등록 간호사 두 명이 근무 중이었다.	N
rock 'n' roll	(명) rock and roll(로큰롤)의 축약형	B N S A
roll call	(명) 출석 확인, 점호	B N S
rollover **roll over**	(명) 회전 점프, 자동차의 전복 사고, 부채 상환 연장 (동) 구르다, 나가떨어지다, 빚의 상환을 연장해 주다	B N S
Rolls-Royce	(명) 롤스로이스(영국에서 생산되는 고급 승용차의 상표명)	
roundup **round up**	(명) 가축을 몰아 모으기, 범인 일당의 검거 (동) ~을 찾아 모으다, ~을 찾아 체포하다	B N S
rpm	revolutions per minute(분당 회전수)의 약어 복수형은 rpms가 선호된다.	B S A
RSS	Really Simple Syndication(초간편 배급)의 약어	B N S A

R

RSVP	초대장에서 '회답 주시기 바랍니다'의 뜻 프랑스어 Répondez s'il vous plaît.(영어로 Reply, if you please. / Please reply.)를 줄인 것.	**B N S A**
rubber stamp **rubber-stamp**	(명) 고무노장, 무턱대고 도장을 찍는 사람, 충분히 생각하지 않고 찬성하는 사람 (동) 고무도장을 찍다, 무턱대고 도장을 찍다, 심사숙고하지 않고 찬성하다	**B N S**
rundown **run down**	(명) 사업의 축소, 감원, 설명 (동) (규모나 수량이) 줄다, (건전지가) 다 되다, (기계가) 멈추다	**B N S**
run-in **run in**	(명) 언쟁, 싸움, 체포, (별행을 잡지 않고) 잇대어 넣은 내용 (동) 체포하다	**B N S**
runner-up	(명) 차점자, 2위, 1위 외의 입상자 복수형은 runners-up.	**B N S**
run-on sentence	(명) 무종지문(2개 이상의 문장이나 독립된 절을 접속사 없이 연결한 것)	**B N S**

S

's	's는 소유격일 수도 있고, is나 has의 축약형일 수도 있다. My husband's sister's visiting.(남편의 여동생이 방문 중이다.)에서 husband's는 소유를 나타내지만, sister's는 sister is를 줄인 것이다. Jane's been here for three weeks.(제인이 여기 온 지 3주 됐다.)에서 Jane's는 Jane has의 축약형이다.	**B** **N** **S** **A**
saltwater	(명) 소금물, 바닷물 (형) 소금물의, 바닷물에서 나는	**B** **N** **S**
scot-free	(형) 처벌을 면한, 무사한, 면세의	**B** **N** **S**
screwup	(명) 중대한 실수, 실책, 실패, 얼빠진 놈, 쓸모없는 녀석, 대혼란	**B** **S**
screw-up	(명) 중대한 실수, 실책, 실패, 얼빠진 놈, 쓸모없는 녀석, 대혼란	**N**
screw up	(동) 일을 망치다, 나사로 고정하다, 돌려서 고정시키다	**B** **N** **S**
SEAL **SEALs**	(명) 미국 해군의 특수부대(sea-air-land special forces)의 머리글자 SEAL의 복수형	**B** **N** **S** **A**
season's greetings	'즐거운 크리스마스 보내세요', '좋은 연말 보내세요', '새해 복 많이 받으세요'라는 인사말 그 어떤 주요 표기법 지침서나 사전에서도 이 표현에 아포스트로피를 찍을지 말지를 명시하지 않는다. season's라고 아포스트로피를 찍어서 준 소유격으로 해석하는 경우가 좀 더 일반적이고, 그보다 덜 일반적인 해석은 아포스트로피를 찍지 않고 seasons greetings처럼 써서 seasons를 형용사로 보는 것이다.	
II, III, etc.	1세, 2세 등 고유명사와 쉼표로 구분하지 않는다. Robert Ableman II attended. 로버트 에이블먼 2세가 참석했다.	**B** **N** **S**
secondhand	(형) 간접적인, 전해 들은, 중고의 (부) 고물로, 중고로, 간접적으로, 전해 듣고	**B** **N** **S**
self-	(접두) 스스로, 자기를, 자신에 대하여 self-와 결합하여 생기는 용어들은 관례상 기사와 과학 문헌에서는 하이픈을 쓴다.	**N** **S**

S

	도서에서도 self-와 결합하여 생기는 합성어에는 하이픈을 쓰는데, 예외적인 경우는 self가 접미사와 결합하거나 self가 들어간 합성어 앞에 다른 접두사가 올 때다. selfless 이타적인, 사심 없는 unselfconsclous 남의 눈을 신경 쓰지 않는	**B**
self-conscious **self-consciousness**	(형) 남의 시선을 의식하는, 자의식이 강한 (명) 자의식, 수줍음	**B N** S
self-discipline	(명) 자기 훈련, 자기 수양, 자제	**B N** S
self-esteem	(명) 자부심, 자존감, 자긍심	**B N** S
self-restraint	(명) 자제(심), 극기	**B N** S
sell-off **sell off**	(명) 주가의 대량 매물로 인한 급락, 정부에 의한 산업의 매각 (형) 대량 매물로 주가가 급락한 (동) 싸게 팔아치우다, 산업체나 토지를 매각하다	**B N** S
sellout **sell out**	(명) 매각, 매진, 만원 (동) 매각하다, 매진되다	**B N** S
semi-	(접두) 반, 약간, 부분적으로 접두사에 하이픈을 연결하는 표준 규칙을 적용한다. 일반적으로, 고유명사 앞이 아니거나 어색한 합성어를 방지하기 위해서가 아니면 하이픈을 넣지 않는다. semiannual 반년마다의, 한 해에 두 번의 semi-American 반 미국인 semi-imminent 어느 정도 임박한	**B N** S **A**
semiautomatic	(형) 반자동식의 (명) 반자동식 기계[소총]	**B** S
semi-automatic	(형) 반자동식의 (명) 반자동식 기계[소총]	**N**
send-off **send off**	(명) 배웅, 전송, 출발 (동) 배웅하다, 발송하다	**B N** S
send-up	(명) 익살스러운 흉내, 풍자 The show was a hilarious send-up of modern mores. 그 쇼는 현대 풍습의 유쾌한 풍자였다.	**B** S
sendup	(명) 익살스러운 흉내, 풍자 The show was a hilarious sendup of modern mores. 그 쇼는 현대 풍습의 유쾌한 풍자였다.	**N**
send up	(동) 흉내를 내며 조롱하다	**B N** S
Senior	시니어(아들과 이름이 같은 남자의 이름 뒤에 혼동을 피하기 위해 붙임) (Sr.(Senior)와 쉼표 항목 참고)	
sergeant at arms	(명) (왕실·의회·법정 등의) 경위, 경호원	**B** S
sergeant-at-arms	(명) (왕실·의회·법정 등의) 경위, 경호원	**N**

| set-aside | (명) 특정 목적을 위해 유보해 둔 토지나 이윤, 특별 지정 구역, 정부의 식량이나 자원 비축 | B N S |
| set aside | (동) 한쪽으로 치워 놓다, 특정 목적을 위해 돈이나 시간을 따로 떼어 두다 | |

| 7UP | (명) 세븐업(미국의 소프트 드링크 이름) | |

| shakedown shake down | (명) (금품) 갈취, 철저한 수색, 차량의 시운전 (동) 철저히 수색하다, 갈취하다 | B N S |

| shake-up shake up | (명) (조직이나 기업의) 대대적인 개혁 (동) 대대적으로 개혁하다 | B N S |

| she'd | she had나 she would의 축약형 | B N S A |

| she's | she is나 she has의 축약형 | B N S A |

| shithead, shit head, shit-head | (명) 빌어먹을 녀석, 똥 쌀 놈, 마리화나 상용자 구두법 자문단 대다수는 하이픈 없이 한 단어로 쓰는 것을 지지했지만, 하이픈 없이 두 단어로 쓰거나 하이픈을 쓴 형태를 선호하는 사람들도 있었다. | + |

| shoestring | (명) 구두끈, 적은 돈 (형) 재원이 거의 없는, 아슬아슬한 | B N S |

| shopworn | (형) 팔리지 않고 오래된, 진부한 | B N S |

| short circuit short-circuit | (명) 합선, 누전 (동) 합선되다, 누전되다, 짧게 하다 | B S |

| short circuit | (명) 합선, 누전 (동) 합선되다, 누전되다, 짧게 하다 | N |

| shortcut | (명) 지름길, 손쉬운 방법 (형) 손쉬운, 간단한 | B N S |

| short sale | (명) 주식의 공매(空賣, 현품 인도 일자 전에 더 싼 값으로 살 수 있을 거라 예측하고 증권이나 상품을 파는 일), 단기 예측 판매 | B N S |

| shouldn't | should not의 축약형 | B N S A |

| should've | should have의 축약형. should of로 쓰지 않는다. | B N S A |

| show-off | (명) 자랑, 과시, 자랑꾼 | B S |

| showoff | (명) 자랑, 과시, 자랑꾼 | N |

| show off | (동) 자랑하다, 으스대다 | B N S |

| shutdown shut down | (명) 일시 휴업, 조업 정지, 사업체의 폐쇄 (동) (공장이나 가게의) 문을 닫다, (기계를) 정지시키다 | B N S |

| shut-in | (명) (병이나 장애로) 외출을 못하는 사람 (형) (병 등으로) 집이나 병원에 갇힌, 내성적인 | B N S |

S

shut in	(동) 가두다	B S ✚
shutoff	(명) 마개, 꼭지, 차단하는 물건, 차단, 저지	B S
shut-off	(명) 마개, 쏙지, 차단하는 물건, 차단, 지지	N
shut off	(동) 차단하다, (기계나 기구를) 정지시키다	B N S
shutout **shut out**	(명) 못 들어오게 함, 공장 폐쇄, (야구) 완봉 (동) 못 들어오게 하다, 가로막다, 완봉승을 거두다	B N S
-shy, -shyness의 **하이픈 연결**	-shy(〜를 두려워하는, 〜를 겁내는, 〜를 부끄러워하는)가 쓰인 합성어는 보통 합성 형용사로, 하이픈 연결의 표준 규칙을 따른다. a girl-shy young man 여자를 겁내는 젊은 남자 She is people-shy. 그녀는 사람들을 두려워한다.	B N S A
	shyness(수줍음, 숫기 없음, 겁 많음)이 쓰인 합성 명사에 대해서 구두법 자문단은 하이픈을 쓸지 말지에 대해 의견이 갈렸다. He suffers from girl-shyness/girl shyness. 그는 여자 앞에서 수줍어서 애먹는다. She suffers from people-shyness/people shyness. 그녀는 사람들 앞에서 숫기가 없어서 애먹는다.	✚
-side	(접미) 〜 쪽 접미사에 하이픈 연결 표준 규칙을 적용한다. 일반적으로, 의미의 명확성이나 가독성을 위해 필요하지 않다면 하이픈을 쓰지 않는다.	B N S A
side by side	(부) 나란히 They walked side by side. 그들은 나란히 걸었다. 형용사로 쓰일 때('나란히 있는, 늘어서 있는'의 뜻)는 보통 하이픈으로 연결한다. a side-by-side comparison 나란히 놓고 비교하는 것	B N S
sidesplitting	(형) 너무도 우스운, 배꼽 빠지는	B N S
sidestep	(동) 몸을 옆으로 움직여 피하다, (대답이나 문제의 처리를) 회피하다	B N S
sidetrack	(동) 주제에서 벗어나게 하다, 주제에서 벗어나다	B N S
sidewalk	(명) (포장한) 보도, 인도	B N S
sideways	(부) 옆으로, 비스듬히, 옆에서 (형) 옆의, 비스듬한	B N S
sightsee	(동) 유람하다, 관광하다	B S
sightseeing **sightseer**	(명) 관광, 유람 (형) 관광의, 유람의 (명) 관광객, 유람객	B N S

sign-up **sign up**	(명) 서명에 의한 등록, 가입 (형) 가입의 (동) 등록하다, 가입하다	**B** **N** S	
single-handed **single-handedly**	(형) 한 손의, 혼자 힘의, 단독의, 독립의 (부) 단독으로, 한 손으로	**B** **N** S	
sit-in	(명) 연좌 농성	**B** **N** S	
-size **-sized**	~ 크기 ~ 크기의 보통 하이픈으로 연결한다. **life-size** 실물 크기 **bite-sized** 한입 크기의 **pint-size** 파인트 크기	**B** **N** S	
skydive **skydiving** **skydiver**	(동) 스카이다이빙을 하다 (명) 스카이다이빙 (명) 스카이다이빙을 하는 사람, 스카이다이버	**B** S	
slow-cook **slow cooking,** **slow-cooking**	(동) 저온에서 장시간 조리하다 slow-cook의 동명사, 현재분사 구두법 자문단은 동사형에 하이픈을 넣을 것을 만장일치로 권고했다. You should slow-cook the vegetables. 채소를 저온에서 장시간 조리해야 한다. 동명사에는 하이픈을 넣어야 할지 말지에 대해 의견이 갈렸다. Slow-cooking brings out the flavor. Slow cooking brings out the flavor. 저온에서 장시간 조리하면 풍미가 더해진다. 형용사형에는 하이픈을 연결하는 표준 규칙을 적용한다. Slow-cooked vegetables are her favorite. 저온에서 장시간 조리한 채소가 그녀가 특히 좋아하는 음식이다.	**✛**	
slow motion **slow-motion**	(명) (영화, TV의) 슬로 모션 (형) 슬로 모션의, 고속도 촬영의, 행동이 느린	**B** **N** S	
small-business **man,** **small-business** **woman**	(명) 소기업인 남자나 여자가 작은 게 아니라 사업 규모 작다는 것을 분명히 하기 위해 small과 business 사이에 하이픈을 넣는다.	**N**	
smartphone	(명) 스마트폰	**B** **N** S	
s'more **s'mores**	(명) 스모어(구운 마시멜로와 초콜릿, 크래커로 만든 캠핑용 간식) s'more의 복수형	**B** **N** S	
SMS	short message service(휴대전화의 문자 메시지 전송 서비스) 의 약어	**B** **N** S **A**	

S

so와 쉼표	두 개의 완전한 절을 연결하는 등위 접속사로 쓰일 때, 보통 so 앞에 쉼표를 찍는다. 그러나 두 절의 길이가 짧고 서로 밀접하게 연관돼 있으면 쉼표를 생략해도 된다. He has visitors from Seattle, so he didn't go to class. 시애틀에서 손님들이 와서 그는 수업을 들으러 가지 않았다. He was tired so he didn't go to class. 그는 피곤해서 수업에 가지 않았다.	**B N S A**
so-called의 하이픈 연결	'소위, 이른바'의 so-called가 형용사로 쓰일 때, so와 called 사이에 하이픈을 넣는다. my so-called neighbor 소위 내 이웃 그러나 동사로 쓰일 때는 하이픈을 쓰지 않는다. Judge Aaron, as he is so called. 그가 불리는 대로, 아론 판사.	**B N S**
so-called와 큰따옴표	so-called가 이끄는 용어는 큰따옴표로 묶지 않는다. my so-called life 소위 내 인생 this so-called god particle 이 소위 신의 입자라는 것	**B N A**
socioeconomic	(형) 사회경제적인	**B S**
socio-economic	(형) 사회경제적인	**N**
soft-spoken	(형) 말씨가 부드러운, 상냥하게 말하는, 설득력 있는 어조의	**B N S**
-something	(대) ~십 대(代)의 사람들(서로 다른 세대에 속하는 연령 집단을 말함) (twentysomething 항목 참고)	
SOS	(명) (무전의) 조난 신호, 위급 호출	**B N S A**
sourced	동사 source(출처로부터 얻다·공급받다)의 과거분사로, '공급된, 제공된'의 뜻 ly 부사와 함께 쓸 때 하이픈을 쓰지 않는다. locally sourced ingredients 현지에서 조달한 요리 재료 globally sourced materials 국제적으로 공급되는 재료	
Spanish-American War	미국—스페인 전쟁(1898년)	**B N**
species's	species(종)의 소유격 단수 소유격에도 맞고 복수 소유격에도 맞다.	**B N S A**
spell-checker	(명) 컴퓨터의 맞춤법 검사 프로그램	**B N S**
Spider-Man	〈스파이더맨〉(만화, 영화)	
spin-off	(명) 파생 효과, (인기 영화, TV 시리즈의) 파생 상품, 계열사	**B S**
spinoff	(명) 파생 효과, (인기 영화, TV 시리즈의) 파생 상품, 계열사	**N**
spin off	(동) 파생시키다, 새 회사로 분리하다, 파생되다	**B N S**

spring	(명) 봄(계절 항목 참고)	
square feet **square miles** **square yards**	(명) 제곱 피트, 평방 피트 (명) 제곱 마일, 평방 마일 (명) 제곱 야드, 평방 야드 형용사로 쓰일 때를 제외하면 하이픈을 쓰지 않는다. The house is 1,800 square feet. 그 집은 1,800평방 피트다. It's an 1,800-square-foot house. 그것은 1,800평방 피트 넓이의 집이다.	B N S A
Sr.(Senior)와 쉼표	Sr.와 고유명사는 쉼표로 구분하지 않는다. Lawrence Carlson Sr. was commemorated that day. 그날 로렌스 칼슨 시니어를 기념했다.	B N S
	학술적 글에서는 쉼표로 구분한다. Lawrence Carlson, Sr., was commemorated. 로렌스 칼슨 시니어를 기념했다.	A
stand-alone	(형) 자체만으로 작동하는, 독립형의	B N S
standard-bearer	(명) (사회운동 등의) 주창자, 지도자, (군사) 기수	B N S
standby **stand by**	(명) 예비품, 비상용품, 의지할 수 있는 사람, 대역 (형) 예비의, 비상용으로 대기시켜 놓은 (동) 대기하다, ~의 곁을 지키다[지지하다]	B N S
stand-in **stand in**	(명) 대리인, 대역, 대용품 (형) 대리의, 대용의 (동) 대신하다, 대역을 하다	B N S
standoff **stand off**	(명) 떨어져 있음, 고립, 서먹함 (형) 떨어져 있는, 고립해 있는, 서먹한 (동) 떨어져 있다, 멀리하다, 동의하지 않다	B N S
standout **stand out**	(명) 뛰어난 사람[물건], 타협할 줄 모르는 사람 (형) 눈에 띄는, 뛰어난 (동) 튀어나오다, 눈에 띄다, 빼어나다, 견디다	B N S
standstill **stand still**	(명) 정지, 멈춤, 꽉 막힘 (형) 정지해 있는, 꽉 막힌 (동) 가만히 있다, 현상을 유지하다	B N S
stand-up	(명) 스탠드업[단독 연기] 코미디, 스탠드업 코미디언 (단독 연기를 하는 코미디언) He is the only stand-up in the show. 그가 그 쇼에서 유일한 스탠드업 코미디언이다.	B S ✛
stand-up	(형) 스탠드업 코미디의, 혼자 연기하는, 서 있는, 곧은, 당당한 He is a stand-up comedian. 그는 스탠드업 코미디언이다.	B S

standup	(형) 스탠드업 코미디의, 혼자 연기하는, 서 있는, 곧은, 당당한 He is a standup comedian. 그는 스탠드업 코미디언이다.	N
stand up	(동) 일어서다, 기립하다	B N S
Starbucks	스타벅스(세계 최대의 다국적 커피 체인점 업체)	
Starbucks's	스타벅스의 단수 소유격	B S A
Starbucks'	스타벅스의 단수 소유격	N
Starbuckses'	스타벅스의 복수 소유격 Those two Starbuckses' managers both run top-rated stores. 그 두 스타벅스의 매니저는 둘 다 최고 등급의 점포를 운영한다.	B N S A
"The Star-Spangled Banner"	'성조기여 영원하라' (미국 국가) 하이픈을 쓴 데 유의한다. 도서, 기사, 학술적 글에서 노래 제목은 큰따옴표로 묶는다.	B N A
start-up	(명) 신규 업체(특히 인터넷 기업)	B S
startup	(명) 신규 업체(특히 인터넷 기업)	N
start up	(동) 시작하다, 시동을 걸다	B N S
state of the art	(명) 최첨단 기술, 최첨단 기술 수준	B N S A
state-of-the-art	(형) 최첨단 기술을 사용한, 최고 기술 수준의, 최첨단의 명사 앞에 쓰일 때 보통 하이픈으로 연결한다. state-of-the-art technology 최첨단 기술	B N S A
	명사 뒤에 올 때는 의미의 명확성이나 가독성에 도움이 되지 않으면 하이픈을 넣지 않는다. This technology is state of the art. 이 기술은 최첨단이다.	B
	be동사형 뒤에 올 때는 하이픈으로 연결한다. This technology is state-of-the-art. 이 기술은 최첨단이다.	N
states' rights	(명) (미국에서) 주(州)의 권리	B N S
St. Patrick's Day	(명) 성 패트릭 데이(3월 17일. 아일랜드의 수호성인 기념일)	B N S A
steely-eyed	(형) 결의에 찬, 굳은, 단호한 steely(강철 같은, 굳은)가 부사가 아니라 형용사라서 하이픈을 써야 한다. steely-eyed determination 굳은 결심	B N S A

step-	(접두) 의붓~, 이복~, 계~, 의~	B N S
	step이 부모 중 한쪽의 재혼에 의해 형성된 가족 관계를 나타낼 때, 하이픈을 넣지 않는다. stepbrother(의붓 남자형제, 이복 남자형제) stepmother(계모) stepsister(의붓 여자형제, 이복 여자형제) stepparent(의붓부모) 등	
stepping-stone	(명) 디딤돌, 발판	B S
steppingstone	(명) 디딤돌, 발판	N
stickup stick up	(명) 권총 강도질, 세우는 깃 (동) 권총 강도질을 하다, 위로 불쑥 튀어나오다, 옹호하다 (for) He plans to stick up the bank. 그는 권총을 갖고 그 은행을 털 계획이다. She sticks up for him all the time. 그녀는 항상 그를 옹호한다.	B N S
stickup	(형) 주류 판매점이나 주유소를 터는 He is a stickup artist. 그는 주류 판매점이나 주유소를 터는 잡범이다.	+
stockbroker	(명) 증권 중개인	B N S
stock-in-trade	(명) 상투적인 것, 재고품, 장사 도구	B S
stock in trade	(명) 상투적인 것, 재고품, 장사 도구	N
stomachache	(명) 복통, 위통	B N S
stopgap	(명) 구멍 마개, 임시 변통 (형) 임시변통의, 미봉책의	B N S
stopover stop over	(명) (여정상의 두 지점 사이에 잠시) 머묾, 단기 체류 (동) 여정 중에 잠시 머무르다	B N S
story line	(명) (소설, 영화, 연극 등의) 줄거리, 구상	B S
storyline	(명) (소설, 영화, 연극 등의) 줄거리, 구상	N
storyteller	(명) 이야기꾼, 작가	B N S
story telling	(명) 이야기하기, 거짓말하기	B N S
streetwalker	(명) 매춘부, 거리의 창녀	B N S
streetwise	(형) 세상 물정에 밝은, 도시 생활을 터득한	B S
street-wise	(형) 세상 물정에 밝은, 도시 생활을 터득한	N

S

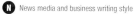

strong-arm	(동) 무력을 쓰거나 위협해서 원하는 일을 하게 하다 (형) 강압적인, 완력을 쓰는	B N S
-style	~스타일의[로], ~식의[로] 합성 형용사에서 하이픈을 연결하는 표준 규칙을 적용한다.	
	명사 앞에 쓰일 때는 하이픈을 넣는다. a gladiator-style contest 검투사 스타일의 시합	B N S A
	명사 뒤에 올 때는 가독성에 도움이 될 때가 아니면 하이픈을 넣지 않는다. The contest was gladiator style. 그 시합은 검투사 스타일이었다.	B S A
	be동사형 뒤에 올 때는 하이픈을 넣는다. The contest was gladiator-style. 그 시합은 검투사 스타일이었다.	N
	합성 부사에서는 하이픈을 넣을지 말지에 대해 구두법 자문단의 의견이 갈렸다. The combatants fought gladiator-style./ The combatants fought gladiator style. 전투원들은 검투사 스타일로 싸웠다.	✚
sub-	(접두) ~보다 적은, ~ 이하, ~ 아래, ~ 밑 접두사에 하이픈을 연결하는 표준 규칙을 적용한다. 일반적으로, 고유명사에 결합되거나 어색한 합성어나 혼란스러운 합성어가 되지 않도록 할 때가 아니면 하이픈을 넣지 않는다.	B N S
subbasement	(명) 지하 2층, 지하실 밑의 층	B N S
subcommittee	(명) 분과 위원회, 소위원회	B N S
subculture	(명) 하위문화, (세균) 2차 배양 (동) (세균을) 2차 배양하다	B N S
subdivide **subdivision**	(동) 다시 나누다, 세분하다 (명) 다시 나눔, 세분, 세분된 일부분	B N S
subgroup	(명) 소집단, 하위 집단	B N S
submachine gun	(명) 기관 단총, 소형 경기관총	B N S A
subprime	(형) 최고급 다음가는, 최우대 대출 금리보다 낮은	B N S
subtotal	(명) 소계(小計)	B N S
subzero	(형) 영하의, 빙점하의	B N S

such as와 쉼표	흔히 such as ～(～와 같은) 앞에는 쉼표가 오지만, such as ～ 뒤에는 쉼표를 찍지 않는다.	B N S A
	The store is having a sale on many items, such as clothes, books, and electronics. 그 가게는 옷, 책, 전자제품 같은 많은 물건들을 염가 판매하고 있다.	
	The store is having a sale on items such as clothes, books, and electronics. 그 가게는 옷, 책, 전자제품 등의 품목을 염가 판매하고 있다.	
summa cum laude	(형, 부) (미국 대학 졸업생이) 최우등의, 최우등으로	B N S
summer	(명) 여름 (계절 항목 참고)	
super-의 하이픈 연결	super-(극도로, 대단히, ～ 위에)를 넣어서 사전에 올라 있지 않은 합성 형용사를 만들 때, 두 단어로 쓸 수도 있고, 하이픈을 넣을 수도 있고, 하이픈 없이 한 단어로 쓸 수도 있다.	✛
	I've been super busy. / I've been super-busy. / I've been superbusy. 나는 너무 바빴어요.	
	구두법 자문단 대다수는 두 단어로 쓰는 것을 선호했다. I've been super busy. (p. 129의 'super가 들어간 합성 형용사' 참고)	
supercharge	(동) 지나치게 감정이나 힘을 쏟다, 내연기관에 과급하다, 압력을 주다	B N S
supercharged	(형) 과급된, 더 강력한, 더 효과적인	
super-duper	(형) 기막히게 좋은, 아주 훌륭한, 초대형의	B N S
superhero	(명) 슈퍼히어로, 초영웅, 초인	B N S
superimpose	(동) 겹쳐 놓다, 덧붙이다, 첨가하다	B N S
Superman **superman**	(명) 슈퍼맨(만화의 주인공) (명) 슈퍼맨(초인적인 능력을 지닌 사람)	B N S
	한 단어로, 캐릭터 이름인 고유명사이든 보통명사이든 하이픈을 쓰지 않는다.	
supermodel	(명) 슈퍼모델(정상급 모델)	B N S
supernatural	(형) 초자연적인, 불가사의한 (명) 초자연적 현상[존재]	B N S
supernova	(명) 초신성(超新星: 신성보다 1만 배 이상의 빛을 내는 신성)	B N S
superpower	(명) 막강한 힘, 초강대국	B N S
supersonic	(형) 초음속의, 초음파의 (명) 초음속, 초음파, 초음속 항공기	B N S
superstar	(명) 슈퍼스타(대단히 유명한 배우·가수·운동선수 등)	B N S

S

supra-	(접두) 위의, 위에, 앞에	B N S A
	접두사에 하이픈을 연결하는 표준 규칙을 적용한다. 일반적으로, 고유명사와 함께 쓰일 때나 동일한 모음이 반복될 때처럼(supra-articulate 명료하게 말하다) 어색한 합성어를 피하기 위한 때가 아니면 하이픈을 쓰지 않는다.	
surface-to-air missile	(명) 지대공(地對空) 미사일	B N S
SWAT	Special Weapons and Tactics(경찰 특수 기동대)의 머리글자	

T

takeoff **take off**	(명) 출발, 도약, 이륙 (동) 이륙하다, 서둘러 떠나다	**B N** S
takeout **take out**	(명) 꺼내기, 사서 가져가는 음식(을 파는 식당) (동) 꺼내다, 들어내다, 데리고[가지고] 나가다	**B N** S
takeover **take over**	(명) 인계, 인수, 정권 등의 탈취[장악], 경영권 취득 (동) 인수하다, 인계받다, 정권 등을 탈취[장악]하다	**B N** S
tattletale	(명) 비밀을 누설하는 사람, 고자질쟁이 (형) 비밀을 누설하는	**B N** S
tax-free, tax free	(형) 면세의, 비과세의 (부) 면세로 형용사는 하이픈으로 연결한다. a tax-free investment 비과세 투자	**B N** S
	구두법 자문단은 부사를 하이픈으로 연결할지 여부에 대해 의견이 갈렸다. You can donate tax-free/tax free. 면세로 기부가 가능하다.	**✦**
T-bone	(명) 티본스테이크(소 허리 부분의 뼈가 붙은 T자형 스테이크)	**B N** S
Teamsters union	전미(全美) 트럭 운전사 조합 (p. 24의 '소유격 vs. 형용사형' 참고)	**N**
teachers college	(명) 교육대학 기사 표기법에서는 아포스트로피를 찍지 않는다. 다른 스타 일에서는 teachers를 형용사로 해석하면 teachers college 라고 쓸 수 있고, 소유격이라고 생각하면 teachers' college 라고 쓸 수 있다. (p. 24의 '소유격 vs. 형용사형' 참고)	**N**
teachers union, **teachers' union**	(명) 교원 노조 구두법 자문단은 teachers에서 s에 아포스트로피를 찍는 데 의견이 갈렸다. 기사 표기법 전문가들은 아포스트로피를 찍지 않는 쪽을 선호한 반면, 도서 표기법 전문가들은 아포스트로피를 찍는 쪽을 선택했다. (p. 24의 '소유격 vs. 형용사형' 참고)	**✦**
tearjerker	(명) 눈물을 자아내게 하는 신파조의 영화나 드라마, 소설	**B** S
tear-jerker	(명) 눈물을 자아내게 하는 신파조의 영화나 드라마, 소설	**N**
tear-jerking	(형) 눈물을 자아내게 하는 a tear-jerking tale 눈물 나는 이야기	**B** S

teenage **teenager**	(형) 10대의 (명) 10대, 청소년기 (명) 10대 소년 소녀(13세~19세)	**B N** S
TV 프로그램 **제목 표기**	프로그램 제목은 이탤릭체로 쓴다. *I Love Lucy* 〈왈가닥 루시〉 *The Nightly Business Report* 〈한밤의 비즈니스 리포트〉	**B A** S
	기사에서는 프로그램 제목은 큰따옴표로 묶는다. "I Love Lucy" 〈왈가닥 루시〉 "The Nightly Business Report" 〈한밤의 비즈니스 리포트〉	**N**
	개별 에피소드 제목은 큰따옴표로 묶는다. "The Bubble Boy" 〈버블 보이〉	**B N** S **A**
telltale	(명) 남 말하기 좋아하는 사람, 밀고자 (형) 비밀을 폭로하는, 숨기려 해도 드러나는	**B N** S
tenfold	(형) 10배의, 10겹의 (부) 10배로, 10겹으로	**B N**
test-drive	(명) 시운전, 시승 (동) 시운전하다	**B N** S
	구두법 자문단 중 도서 표기법 전문가들은 명사형에 하이픈을 넣을지 말지에 대해 의견이 갈렸다. The customer took the car for a test drive. / The customer took the car for a test-drive. 고객은 시승해 보려고 차를 가져갔다.	**✦**
tête-à-tête	(명) 두 사람만의 이야기, 밀담 (부) 마주 앉아서, 단 둘이 (형) 두 사람만의, 마주 앉은	**B**
Texas Hold'em	(명) 텍사스 홀덤(포커 게임의 일종)	**B** S
Texas Hold 'em	(명) 텍사스 홀덤(포커 게임의 일종)	**N**
Tex-Mex	(형) 텍사스와 멕시코적 요소가 혼합된 (명) 영어 요소가 섞인 멕시코의 스페인어	**B N** S
thank you와 쉼표	thank you가 문장 안에 구로 삽입되어 쓰일 때 쉼표로 구분한다. I'd love some, thank you. 좀 먹을게요, 감사해요. 동사로서 문장 안에 통합될 때는 쉼표를 쓰지 않는다. I'll thank you not to call me that. 나를 그렇게 부르지 않으면 고맙겠어요. 두 가지 경우 모두 **thank you**에는 하이픈을 쓰지 않는다.	**✦**
thank-you의 하이픈 **연결**	명사로 쓰일 때 thank-you에 하이픈을 쓴다. What a gracious thank-you! 정말 감사한 일이네요!	**B** S
theatergoer	(명) 연극을 자주 보러 가는 사람, 연극통	**B N** S
theirs	they의 소유대명사. '그들의 것'이라는 뜻. 아포스트로피를 찍지 않는다.	**B N** S **A**

there'd	there had나 there would의 축약형	**B N S A**
therefore와 쉼표	therefore(그러므로, 따라서, 그러니)는 쉼표로 구분해도 되고 구분하지 않아도 된다. therefore가 문장 안에 삽입된 것으로 보면 쉼표로 구분하고, 문장에 잘 통합된 것으로 보면 쉼표를 찍지 않는다. The solution, therefore, is simple. 해결책은, 따라서, 간단하다. The solution is therefore simple. 따라서 해결책은 간단하다.	**B N S A**
there's	there is나 there has의 축약형	**B N S A**
they'd	they had나 they would의 축약형	**B N S A**
they'll	they will의 축약형	**B N S A**
they're	they are의 축약형 인칭대명사 they의 소유격 their나 '거기, 거기에'라는 뜻의 대명사/부사인 there와 헷갈리면 안 된다.	**B N S A**
they've	they have의 축약형	**B N S A**
III	이 로마 숫자가 고유명사와 함께 쓰일 때, 고유명사와 쉼표로 구분하지 않는다. Robert Ableman III attended. 로버트 에이블먼 3세가 참석했다.	**B N S**
3-D	three-dimensional(3차원의, 입체적인)의 약어	**B N S**
three Rs	읽기, 쓰기, 셈(reading, writing, arithmetic)의 복수형으로, s만 쓰는 형태	**B**
three R's	읽기, 쓰기, 셈(reading, writing, arithmetic)의 복수형으로, 아포스트로피와 s를 쓰는 형태	**N**
'til	until(~까지)의 축약형 기사, 비즈니스, 도서 표기법에서는 이것 대신 till이나 until을 쓰는 것을 권장한다.	**B N S A**
till	(전) ~까지 until의 동의어. 'til과 다르게 아포스트로피를 쓰지 않는 데 유의한다.	**B N S A**
time-consuming	(형) 시간이 걸리는, 시간을 낭비하는	**B N S**
time-out	(명) (작업 중의) 중간 휴식, (스포츠) 타임아웃(경기 중 작전 협의 등을 위해 요구하는 시간)	**B S**
timeout	(명) (작업 중의) 중간 휴식, (스포츠) 타임아웃(경기 중 작전 협의 등을 위해 요구하는 시간)	**N**
tip-off	(명) 비밀 정보, 경고, 조언	**B S**

T

tipoff	(명) 비밀 정보, 경고, 조언	N
tip off	(동) 제보하다, 귀띔하다	B N S
titled	～라는 제목의. title(제목을 붙이다)의 과거분사. 글로 쓰이거나 제작된 작품 이름 앞에 쓰일 때, titled 뒤에는 쉼표를 찍지 않는다. 그 이름이 큰따옴표로 묶여 있든 이탤릭체로 쓰였든 상관없다. I read about it in an article titled "A Weekend in Big Bear." 나는 '빅 베어에서의 주말'이라는 제목의 기사에서 그것에 대해 읽었다.	+
'tis	it is의 축약형	B N S A
to go	(부) (음식을 식당에서 먹지 않고) 가지고 갈, 포장해 갈 I'll take that to go. 포장해 주세요.	B N S A
too와 쉼표	주요 스타일들에서는 too를 쉼표로 구분해야 할지 말지에 대해 분명한 지침을 주지 않는다. 구두법 자문단 대다수는 too가 문장 끝에 올 경우 쉼표를 쓰는 것을 선호했다. I like it, too. 나도 그게 좋아요. 자문단은 다음과 같이 too가 문장 중간에 올 경우 쉼표를 쓸지에 대해 의견이 갈렸다. I too saw that movie. / I, too, saw that movie. 나도 그 영화 봤어요.	+
toothache	(명) 치통	B N S
Top 40	(형) 톱 포티의(일정 기간 중의 베스트셀러 레코드[노래] 40종에 속하는) They had a Top 40 hit. 그들은 톱 포티 히트곡이 하나 있었다.	B S
Top-40	(형) 톱 포티의(일정 기간 중의 베스트셀러 레코드[노래] 40종에 속하는) They had a Top-40 hit. 그들은 톱 포티 히트곡이 하나 있었다.	N
topcoat	(명) (페인트의) 마무리칠, 가벼운 외투 (동) ～에 덧칠하다	B N S
top dog	(명) 승자, 우세한 쪽, 최고 권력을 가진 사람[집단]	B N S
top dollar	(명) 지불 가능한 최고 한도액	B N S
top-down	(형) 상의하달식의, 하향식의, 말단까지 잘 조직화된, 일반적인 것에서 시작하여 세부적인 사항으로 진행되는 a top-down compensation structure 하향식 보상 구조	B N S
topflight	(형) 일류의, 최고의, (지위가) 최고의 이 형용사는 한 단어로 쓴다. 도서와 과학 문헌 표기법에서는 하이픈을 쓰지 않는다. a topflight operation 최고의 작전	B S

top-flight	(형) 일류의, 최고의, (지위가) 최고의 기사 표기법에서는 하이픈을 쓴다. a top-flight operation 최고의 작전	N
top hat	(명) 실크해트(서양의 남자 예식용 모자)	B N S
top-heavy	(형) 머리가 큰, 불안정한, (조직) 상부의 비중이 큰	B N S
top-notch	(형) 최고의, 일류의, 아주 뛰어난	B N S
top tier	(명) 최상층, 최고 수준	B N S A
toss-up	(명) 동전 던지기, 반반의 가능성	B S
tossup	(명) 동전 던지기, 반반의 가능성	N
touch screen **touch-screen**	(명) 터치스크린(손으로 누르면 작동이 되는 컴퓨터 화면) (형) 터치스크린의 The computer has a touch screen. 그 컴퓨터는 터치스크린이 있다. Use the touch-screen buttons. 터치스크린 버튼을 사용하세요.	B N S
Toys"R"Us	토이저러스(미국에 본사를 둔 장난감, 유아용품 전문 소매업체) 이 업체의 이름은 R을 큰따옴표로 묶고 좌우 간격을 띄우지 않는다.	B S
Toys R Us	토이저러스(미국에 본사를 둔 장난감, 유아용품 전문 소매업체) 기사 표기법에서는 R을 큰따옴표로 묶지 않고 아포스트로피도 찍지 않으며 R 좌우에 한 칸씩 간격을 띄운다.	N
trade-in **trade in**	(명) 신품 구입 대금의 일부로 내놓는 중고품, 그 거래 (동) 웃돈을 주고 신품과 바꾸다, 거래하다	B N S
trade-off **trade off**	(명) (서로 대립되는 요소 사이의) 균형, 교환, 거래에 의한 협정 (동) 균형을 유지하다, 교환하다	B N S
trade show	(명) 무역 박람회, 영화 시사회	B N S
trans-	(접두) 넘어서, 가로질러서, 지나서, 다른 상태로, 초월하여, ~ 저편의 접두사에 하이픈 연결 표준 규칙을 적용한다. 일반적으로, 고유명사 앞에 올 때나 어색한 합성어가 안 되게 할 때를 제외하면 하이픈을 쓰지 않는다.	B N S
transatlantic	(형) 대서양을 횡단하는, 대서양 건너편의 (명) (영) 미국인, (미) 유럽인, 대서양 항로 정기선	B S
trans-Atlantic	(형) 대서양을 횡단하는, 대서양 건너편의 (명) (영) 미국인, (미) 유럽인, 대서양 항로 정기선	N

T

transcontinental	(형) 대륙을 횡단하는, 대륙 저쪽의	B N S
transgender	(형) 성전환의, 트랜스젠더의	B N S
transoceanic	(형) 대양 저편의, 대양을 횡단하는	B N S
transpacific	(형) 태평양을 횡단하는, 태평양 건너편의	B S
trans-Pacific	(형) 태평양을 횡단하는, 태평양 건너편의	N
transsexual	(명) 성전환자, 성도착자(성전환을 하고 싶어 하는 사람; 신체적 성(性)의 특징과는 반대의 심리적 특징을 가진 사람) (형) 성전환(자)의, 성도착(자)의, 이성간의	B N S
trans-Siberian	(형) 시베리아를 횡단하는	B N S
Travel and Leisure	미국의 여행 잡지인 〈트래블 앤 레저(Travel + Leisure)〉는 기사 표기법에서 플러스 부호를 쓰지 않는다.	N
Treasurys	(미국 재무부가 발행하는) 중기 채권 미국 재무부가 발행하는 중기 채권(1~5년 단위)을 뜻하는 Treasury notes나 Treasury bonds의 줄임말인 Treasurys에는 아포스트로피를 찍지 않는다.	
T. rex	(명) Tyrannosaurus rex(티라노사우루스 렉스: 후기 백악기에 살았던 육식 공룡의 일종)의 줄임말	B S

trick-or-treat trick-or-treating trick-or-treater	(동) trick or treat 놀이(집집마다 다니며 '사탕 안 주면 장난칠 거예요'라고 하는 것)를 하다 (명) trick or treat 놀이 하기 (명) trick or treat 놀이를 하는 사람 동사형에는 하이픈을 넣는다. They will trick-or-treat tomorrow night. 그들은 내일 밤 집집마다 다니며 '사탕 안 주면 장난칠 거예요' 놀이를 할 것이다. Last night the children were trick-or-treating. 어젯밤에 그 아이들은 '사탕 안 주면 장난칠 거예요' 놀이를 하고 있었다.	B S
	동명사 trick-or-treating과 명사 trick-or-treater에도 하이픈을 넣는다. Our children love trick-or-treating. 우리 아이들은 '사탕 안 주면 장난칠 거예요' 놀이 하는 걸 무척 좋아한다. 감탄사로 쓰일 때는 하이픈을 쓰지 않는다. "Trick or treat!" the children yelled. "사탕 안 주면 장난칠 거예요!" 아이들이 소리쳤다. 형용사형에도 하이픈을 쓴다. Playing cute was her trick-or-treat strategy. 귀엽게 하는 것이 그녀의 '사탕 안 주면 장난칠 거예요' 놀이의 전략이었다.	B N S

trompe l'oeil	(명) 트롱프 뢰유, 속임 그림(실물과 구별할 수 없을 만큼 정밀하게 묘사한 그림)	B N S A
troublemaker **troublemaking**	(명) 말썽[문제, 분쟁]을 일으키는 사람 (명) 말썽[문제, 분쟁] 일으키기	B N S
tryout **try out**	(명) 시험해 보기, 시연, (스포츠) 실력 테스트 (동) 테스트해 보다, 시험 삼아 해 보다	B N S
T-shirt	(명) 티셔츠	B N S
tune-up	(명) (엔진의) 조정, (오케스트라의) 예행연습, (경기 전) 준비 운동	B S
tuneup	(명) (엔진의) 조정, (오케스트라의) 예행연습, (경기 전) 준비 운동	N
tune up	(동) 음을 맞추다, 조율하다	B N S
turnkey	(명) 교도관, 옥졸 (형) (건설·플랜트 수출 계약에서) 완성품 인도 방식의, 당장 입주할 수 있는, 완전한 제품을 제공하는	B N S
turn-on	(명) 성적 흥분을 주는 사람, 흥미를 북돋우는 자극적인 것, 흥분, 자극	B N S A
turn on	(동) (라디오, TV, 전기, 가스 등을) 켜다, (성적으로) 흥분시키다, 마약으로 몽롱해지다	B N S
turned-on	(형) 유행에 민감한, 맵시 있는, (성적으로) 흥분한, 마약에 취한	B S
'twas	it was의 축약형	B N S A
24/7	(부) 하루 24시간 1주 7일 동안, 1년 내내, 언제나 (형) 연중무휴의, 항상 대기하고 있는 24와 7 사이에 슬래시를 쓴다.	N
twentysomething	(형) 20대인, 20대의, 20대와 관련한 (명) 20대(인 사람) 아라비아 숫자로 쓰지 않고 문자로 쓴다.	B S
20-something	(형) 20대인, 20대의, 20대와 관련한 (명) 20대(인 사람) 기사에서는 아라비아 숫자로 쓰고 하이픈을 쓴다.	N
'twere	it were의 구식 축약형	B N S A
two-door	(명) 문이 두 개인 차 명사로 쓰일 때, 가독성이나 의미 이해에 도움이 된다면 하이픈을 넣는다. Her car is a two-door. 그녀의 차는 문이 두 개인 차다.	B N S A

T

two-door	(형) 문이 두 개인 형용사로서 명사 앞에 쓰일 때는 보통 하이픈을 쓴다. **a two-door sedan** 문이 두 개인 세단	**B N S A**
TV **TVs**	(명) 텔레비전 TV의 복수형 전체 문장이 대문자로 돼 있어서 아포스트로피를 안 찍으면 헷갈릴 때가 아니면 복수형에 아포스트로피를 찍지 않는다.	**B N S A**

U

über-	(접두) 매우, 극도로, 최고로	**B** **N**
	접두사에 하이픈을 연결하는 표준 규칙을 적용한다. 일반적으로, 어색한 합성어가 안 되게 할 때를 제외하면 하이픈을 쓰지 않는다. 기사와 도서 표기법에서 선호하는 사전에서는 움라우트(u 위에 찍힌 점 두 개)를 찍어야 한다고 명시한다. 기사 글을 쓸 때는 그런 외국어 발음 기호를 쓰는 게 적절한지 글쓴이가 직접 판단하면 된다.	
U-boat	(명) U보트(제1·2차 세계 대전에 사용된 독일 잠수함)	**B** **N** S
UFO **UFOs**	(명) 미확인 비행 물체(Unidentified Flying Object), 비행접시 UFO의 복수형	**B** **N** S **A**
	전체 문장이 대문자로만 쓰여 있어서 아포스트로피를 찍지 않으면 복수형인지 아닌지 헷갈릴 때가 아니면 복수형에 아포스트로피를 찍지 않는다.	
ultra-	(접두) 초~, 극~, 과~, 극단으로, ~를 넘어서	**B** **N** S
	일반적으로, 접두사 ultra가 들어간 임시 합성어는 고유명사 앞에 ultra가 쓰이거나 모음이 어색하게 배치될 때가 아니면 하이픈을 넣지 않는다. ultra-Republican 극공화주의자 ultra-artistic 극도로 예술적인	
	예외 ultra-leftist 극좌파 ultra-rightist 극우파	**N**
ultramodern	(형) 초현대적인	**B** **N** S
ultrasonic	(형) 초음파의	**B** **N** S
ultraviolet	(명) 자외선 (형) 자외선의	**B** **N** S
un-	(접두) '부정, 반대'의 뜻	**B** **N** S **A**
	접두사에 하이픈 연결 표준 규칙을 적용한다. 일반적으로, un-이 고유명사 앞에 쓰이거나 어색한 합성어가 안 되게 할 때를 제외하면 하이픈을 쓰지 않는다.	
UN	United Nations(국제연합)의 약어	**B** S
U.N.	United Nations(국제연합)의 약어	**N**
	기사에서는 마침표를 찍는다. 헤드라인에서는 예외이다.	
un-American	(형) (풍속·습관·가치관 등이) 미국식이 아닌, 반(反)미국적인	**B** **N** S **A**
unarmed	(형) 무기를 가지고 있지 않은, 무기를 사용하지 않는	**B** **N** S

U

under-	(접두) ~ 아래에, ~보다 못한, 불완전한, 나이가 ~ 미만인	B N
	under는 접두사일 수도 있고 단어일 수도 있다. under를 써서 사전에 올라 있지 않은 합성 수식어를 만들 때, 하이픈을 쓸 수도 있고(under-house plumbing 지하 배관), 두 단어로 띄어 쓸 수도 있고(under house plumbing 지히 배관), 접두사에 하이픈을 연결하는 규칙에 따라 하이픈 없이 한 단어로 쓸 수도 있다(underhouse plumbing 지하 배관).	
	다음 동사에 대해서 구두법 자문단은 하이픈 없이 한 단어로 쓸 것을 권한다. undercook 음식을 덜 익히다 underuse 기대보다 덜 쓰다	+
underachieve underachiever	(동) 능력[기대] 이하의 성적을 얻다 (명) (기대되는) 능력보다 수준이 낮은 학업 성적의 학생, 기대에 미치지 못하는 사람[사물]	B N S
underage	(형) 미성년자가 한, 연령 미달의 (명) 부족, 부족량[액]	B N S
underbelly	(명) 하복부, 취약점, 급소	B N S
underbrush	(명) (큰 나무 밑에 자라는) 관목, 덤불	B N S
undercharge	(동) 정가 이하로 청구하다, 대금을 덜 받다, (총포를) 불충분하게 장전하다 (명) 과소 청구, (총포의) 불충분한 장전	B N S
underclass	(명) 사회의 최하층 (형) 하급생의	B N S
undercook	(동) 음식을 덜 익히다	N +
undercover	(형) 첩보 활동을 하는, 비밀리에 하는 (명) 비밀 수사관	B N S
undercurrent	(명) (해류, 기류 등의) 저류, 암류, 속에 품은 진의, 저의 (형) 밑바닥에 흐르는, 숨은	B N S
undercut	(동) 아랫부분을 잘라내다, 경쟁적으로 가격을 내리다 (형) 아래를 잘라낸	B N S
underdog	(명) (게임이나 시합에서) 이길 가망이 없는 사람, 생존 경쟁의 패배자	B N S
underestimate	(동) 과소평가하다, 적게 어림하다 (명) 과소평가, 싼 어림	B N S
underfoot	(부) 발밑에, 짓밟아, 방해가 되어 (형) 발밑의, 짓밟힌, 거치적거리는	B N S
undergarment	(명) 속옷, 내의	B N S
underhand underhanded	(형) 은밀한, 부정한, 밑으로 던지는 (부) 밑으로 던져, 은밀하게, 부정하게 (형) 비밀의, 공정하지 않은, 손이 모자라는	B N S

undernourished	(형) 영양 부족[결핍, 실조]의	**B N S**
underpants	(명) 팬티	**B N S**
underpass	(명) (다른 도로나 철도의) 아래쪽 도로[철도]	**B N S**
underpay **underpaid**	(동) 보수를 제대로 주지 않다 (형) 제대로 보수를 받지 못하는	**B N S**
underperform **underperforming**	(동) 예상보다 기량을 발휘하지 못하다, 실적을 내지 못하다 underperform의 현재분사, 동명사	**B N S**
underplay	(동) 덜 중요해 보이게 만들다, 절제하여 연기하다	**B N S**
underprivileged	(형) (사회, 경제적으로) 혜택을 못 받는	**B N S**
underrate **underrated**	(동) 낮게 평가하다, 깔보다 (형) 낮게 평가된, 무시된	**B N S**
undersell **undersold**	(동) (실제 가치보다) 싸게 팔다, (경쟁사보다) 싼값에 팔다 undersell의 과거형, 과거분사	**B N S**
undersized	(형) 보통 크기보다 작은, 소형의	**B N S**
undersecretary	(명) (미국) 정부 부처의 국장, (영국) 정부 부처의 차관	**B N S**
understudy	(명) 대역 배우 (동) 대역을 하다, 대역 준비를 하다	**B N S**
under-the-table	(형) (거래가) 은밀히 하는, 불법의, 몹시 취한 an under-the-table arrangement 은밀한 합의	**B N S**
under the table, **under-the-table**	(부) 은밀히, 물밑에서, 불법으로 구두법 자문단은 이 표현이 부사로 쓰일 때 하이픈을 넣을지 말지에 대해 의견이 갈렸다. He gets paid under the table. / He gets paid under-the-table. 그는 은밀하게 보수를 받는다.	**✚**
underthings	(명) 여성용 속옷	**N**
underuse **underused**	(동) 예상보다 덜 이용하다 underuse의 과거형, 과거분사 (형) 충분히 이용하지 않은	**B S ✚**
undervalue	(동) 과소평가하다, 경시하다, 값을 싸게 치다	**B N S**
underwater	(형) 물속의, 수중의, (금융) 손실 상태에 있는 (부) 물속에서, 수중에서 an underwater adventure 수중 모험 an underwater mortgage 언더워터 모기지(집값이 대출원금보다 떨어진 상태) searching for treasure underwater 물속에서 보물 찾기	**B N S**

U

underway	(형) 진행 중인, 여행 중인 The underway convention will end Tuesday. 진행 중인 전당 대회는 화요일에 끝날 것이다.	B N S
under way	(부) 진행 중, 여행 중 The convention is under way. 전당 대회가 진행 중이나.	B S
underway	(부) 진행 중, 여행 중 The convention is underway. 전당 대회가 진행 중이다.	N
underweight	(형) 표준 체중 이하의, 중량 부족의	B N S
underworld	(명) 하층 사회, 암흑가, 지하 세계, 저승	B N S
undo **undid** **undone**	(동) 무효로 만들다, 원상태로 돌리다, (잠기거나 묶인 것을) 풀다[열다, 끄르다] 과거형 과거분사	B N S
unearned	(형) (돈이) 일하지 않고 얻은, 노력 없이 얻은	B N S
unfollow	(동) (SNS 등에서) 관계를 끊다, 팔로우를 끊다	B N S A
unfriend	(동) (SNS의) 친구 명단에서 삭제하다	B N S A
United States'	United States의 소유격 United States의 소유격을 만들 때, 아포스트로피 뒤에 s를 쓰지 않는다. the United States' boundaries 미국의 국경	B N S
unnecessary	(형) 불필요한, 쓸데없는, 무익한	B N S
unselfconscious	(형) 자기를 의식하지 않는, 남의 눈을 개의치 않는	B
unselfconscious, **un-self-conscious**	(형) 자기를 의식하지 않는, 남의 눈을 개의치 않는 구두법 자문단은 하이픈을 쓸지 말지에 대해 의견이 갈렸다.	✛
unshaven	(형) 면도를 하지 않은	B N S
up-	(접두) 더 높이, 위로, 꼭대기로 up-이 접두사로서 다른 단어와 결합할 때, 어색한 결합을 피하기 위해서가 아니면 하이픈을 쓰지 않는다.	N
up-and-comer	(명) 장래가 유망한 사람	B S
up-and-coming	(형) 장래성 있는, 진취적인, 활동적인, 전도유망한	B N S
up-and-down	(형) 오르내리는, 기복 있는, 성쇠가 있는, 단호한, 뚜렷한	B N S
updo	(명) 업스타일(머리를 묶어 올리는 스타일), 올림머리	B N S

upend	(동) 위아래를 거꾸로 하다[뒤집다], 물구나무서다	**B N** S
up-front	(형) 솔직한, 선불의, 맨 앞줄의 He has an up-front nature. 그는 성격이 솔직하다.	**B** S
up front	(부) 선불로, 앞줄로, (스포츠) 포워드에서 You two go up front. 너희 둘이 앞줄로 가라.	**B** S
upfront	(형) 솔직한, 선불의, 맨 앞줄의 (부) 선불로, 앞줄로, (스포츠) 포워드에서 He has an upfront nature. 그는 성격이 솔직하다. You two go upfront. 너희 둘이 앞줄로 가라.	**N**
upgrade	(동) 제품의 품질을 높이다, 등급을 올리다, 직원을 승급시키다	**B N** S
upkeep	(명) 건물 등의 유지(비), 아동 등의 양육(비)	**B N** S
upload	(명) (컴퓨터) 업로드 (동) 업로드하다	**B N** S
uppercase **uppercased** **uppercasing**	(명) 대문자 (활자) (형) 대문자의, 대문자로 쓰인 (동) 대문자로 인쇄하다, 소문자를 대문자로 바꾸다 동사 uppercase의 과거형, 과거분사 동사 uppercase의 현재분사, 동명사	**B N** S
upper class **upper-class**	(명) 상류 사회 (사람들) (형) 상류 사회의, 상류층의, (미국 고등학교, 대학교의) 상급의, 3 [4]학년생의	**B N** S
upper crust **upper-crust**	(명) 상류 사회, 빵의 겉껍질 (형) 상류 사회의	**B N** S
uppercut	(명) 어퍼컷, 올려치기 (동) 어퍼컷으로 치다	**B N** S
upper hand	(명) 우세, 우월, 지배	**B N** S
uppermost	(형) 가장 위의, 최고의, 가장 중요한 (부) 맨 위에, 맨 먼저	**B N** S
uprise **uprising**	(동) 일어서다, 기상하다, 폭동을 일으키다 (명) 봉기, 반란, 폭동	**B N** S
upshot	(명) (최후의) 결과, 결말, 결론	**B N** S
upside	(명) 전반적으로 나쁜 상황에서 비교적 긍정적인 면	**B N** S
upside-down **upside down**	(형) 거꾸로의, 뒤집힌, 혼란스러운 (부) 거꾸로, 뒤집혀, 뒤죽박죽으로 an upside-down frown 기분 풀기 Turn that frown upside down. 찌푸린 얼굴 좀 펴.	**B N** S

U

upstage	(명) 무대 안쪽[뒤쪽] (동) 남에게서 관심을 빼앗다, 남을 패배시키다, 함부로 대하다 (형) 무대 안쪽의, 거만한 (부) 무대 안쪽에서	B N S
upstart	(명) 벼락출세한 사람, 벼락부자, 거만한 녀석 (형) 벼락출세한, 오만불손한 (동) 갑자기 일어서나, 갑자기 나타나다	B N S
upstate	(명) 주의 북부[시골] (형) 주의 북부의[시골의] (부) 주의 북부로[시골로]	B N S
upswing	(명) 상승, 발전, 호전 (동) 위쪽으로 흔들리다, 상승[향상]하다	B N S
uptake	(명) 신체로의 흡수, 섭취, 이해력, 빨아올림	B N S
uptick	(명) (사업, 경기의) 상승, 개선, (수요, 공급의) 증대	B N S
up to date, up-to-date	(형) 최신의, 최신 정보에 근거한, 현대적인 명사 앞에 쓰일 때는 하이픈을 쓴다. an up-to-date report 최신 보고서 명사 뒤에 올 때는 보통 하이픈을 쓰지 않지만, 의미의 명확성에 도움이 된다면 하이픈을 쓸 수 있다. This report isn't up to date. 이 보고서는 최신 정보에 근거한 것이 아니다.	B N S
URL	uniform/universal resource locator의 약어. 웹페이지 주소.	B N S A
URL 뒤의 구두법	URL은 도서, 기사, 학술적 글에서 일반 단어처럼 구두점을 찍는다. 쉼표, 마침표, 기타 구두점이 URL 뒤에 한 칸 띄우지 않고 바로 올 수 있다.	B N A
	과학 문헌 저술가들은 문장 맨 끝에 URL이 오게 하는 것을 피해야 한다. 과학 문헌에서 마침표는 URL 뒤에 바로 올 수 없기에, 그렇게 하면 문장을 마침표로 끝맺을 수가 없다. A popular site with researchers is www.example.com 연구자들에게 인기 있는 사이트 중 하나는 www.example.com이다. 과학 문헌 표기법은 가능한 경우 문장 안에 URL이 올 때 괄호 속에 삽입하는 것을 선호한다. The research site (www.example.com) is popular among scientists. 그 연구 사이트(www.example.com)가 과학자들 사이에서 인기가 있다.	S
US, U.S.	도서 표기법은 United States의 약어에 마침표를 찍지 않는 것을 선호하지만, 마침표를 찍는 것도 허용한다.	B
	기사 표기법은 본문에서는 U.S.라고 마침표를 찍지만 헤드 라인에서는 찍지 않는다.	N

	과학 문헌 표기법은 US가 명사로 쓰일 때 U와 S 뒤에 마침표를 찍지 않는다. He lives in the US. 그는 미국에 산다. 그러나 형용사로 쓰이면 U와 S 뒤에 마침표를 찍는다. He is in the U.S. Army. 그는 미국 육군에 있다.	S
	학술적 글에서는 U.S.에 마침표를 찍어야 한다.	**A**
USA	United States of America(아메리카 합중국)의 약어	**B N** S **A**
US Airways	미국의 민영 항공회사	
U.S.News & World Report, U.S. News	〈유에스 뉴스 앤드 월드 리포트〉 잡지의 풀네임을 쓸 때는 U.S.에 마침표를 찍고, N 앞에 한 칸 띄우지 않는다. 그러나 줄여서 U.S. News라고 쓸 때는 N 앞에 한 칸을 띄운다.	
USS	United States Ship(미국 해군 전함)의 의미로, 미국의 해군 전함 이름 앞에 붙인다. 해군 전함 이름 앞에 쓰일 때는 마침표를 찍지 않는다.	**B N** S
U-turn	(명) (자동차의) U턴, (정책의) 180도 전환 (동) U턴하다	**B N** S

U

V

V-8	(명) V형 8기통 엔진 (형) V형 8기통 엔진의 He drives a V-8. 그는 V형 8기통 엔진 차량을 운전한다.	**B N S**
V8	채소 주스의 상표명	**B N S**
Valentine's Day, St. Valentine's Day, Saint Valentine's Day	(명) 밸런타인데이	**B N S A**
VCR	(명) 비디오카세트 녹화기(video cassette recorder)	**B N S**
V-E Day	제2차 세계 대전의 유럽 전승 기념일(1945년 5월 8일)	**N**
very와 쉼표	very와 그 뒤에 오는 형용사 사이에는 쉼표를 쓰지 않는다. a very special day 매우 특별한 날 a very overpaid man 돈을 너무 많이 받는 남자 하지만 very가 여러 번 쓰이면 그 사이에는 쉼표를 쓴다. a very, very special day 아주 아주 특별한 날 a very, very overpaid man 돈을 너무 너무 많이 받는 남자	**B N S A**
very의 하이픈 연결	합성 수식어의 일부로 쓰인 very에 하이픈을 연결하지 않는다. a very nice day 아주 좋은 하루 a very well-known man 아주 유명한 남자	**N**
Veterans Day	(명) 재향 군인의 날(미국에서 전몰 용사들을 기리는 공휴일로, 11월 11일)	**B N S**
vice-	(접두) (관직, 직위를 나타내는 명사 앞에 붙어서) 부(副)~, 대리 ~, 차(次)~ vice admiral(중장)과 vice president(부통령)를 제외한 모든 직위와 관직 이름에는 하이픈을 넣는다.	**B S**
	기사에서는 모든 직위와 관직 이름에 하이픈을 넣지 않는다. vice president 부통령 vice mayor 부시장 vice admiral 중장	**N**
vice versa	(부) 거꾸로, 역으로, 반대로, 역 또한 같음	**B N S**

VIP **VIPs**	(명) 요인, 중요 인물, 귀빈 VIP의 복수형 전체 문장이 대문자로 쓰여서 아포스트로피를 찍지 않으면 복수형인지 아닌지 헷갈리는 경우가 아니라면 복수형에 아포스트로피를 찍지 않는다.	**B N S A**
V-J Day	제2차 세계 대전의 대일본 전승 기념일(9월 2일. 일본이 항복 문서에 조인한 날)	**N**
V-neck	(명) 브이넥, 옷의 V자형 목둘레, 브이넥 옷	**B N S**
VoIP	Voice over Internet Protocol(인터넷 음성 송수신 통신 규약) 의 약어	**N**
vs	versus(대(對), ~와 비교하여)의 약어	**B S**
vs.	기사 본문에서는 약어로 쓰지 않고 versus라고 쓰는 경우가 많다.	**N**

V

W

wait list **wait-list**	(명) 대기인 명단 (동) 대기인 명단에 올리다 I'm on the wait list. 나는 대기인 명단에 있다. I wanted to enroll in the class, but they wait-listed me. 나는 그 수업에 등록하고 싶었지만, 그들은 나를 대기인 명단에 올렸다.	B N S
walk-in	(명) 서서 들어갈 수 있는 크기의 것, 길에서 직접 각자의 집에 들어갈 수 있는 단층 아파트, 예약 없이 가는 사람 (형) 서서 들어갈 수 있는, 길에서 바로 들어갈 수 있는, 밖에서 들어온, 예약 없이 방문하는	B N S
walk-through	(명) (연극, 공연의) 분장 없이 하는 연습, 건물 사이의 연락 통로	B N S
walk-through	(형) 구경하면서 빠져나가게 되어 있는	N
walk-up **walk up**	(명) 엘리베이터 없는 건물[아파트] (형) 엘리베이터가 없는, 창구가 도로에 면한 (동) (당당한 태도로 ~ 쪽으로) 걸어가다	B N S
Walmart, **Wal-Mart**	월마트(미국 전역에 체인망이 있는 대형 할인 매장) 개별 점포를 가리킬 때는 하이픈 없이 한 단어로 쓴다. We went to Walmart. 우리는 월마트에 갔다. 기업 이름을 나타낼 때는 하이픈을 쓴다. We bought shares of Wal-Mart Stores. 우리는 월마트 주식을 샀다.	
warm-up **warm up** **warm-up**	(명) 준비 운동, 워밍업 (동) 준비 운동을 하다, 몸을 천천히 풀다, 기계가 작동 준비가 되다 (형) 준비 운동의, 워밍업의	B N S
Washington, DC와 **쉼표**	도서 표기법에서 District of Columbia의 약어인 DC는 보통 쉼표로 구분한다. 그러나 약어에 마침표를 찍지 않고 DC라고 쓰면 쉼표로 구분해도 되고 하지 않아도 된다. 맞는 표기: Washington, DC, gets hot in the summer. 맞는 표기: Washington DC gets hot in the summer. 맞는 표기: Washington, D.C., gets hot in the summer. 워싱턴 DC는 여름에 더워진다.	B
	기사 표기법에서 D.C.는 쉼표로 구분한다. Washington, D.C., gets hot in the summer. 워싱턴 D.C.는 여름에 더워진다.	N

Washington, D.C.와 마침표	도서 표기법은 DC에 마침표를 찍지 않는 것을 선호하지만, 미국의 다른 약어들에 마침표를 찍었다면 DC에도 마침표를 찍을 수 있다. 하지만 우편번호에 쓰는 주 이름 약어에는 마침표를 찍지 않는다.	**B**
	기사 표기법에서는 D.C.에 마침표를 찍는다.	**N**
	과학 문헌과 학술적 글에서는 DC에 마침표를 찍지 않는다.	**S A**
Washington's Birthday	조지 워싱턴 탄생일(2월 22일로, 미국 여러 주에서 법정 공휴일)	**B N S**
wash up **washed-up**	(동) 설거지하다, 세수하다 (형) 깨끗이 씻은[세탁한], 완전히 실패한, 커리어가 끝장난 a washed-up actor 커리어가 끝난 배우	**B N S**
watcher가 **합성 명사에 쓰이는 경우**	구두법 자문단 구성원들은 -er로 끝나는 명사가 들어간 합성 명사에는 하이픈을 쓰지 않는 것을 지지했다. 다음 문장에서 합성 명사 market watcher에 만장일치로 하이픈을 쓰지 않는 것을 택했다. She is a regular market watcher. 그녀는 정기적으로 시장을 관찰한다.	**✦**
watching이 **합성 명사에 쓰이는 경우**	watching이 다른 명사와 결합하여 사전에 올라 있지 않은 용어를 만들 때, 하이픈을 쓰지 않는다. Market watching can be lucrative. 시장을 주시하면 이익을 얻을 수 있다.	**B**
	구두법 자문단 중 기사 표기법 전문가들은 watching 같은 동명사로 만든 합성 명사에 하이픈을 쓰지 않는 쪽을 선호했다. Market watching can be lucrative. 시장을 주시하면 이익을 얻을 수 있다.	**✦**
watchmaker **watchmaking**	(명) 시계 제작자, 시계 제조회사 (명) 시계 제조업	**B N S**
waterborne	(형) 물에 의해 퍼지는[수인성의], 물 위에 뜨는, 배로 나르는	**B N S**
watercooler, **water cooler**	(명) 음용수 냉각기, 냉수기 (형) 물을 차갑게 만드는 명사나 형용사나 하이픈 없이 한 단어로 쓴다.	**B S**
	명사일 때 하이픈 없이 두 단어로 쓴다. 형용사일 때 하이픈을 쓴다. a water-cooler program 음용수 냉각 프로그램	**N**
waterlogged	(형) 물에 잠긴, 물을 잔뜩 머금은	**B N S**
water ski **water-ski** **water-skier**	(명) 수상 스키 (기구) (동) 수상 스키를 타다 (명) 수상 스키를 타는 사람	**B N S**
water-skiing	(명) 수상 스키	**B**

W

water skiing	(명) 수상 스키	N
website	(명) 웹사이트	B N
Web site	(명) 웹사이트	S A
we'd	we had나 we would의 축약형	B N S A
weekend	(명) 주말	B N S
weeklong	(형) 일주일에 걸친 (부) 일주일에 걸쳐서	B N S
week's, weeks'	단수 소유격, 복수 소유격에 유의 one week's time(일주일의 시간), two weeks' pay(2주일의 급여)에서처럼 week를 소유격으로 쓸 때, one week's는 단수 소유격으로 쓰고, two weeks'부터는 복수 소유격으로 써야 하는 데 유의한다. (p. 23의 '준 소유격' 참고)	B N S
well과 쉼표	well은 감탄사로 쓰일 때 흔히 쉼표로 구분하는데, 반드시 그래야 하는 건 아니다. 가독성에 도움이 되지 않거나 강조 역할을 하지 못하면 쉼표를 생략할 수 있다. Well, you're the one who wanted to come here. 음, 여기 오고 싶어 했던 건 너잖아. Well you're the one who wanted to come here. 음 여기 오고 싶어 했던 건 너잖아.	
well의 하이픈 연결	well이 들어간 합성 형용사는 명사를 앞에서 꾸며 줄 때 하이픈을 쓰지만, 명사 뒤에 올 때는 하이픈을 쓰지 않는다. a well-considered idea 충분히 고려한 생각 That idea is well considered. 그 아이디어는 충분히 고려한 것이다.	B S A
	기사 표기법에서 well이 들어간 합성 형용사는 명사 앞에 쓰이든 뒤에 오든 하이픈을 쓴다. It's a well-considered idea. 그것은 충분히 고려한 아이디어다. That idea is well-considered. 그 아이디어는 충분히 고려한 것이다.	N
	구두법 자문단 대다수는 well이 a well-put-together woman(잘 차려입은 맵시 좋은 여자)처럼 세 단어 이상으로 된 합성어의 일부로 쓰일 때는 하이픈을 쓰는 것을 선호했다.	✚
well-being	(명) 행복, 안녕, 복지	B N S
well-done, **well done**	(형) (고기가) 완전히 익힌, 잘 익은 형용사로 쓰일 때 보통 하이픈으로 연결한다. a well-done steak 잘 익은 스테이크	B N S
	하지만 구두법 자문단은 Well done!(잘했어! 훌륭해!)이 감탄이나 칭찬의 표현으로 쓰일 때는 하이픈을 쓰지 않는다고 명시했다.	✚

well-known	(형) 유명한, 잘 알려진 명사 앞에 쓰일 때 하이픈을 쓴다. a well-known conductor 유명한 지휘자	B N S
	명사 뒤에 쓰일 때 하이픈을 쓴다. The conductor is well-known. 그 지휘자는 잘 알려져 있다.	N
well-off	(형) 부유한, 잘사는, 유복한, 형편이 좋은 모든 문맥에서 형용사로 쓰일 때는 well과 off 사이에 하이픈을 쓴다. a well-off couple 부유한 부부 명사로 쓰일 때(명사형 형용사)는 하이픈을 넣은 형태를 쓴다. The well-off have people to handle their money. 부유한 이들은 그들의 돈을 관리해 줄 사람이 있다.	B N S
well-paying	(형) 좋은 보수를 지불하는, 보수가 좋은 형용사로 쓰일 때, 명사 앞에 오면 하이픈을 쓰지만 명사 뒤에 오면 하이픈을 쓰지 않는다. a well-paying job 보수가 좋은 직업 That job is well paying. 그 직업은 보수가 좋다.	B S A
	꾸며 주는 명사 앞에 오든 뒤에 오든 하이픈을 쓴다. a well-paying job 보수가 좋은 직업 That job is well-paying. 그 직업은 보수가 좋다.	N
well-spent, well spent	(형) (돈, 시간이) 의미 있게 쓰인, 효과적으로 쓰인 합성 형용사로서 꾸며 주는 명사 앞에 올 때는 하이픈을 쓰고 명사 뒤에 올 때는 하이픈을 쓰지 않는다. It was well-spent money. 그것은 의미 있게 쓰인 돈이었다. It was money well spent. 그것은 의미 있게 쓰인 돈이었다.	B S A
	합성 형용사로서 꾸며 주는 명사 앞에 오든 뒤에 오든 하이픈을 쓴다. It was well-spent money. 그것은 의미 있게 쓰인 돈이었다. It was money well-spent. 그것은 의미 있게 쓰인 돈이었다.	N
well-to-do	(형) 부유한, 잘사는, 유복한 형용사로 쓰일 때 하이픈을 쓴다. a well-to-do couple 부유한 부부 명사로 쓰일 때(명사형 형용사)는 하이픈이 들어간 형태를 쓴다. The well-to-do are on vacation this time of year. 부유한 사람들은 이맘때 휴가를 간다.	B N S

W

well-wisher well-wishing	(명) 남의 행복[성공]을 비는 사람, 호의를 보이는 사람, 지지자 (명) 남의 행복[성공]을 빎, 호의를 보임 (형) 남의 행복[성공]을 비는, 호의를 보이는	B N S
Wendy's	웬디스(미국의 패스트푸드 체인점) 이 미국의 햄버거 체인점 이름에는 아포스트로피가 들어간다. 이 체인점 이름의 복수형이나 단수/복수 소유격을 쓸 때, 구두법 자문단은 만장일치로 단수 이름을 쓰는 것을 지지했다.	+
we've	we have의 축약형	B N S A
whale watching	(명) 고래 관람, 고래 구경	B +
what it is is	is is와 쉼표 항목 참고	
which와 쉼표	which는 관계대명사로 쓰일 때 흔히 계속적 용법의 관계대명사절을 이끄는데, 계속적 용법의 관계대명사절은 앞에 쉼표가 온다. Spiders, which have eight legs, live in every region of the United States. 거미는 다리가 여덟 개인데 미국의 모든 지역에 서식한다. 한정적 용법의 관계대명사절은 계속적 용법보다 덜 쓰이는 편이며, 이때는 쉼표를 찍지 않는다. The house which we stayed in was nice. 우리가 머물렀던 집은 좋았다. (p. 44의 '계속적이거나 삽입된 단어/구/절을 구분하는 쉼표' 참고)	
whistle-blower	(명) (기업 비리 등의) 내부 고발자, 밀고자	B N S
whitewash	(명) 백색 도료, 눈속임 (동) 백색 도료를 칠하다, 표면을 눈속임하다, 결점을 호도하다	B N S
whole grain	(명) 통곡물(배아·껍질 등을 제거하지 않은 곡물)	B N S
whole-grain	(형) 정백(精白)하지 않은(배아·껍질 등을 제거하지 않은), 통곡물로 만든	N
wholehearted	(형) 진심인, 성실한, 전념하는, 전폭적인	B N S
who's	who is나 who has의 축약형. '누구의, 누구의 것'이라는 뜻의 의문사이거나 관계대명사인 whose와 혼동하지 않도록 한다.	B N S A
who's who	(명) 인명록, 누가 누구인가 A who's who of the entertainment industry was there. 연예계의 인명록이 거기 있었다.	B N S

wide-가 합성 수식어에서 첫 단어로 쓰일 때	하이픈 없는 한 단어 형태가 사전에 올라 있지 않다면 보통 wide 뒤에 하이픈을 쓴다. wide-angle lens 광각 렌즈 wide-eyed wonder 눈이 휘둥그레지는 경이로운 것 wide-body truck 넓은 차체의 트럭 그러나 widespread에는 하이픈을 쓰지 않는다. widespread problem 만연한 문제	**B N**
-wide	(접미) 전(全) ~의, ~ 전체의, ~의 범위에 걸친 사전에 올라 있지 않은 합성어에서는 하이픈을 쓴다. university-wide 대학 전체 office-wide 사무실 전체 그러나 worldwide(전 세계)에는 하이픈을 쓰지 않는다.	**B**
	하이픈을 쓰지 않는다. universitywide 대학 전체 officewide 사무실 전체	**N**
wide-angle	(형) (렌즈가) 광각의, (영화가) 와이드 스크린 방식의 형용사로 쓰일 때는 하이픈을 쓰지만, 명사구로 쓰일 때는 하이픈을 쓰지 않는다. a wide-angle lens 광각 렌즈 We viewed it from a wide angle. 우리는 그것을 넓은 각도에서 보았다.	**B N S**
wide-awake, wide awake	(형) 잠이 완전히 깬, 방심하지 않는, 빈틈없는 명사 앞에 쓰일 때 하이픈을 쓴다. a wide-awake child 잠이 완전히 깬 아이	**B N S**
	명사 뒤에 쓰일 때는 하이픈을 쓰지 않는다. The child was wide awake. 그 아이는 잠이 완전히 깬 상태였다.	**B**
	기사 표기법은 wide awake가 명사 뒤에 올 때 하이픈을 쓰라고 제안하지만, 구두법 자문단 중 기사 표기법 전문가들은 다음 문장에 하이픈을 쓰지 않겠다고 했다. The child was wide awake. 그 아이는 잠이 완전히 깬 상태였다.	**N +**
wide-eyed	(형) 눈을 크게 뜬, 눈이 휘둥그레진, 놀란	**B N S**
widely	(부) 널리, 폭넓게, 몹시, 다방면에 걸쳐 widely는 합성 수식어의 일부로 쓰일 때 하이픈을 쓰지 않는다. a widely renowned scholar 널리 알려진 학자 a widely held belief 널리 신봉되는 믿음	**B N S A**

W

wide-open	(형) 활짝 열린, 무제한의, 단속이 허술한, 무방비의 모든 맥락에서 형용사로 쓰일 때는 하이픈을 쓴다. It was a wide-open invitation. 그것은 누구에게나 열린 초대였다. The invitation was wide-open. 초대는 누구에게나 열려 있었다.	**B N S**
wide receiver	(명) (미식축구) 와이드 리시버(공격 라인의 몇 야드 바깥쪽에 위치한 리시버)	**B N S**
wide-screen	(형) (영화) 화면이 넓은, 와이드 스크린의 명사 앞에 쓰일 때는 하이픈을 쓰고, 명사 뒤에 올 때는 하이픈을 써도 되고 안 써도 된다.	**B**
widescreen	(형) (영화) 화면이 넓은, 와이드 스크린의	**N**
widespread	(형) 광범위한, 널리 퍼진	**B N S**
WiDi, Wi-Di	Wireless Display(무선 디스플레이)의 약어 구두법 자문단은 Wi-Fi에는 만장일치로 하이픈을 쓴다고 했지만, Wi-Di/WiDi에는 하이픈을 쓸지 말지에 대해 의견이 갈렸다.	**✚**
widow's peak	(명) 여자의 이마에 V자형으로 난 머리털(이것이 있으면 남편과 일찍 사별한다는 미신이 있었음)	**B N S**
widow's walk	(명) (바닷가에 있는 집의) 옥상의 망대(뱃사람의 아내가 거기서 남편의 귀항을 기다렸던 데서 유래함)	**B N S**
Wi-Fi	와이파이. Wireless Fidelity(무선 데이터 전송 시스템)의 약어.	**B N S**
wildlife	(명) 야생 생물	**B N S**
Wilkes-Barre, Pennsylvania	펜실베이니아주 윌크스배리	
windchill	(명) 풍속 냉각(바람이 피부로부터 열을 빼앗아 감으로 인해 일어나는 신체의 냉각)	**B S**
wind chill wind chill factor	(명) 풍속 냉각 (명) 바람의 냉각 효과 지수, 체감 온도	**N**
wine tasting	(명) 포도주 맛 감정, 포도주 시음회	**B N S**
-winner -winning	~ 우승자, ~ 수상자 ~를 수상한, ~에서 우승한[승리한] winner가 들어간 명사형에는 하이픈을 쓰지 않는다. She is a Grammy winner. 그녀는 그래미 수상자다. -winning이 쓰인 형용사에는 하이픈을 쓴다. She is a Grammy-winning artist. 그녀는 그래미를 수상한 아티스트다.	**B N S**

winter	(명) 겨울 (계절 항목 참고)	
win-win	(명) 양측에 유리한 것 (형) 양측에 유리한, 어느 쪽에서도 비난받지 않는 a win-win situation 양측에 유리한 상황	B N S
-wise	(접미) ~ 면에서, ~에 관해서, ~한 방식으로, ~ 방향으로 접미사의 표준 규칙은 대부분의 임시 합성어에는 하이픈을 쓰지 않는 것이다. dollarwise 달러 면에서 slantwise 관점 면에서 budgetwise 예산 면에서 어색하거나 이해하기 어려운 합성어에는 하이픈을 넣을 수 있다.	B N
	구두법 자문단은 다음의 단어에 하이픈을 쓸지 말지에 대해 의견이 갈렸다. cooking-wise/cookingwise 요리에 관해서 size-wise/sizewise 사이즈 면에서 driving-wise/drivingwise 운전에 관해서	+
WMD	weapons of mass destruction(대량 살상 무기)의 약어	B N S A
women's	woman의 복수형인 women의 소유격. 일부 상표명에서 women의 소유격에 아포스트로피를 쓰지 않지만, 그것은 일반적으로 오류로 본다.	B N S A
word of mouth	(명) 입소문, 구전 People learned of the restaurant by word of mouth. 사람들은 입소문으로 그 식당을 알게 되었다.	B S
word-of-mouth	(명) 입소문, 구전 People learned of the restaurant by word-of-mouth. 사람들은 입소문으로 그 식당을 알게 되었다.	N
word-of-mouth	(형) 입소문의, 말로 전하는, 구전의 Word-of-mouth publicity can be the most effective. 입소문 홍보가 가장 효과적일 수 있다.	B N S A
workers' compensation	(명) 산재 보상, 산재 보상 제도, 산재 보상금	B N
working class	(명) 노동자 계급	B N S
working-class	(형) 노동자 계급의 명사 앞에 오거나 뒤에 오거나 하이픈을 쓴다. a working-class family 노동자 계급 가정 The family is working-class. 그 가족은 노동자 계급이다.	B N S
would've	would have의 축약형. would of로 쓰면 안 된다.	

W

write-down write down	(명) 평가 절하, 감가상각 (동) ~을 적다, (회계 장부에서) 감가상각하다 동사형은 어떤 의미로 쓰이든 하이픈을 쓰지 않는다. Please write down what I'm telling you. 제가 하는 말을 받아 적으세요. The company had to write down its equipment depreciation. 그 회사는 장비의 가치 하락을 감가 상각해야 했다.	**B** **N** S
write-in write in	(명) 기입 투표(명단에 나와 있지 않은 후보자의 이름을 투표 용지에 기입하여 하는 투표) (형) 기입 투표의[에 의한] (동) 기입 투표하다(선거에서 후보가 아닌 사람을 추가해서 투표하다)	**B** **N** S
write-off write off	(명) (장부에서의) 삭제, 부채의 탕감, 실패작, 박살이 난 차량 (형) 삭제한, 탕감한, 실패한 (동) 부채를 탕감하다, 실패한 것으로 보다, 차량을 박살 내다	**B** **N** S
write-up write up	(명) 어떤 것에 대해 글로 쓴 설명이나 리뷰 (형) 글로 쓴 (동) 메모를 바탕으로 글을 쓰다, 리뷰를 쓰다	**B** **N** S
wrongdoing	(명) 나쁜 짓 하기, 악행, 비행, 범법[부정] 행위	**B** **N** S

X

Xmas	(명) Christmas의 구어 표현	**B** **N** S
X-Men	〈엑스맨〉. 슈퍼히어로물을 주로 출판하는 미국의 만화 출판사 마블코믹스의 시리즈물.	
X-ray	(명) 엑스선, 엑스레이 (동) 엑스선 촬영을 하다 (형) 엑스선의	**B** S
x-ray	(명) 엑스선, 엑스레이 (동) 엑스선 촬영을 하다 (형) 엑스선의	**N**

Y

Yahoo	(명) 미국의 인터넷 검색 서비스 업체 '야후' 기사 표기법에서는 이 고유명사에 원래 들어 있는 느낌표를 쓰지 않는다.	N
y'all	you all의 축약형	B N S A
year-end	(명) 연말 (형) 연말의 형용사나 명사로 쓰일 때 모두 하이픈을 쓴다. File the reports at year-end. 연말에 보고서를 제출하세요.	B N S
yearlong	(형) 1년간 계속되는, 1년에 걸친 (부) 1년에 걸쳐	B N S
year old, year-old, years old, years-old, -year-old	이 표현이 숫자와 함께 쓰이지 않을 때는 명사 앞에서 형용사 역할을 할 때만 하이픈을 쓴다. a year-old newspaper 1년 된 신문 a years-old newspaper 몇 년 된 신문 숫자와 함께 쓰여 명사나 형용사 역할을 할 때는 하이픈으로 연결한다. Quinn has a two-year-old and a four-year-old. 퀸은 두 살짜리 아이와 네 살짜리 아이가 있다. Steve has a 2-year-old car. 스티브는 2년 된 차가 있다. (기사에서는 항상 나이를 아라비아 숫자로 표기하고 도서와 다른 표기법들은 보통 단어로 나이를 표기한다는 데 주의한다. p. 132의 'year와 old가 들어가 나이를 나타내는 합성 형용사'와 p. 189의 '수를 아라비아 숫자로 쓰기 vs. 단어로 쓰기' 참고)	B N
year-round, year round	(형) 일 년 내내의, 연중 계속되는 (부) 일 년 내내 명사 앞에서 형용사로 쓰일 때 하이픈을 쓴다. It's a year-round school. 그곳은 연중무휴 학교다.	B N S A
	기사에서는 명사 뒤에 오는 형용사일 때나 부사로 쓰일 때 하이픈을 쓴다. This school is year-round. 이 학교는 연중무휴다. He plays golf year-round. 그는 일 년 내내 골프를 친다.	N
	의미의 명확성을 위해 필요할 때가 아니면 명사나 동사 뒤에 올 때 하이픈을 쓰지 않는다. This school is year round. 이 학교는 연중무휴다. He plays golf year round. 그는 일 년 내내 골프를 친다.	B S A

X
Y

years와 쉼표	연월일을 모두 표기할 때는 연도 앞에 쉼표를 찍는다. March 22, 1968 1968년 3월 22일 그러나 연도와 월만 표기할 때는 연도 앞에 쉼표를 찍지 않는다. March 1968 1968년 3월	**B N S**
years와 아포스트로피	연도 하나를 소유격으로 쓸 때는 아포스트로피를 찍는다. 1975's top films 1975년 최고의 영화들 아포스트로피는 생략된 숫자를 나타내기도 한다. They visited in '75. 그들은 75년에 방문했다. That was '75's top hit. 그것은 75년의 최고 히트작이었다. (decades 항목 참고)	**B N S A**
year's, years'	one year's time(1년의 시간)과 two years' pay(2년의 급여)에서처럼 year, years를 소유격으로 쓸 때는 각각 단수 소유격 one year's와 복수 소유격 two years'로 구별해서 쓰는 데 유의한다. (p. 23의 '준 소유격' 참고)	**B N S**
yes와 쉼표	yes는 흔히 쉼표로 구분하지만, 반드시 그래야 하는 건 아니다. 쉼표가 가독성이나 문장의 리듬에 도움이 되지 않으면 생략할 수 있다. Yes, there is a Santa Claus. 네, 산타클로스는 있어요. Yes there is a Santa Claus. 네 산타클로스는 있어요.	**B**
	구두법 자문단은 Yes, thank you.에는 만장일치로 쉼표를 쓰는 것을 선호했다.	**✚**
yes의 복수형	yes의 복수형 yeses에는 아포스트로피를 찍지 않는다.	**B N S**
you'd	you had나 you would의 축약형	**B N S A**
yours	you의 소유대명사. '너의 것, 당신의 것, 너희들의 것, 당신들의 것'의 의미. 아포스트로피를 찍지 않는 데 유의한다.	**B N S A**
YouTube	(명) 유튜브	
you've	you have의 축약형	**B N S A**
yo-yo	(명) 요요(장난감), 몇 번이나 급격히 변동하는 것 (동) 변동하다, 요요를 하다, 변동시키다, 앞뒤로 움직이게 하다 명사형과 동사형은 하이픈을 쓰고 소문자로 쓴다.	**B N S**

Z

zigzag	(명) 지그재그 (형) 지그재그의 (부) 지그재그로 (동) 지그재그로 움직이다	B N S
zip line	(명) 집라인(와이어를 타고 높은 곳에서 아래쪽으로 빠르게 하강하는 실외 스포츠)	B N S
zip-line	(동) 집라인으로 이동하다 도서와 과학 문헌 표기법에서는 하이픈을 쓴다.	B S
zip line	(동) 집라인으로 이동하다 기사 표기법에서는 하이픈 없이 두 단어로 쓴다.	N
z's	(명) 잠, 수면 구어로 '잠'을 나타내서, to catch some z's는 '잠을 자다'의 뜻이다. zzzz처럼 z를 여러 개 써서 코 고는 소리를 나타내는 것은 주로 만화 같은 삽화에만 쓰인다.	B N S

Z

ㄱ ~ ㅎ
한글 표현

계절	계절을 연도와 분리하기 위해 쉼표를 쓰지 않는다. 대문자로도 쓰지 않는다. He graduated in spring 2012. 그는 2012년 봄에 졸업했다.	**N**
관계대명사, 관계대명사절	관계대명사절(relative clause)은 that, which, who, whom, whose 등 관계대명사(relative pronoun) 중 하나가 이끄는 절을 말한다. 관계대명사절은 그 앞에 있는 명사를 꾸며 주는데, 관계대명사절이 계속적 용법일 때, 앞에 쉼표를 찍어서 구분한다. The interview, which I had marked on my calendar, was rapidly approaching. 내 달력에 표시해 둔 인터뷰가 빠르게 다가오고 있었다. 하지만 한정적 용법으로 쓰일 때는 쉼표를 쓰지 않는다. The dress that I want to buy is on sale. 내가 사고 싶은 드레스는 할인 중이다. (더 자세한 내용은 p. 44의 '계속적이거나 삽입된 단어/구/절을 구분하는 쉼표' 참고)	
관계대명사 that절과 쉼표	관계대명사 that이 이끄는 절은 한정적 용법으로만 쓰이는데, 이 용법의 관계대명사 that 앞에는 쉼표를 쓰지 않는다. The car that I was driving was red. 내가 운전하고 있던 차는 빨간색이었다.	**B N S A**
기사 제목	정기간행물의 기사나 웹사이트 내 개별 페이지에 표시되는 기사 제목은 큰따옴표로 묶는다. "Ten Ways to Save for College" '대학 진학을 위해 저축하는 10가지 방법'	**B N A**

	과학 문헌 표기법에는 본문의 제목 형식에 대한 지침이 없다. 그런 인용은 관습적으로 문서 끝에 있는 참조 목록에 포함되고 본문에는 저자 이름과 연구 날짜만 표시되기 때문이다. Dyslexia exists in a significant portion of the population (Doe, 2004). 난독증은 인구의 상당 부분에 존재한다(도우. 2004).	S
단어로 쓴 숫자에서 하이픈 연결	숫자를 단어로 쓸 때, twenty-one(21)부터 ninety-nine(99)까지는 두 단어 사이를 하이픈으로 연결한다.	
단어를 그 자체로 인용할 때의 복수형	기사와 도서 표기법에서 단어를 그 자체로 인용할 때, 복수형에는 아포스트로피를 찍지 않는다. No ifs, ands, or buts. if와 and, but은 쓰지 않습니다. 학술적 글과 과학 문헌도 이 표기법을 따르라고 권하지만, 아포스트로피를 찍어도 된다. No if's, and's, or but's. if와 and, but은 쓰지 않습니다.	B N
대문자로만 된 표현에서 명사의 복수형	DVDs for Sale이라는 표지판에서 DVD의 복수형에는 아포스트로피를 쓰지 않고 s만 붙인다. 그러나 이런 관행은 가게 간판이나 표지판 문구처럼 글자가 모두 대문자로 쓰일 때 혼란을 일으킬 수 있다. DVDS FOR SALE처럼 아포스트로피를 쓰지 않으면 DVDS를 dee vee dee ess로 발음해야 하는 것으로 잘못 이해할 수 있다. 이런 이유로, 복수형임을 명확하게 하기 위해 아포스트로피를 찍는 경우가 있을 수 있다.	B N S
동격	단어나 구를 다른 단어나 구로 바꿔서 다시 말하는 것인 동격(appositive)은 쉼표로 구분한다. The executive, a great leader, will speak. 뛰어난 지도자인 그 임원이 발언할 것이다. (자세한 내용은 Chapter 2 참고)	
동명사와 명사 사이의 하이픈	도서 표기법은 사전에 올라 있지 않은 용어를 만들기 위해 동명사와 다른 명사를 결합할 때, 명사에 하이픈을 연결하지 않는다고 명시한다. Hat making is a lost art. 모자 만들기는 사라진 예술이다. Dog walking is a good way to earn extra money. 개 산책시키기는 가욋돈을 벌 수 있는 좋은 방법이다. 구두법 자문단도 이 형태들에 하이픈을 연결하지 않는 것을 선호했다.	B +
	형용사로 쓰일 때는 합성 수식어에 하이픈을 쓰는 표준 규칙을 적용한다. 일반적으로, 명사 앞에서는 하이픈을 넣을 때 가독성이 올라간다면 하이픈을 넣는다. Hat-making skills are hard to find these days. 요즘 모자를 만드는 기술은 찾기 힘들다. His dog-walking business is booming. 그의 개 산책 사업은 번창하고 있다.	B N S A

등위 접속사	주요 등위 접속사(coordinating conjunction)로 and, but, or가 있고, for, nor, yet, so도 흔히 등위접속사에 포함된다. 등위 접속사는 문장 안에서 동등한 지위를 가진 것들을 이어준다.	
	Marcy has cats and dogs. 마시는 고양이와 개를 키운다.	
	Joe wants to go skiing, and Beth wants to go to the beach. 조는 스키를 타러 가고 싶어 하고, 베스는 해변에 가고 싶어 한다.	
	세 개 이상의 항목이 열거될 때, 도서, 과학 문헌, 학술적 글에서는 등위 접속사 바로 앞에 쉼표가 놓인다.	
	She has cats, dogs, and birds. 그녀는 고양이, 개, 새를 기른다.	
	이것을 열거용 쉼표라고 하며, 기사 표기법에서는 열거용 쉼표를 사용하지 않는다.	
	쉼표는 흔히 두 독립절을 연결하는 등위 접속사 앞에 온다.	
	I'm going to make liver for dinner, and I don't want to hear any complaints. 내가 저녁으로 간 요리를 만들 건데, 어떤 불평도 듣고 싶지 않아.	
	짧지만 서로 밀접하게 연관된 절이 등위 접속사로 연결되는 경우, 등위 접속사 앞의 쉼표는 작가나 편집자의 재량에 따라 생략할 수 있다.	
	I'm making liver and I don't want any complaints. 나는 간 요리를 만들고 있고 불평은 듣기 싫어.	
	(자세한 내용은 Chapter 2 참고)	
등위 형용사	등위 형용사(coordinate adjective)는 독립적으로 명사를 수식하고 각각 쉼표로 구분한다.	
	He wants to meet a kind, gentle, sweet girl. 그는 친절하고 부드럽고 상냥한 여자를 만나고 싶어 한다.	
	명사와 각기 다른 관계를 갖는 비등위 형용사(noncoordinate adjective)는 흔히 각 형용사 사이에 쉼표를 찍지 않는다. 예를 들어, He wore bright red wingtip shoes.(그는 밝은 빨간색 윙팁 구두를 신고 있었다.)에서 wingtip은 다른 형용사들보다 명사 shoes에 더 필요한 요소이며, bright는 명사 shoes가 아니라 바로 뒤에 오는 형용사 red를 꾸며 준다. 따라서 bright red wingtip shoes의 형용사들은 등위 관계가 아니고 쉼표에 의해 분리되지 않는다. (더 자세한 내용은 p. 36의 '예외: 명사 앞의 비등위 형용사' 참고)	
모음으로 끝나는 단어의 복수형	ski처럼 모음으로 끝나는 단어는 skis처럼 아포스트로피 없이 복수형을 만든다. 고유명사도 마찬가지다. the Micelis 미첼리 씨 가족　 the Corollas 코롤라 씨 부부	**B N S A**
무선국 호출 부호	무선국 호출 부호(radio station call letters)는 모두 대문자로 쓰고 마침표는 찍지 않는다. 주 호출 부호에 방송국의 유형을 추가할 때만 하이픈을 넣는다. WMNF　 WMNF-FM　 KROQ	**B N S A**

문장의 단편	'문장의 단편(sentence fragment)'이라는 용어는 문장의 최소 기준을 충족시키지 못하더라도 완전한 문장처럼 구두점이 찍힌 단어나 단어들의 무리(구, 절)를 가리킨다. 문장의 최소 기준은 최소한의 주어와 동사이다.	
	Joe left. 조가 떠났다.	
	명령형 동사에는 you라는 주어가 암시되어 있어서 명령문은 한 단어(동사)만으로도 완전한 문장이 될 수 있다.	
	Leave! 떠나! Stop! 멈춰! Eat. 먹어.	
	문장의 단편은 출판되는 글, 특히 창의적인 글에 자주 쓰인다. 따라서 문장의 단편을 허용하는 문맥에서는 문장의 단편이 독자에게 명확히 이해된다고 가정하면서, 완전한 문장을 이루지 않는 단위에 완전한 문장인 것처럼 구두점을 찍는 것이 가능하다.	
	Jerry! Baked beans. Coffee? 제리! 이거 토마토소스에 삶은 콩이야. 커피 마실래?	
미국의 주 이름과 쉼표	도시명 뒤에 주 이름이 올 때, 주 이름 앞과 뒤에 모두 쉼표를 찍는다.	
	They have lived in Madison, Wisconsin, for nine years. 그들은 위스콘신주 매디슨에서 9년째 살고 있다.	
	(p. 55의 '영어 주소에서의 쉼표' 참고)	
미국 주 이름 약어에서의 마침표	도서에서는 보통 주 이름을 약어로 쓰지 않고 풀네임으로 쓴다. (p. 198의 '주 이름 약어' 참고)	**B**
	기사에서는 보통 약어를 쓰는데, 약어에는 마침표를 찍는다. 마침표를 찍지 않는 주 이름 우편번호와 구별한다.	**N**
	They have lived in Madison, Wis., for nine years. 그들은 위스콘신주 매디슨에서 9년째 살고 있다.	
범위 표현	본문에서 나이, 돈, 시간처럼 수치로 나타내는 것들의 범위는 보통 to, through, until 같은 단어와 함께 쓴다.	
	The job pays $50,000 to $55,000 a year. 그 일은 연봉이 5만에서 5만 5천 달러 사이다.	
	The park is open 5 to 7. 그 공원은 5시부터 7시까지 문을 연다.	
	Children ages 11 through 15 can enroll. 11세부터 15세까지 어린이들이 등록할 수 있다.	
	일상적인 가벼운 글에서는 구두점을 다음과 같이 사용할 수 있다.	
	도서 표기법에서는 엔 대시를 사용한다.	**B**
	The job pays $50,000–$55,000 a year. 그 일은 연봉이 5만~5만 5천 달러다.	
	The park is open 5–7. 그 공원은 5~7시까지 문을 연다.	
	Children ages 11–15 can enroll. 11~15세까지의 어린이들이 등록할 수 있다.	
	기사, 과학 문헌, 학술적 글 표기법에서는 하이픈을 쓴다.	**N S A**
	The job pays $50,000-$55,000 a year. 그 일은 연봉이 5만~5만 5천 달러다.	
	The park is open 5-7. 그 공원은 5~7시에 문을 연다.	
	Children ages 11-15 can enroll. 11~15세까지의 어린이들이 등록할 수 있다.	

ㄱ–ㅎ

부사의 하이픈 연결	ly로 끝나는 부사들은 합성 수식어의 일부일 때 하이픈을 쓰지 않는다. a happily married couple 행복한 결혼생활을 하는 부부 ly로 끝나지 않는 부사들은 표기법 규칙에 따라. 그리고 어느 정도는 글쓰이의 재량에 따라 하이픈을 쓸 수도 있고 쓰지 않을 수도 있다. a well-loved story 사랑받는 이야기 (부사에 하이픈을 넣는 법에 대해서는 Chapter 11 참고. 부사에 대해서는 부록 B 참고.)	
분사구	단일 분사나 분사가 이끄는 어구. Seething, Joe waited. 속을 끓이면서 조는 기다렸다. Seething with hatred, Joe waited. 증오로 속이 부글거리며 조는 기다렸다. Discussed at length, the proposal eventually passed. 길게 논의한 끝에 그 제안은 마침내 통과됐다. 분사구는 표준 쉼표 규칙의 적용을 받는다. 즉, 길이가 길고 쉼표를 찍지 않을 경우 혼란이 생길 위험이 있다면 흔히 쉼표로 구분한다. (Chapter 2 참고)	
분수 속의 하이픈	형용사로 쓰이는 분수에는 하이픈을 넣는다. a two-thirds majority 3분의 2의 다수	**B N S A**
	도서와 기사 표기법에서 명사로 쓰이는 분수에는 하이픈을 넣는다. He took one-third and left us the remaining two- thirds. 그는 3분의 1을 가져갔고 나머지 3분의 2는 우리에게 남겨 주었다.	**B N**
	과학 문헌 표기법에서는 명사로 쓰이는 분수에 하이픈을 넣지 않는다. He took one third and left us the remaining two thirds. 그는 3분의 1을 가져갔고 나머지 3분의 2는 우리에게 남겨 주었다.	**S**
비교급에 하이픈을 **연결하는 방법**	형용사의 비교급은 보통 er로 끝난다. slower 더 느린 faster 더 빠른 longer 더 긴	
	과학 문헌에서는 합성 수식어의 일부로 쓰인 비교급에는 하이픈을 넣지 않는다. a slower burning fuel 더 느리게 타는 연료	**S**
	다른 표기법들에서는 합성 수식어에서 하이픈을 넣는 표준 규칙을 적용한다. 일반적으로 의미가 명확해지거나 가독성이 올라갈 때 하이픈을 넣는다.	**B N A**
비등위 형용사 **(noncoordinate** **adjective)**	등위 형용사 항목 참고	
비율 표기	도서와 과학 문헌에서, 숫자로 표현된 비율에는 2:1 같이 콜론을 쓰고 간격을 띄우지 않는다. 하지만 본문에서는 단어로 풀어서 쓸 수 있다. Pigeons in the area exceed gulls by a two-to-one ratio. 그 지역의 비둘기는 2 대 1의 비율로 갈매기보다 더 많다.	**B S**

	기사에서 비율은 숫자와 하이픈으로 표현한다. ratio(비율)나 majority(대다수) 같은 단어들 뒤에서는 to를 쓴다. a ratio of 2-to-1 2 대 1의 비율 ratio나 majority 같은 단어들 앞에서는 to를 쓰지 않는다. a 2-1 ratio 2 대 1의 비율	**N**
비제한적 절이나 구 **(계속적 용법)**	비제한적 절이나 구는 그것이 수식하는 명사를 구체적으로 명시하거나 범위를 좁히지 않는다. **The workers, who respect the boss, do well.** 그 노동자들은 사장을 존경하는데 일을 잘한다. 이 문장에서 who respect the boss 앞뒤에 쉼표가 찍힘으로써 특정한 workers를 얘기하는 게 아니라 the workers 전체를 가리킨다. 즉, workers 전체가 일을 잘하고, 그들 모두가 사장을 존경한다. 이 예문에서 who respect the boss라는 절은 workers의 범위를 제한하지 않는다. 비제한적 관계대명사는 계속적 용법이라고도 한다. (더 자세한 내용은 p. 44의 '계속적이거나 삽입된 단어/구/절을 구분하는 쉼표' 참고)	
사람 이름의 이니셜에 **쓰이는 마침표와** **종지 부호**	이니셜의 마지막 마침표는 문장의 종지 부호 역할을 할 수 있다. **Though students called him professor, friends just called him W. B.** 학생들은 그를 교수라고 불렀지만, 친구들은 그를 그냥 W. B.라고 불렀다. 물음표나 느낌표, 세미콜론, 콜론으로 끝나는 문장이나 구의 경우, 종지 부호는 이니셜의 마지막 마침표 뒤에 추가해서 온다. **Do his friends call him W. B.?** 그의 친구들은 그를 W. B.라고 부르나요?	**B N S A**
사람 이름의 이니셜에서 **마침표와 한 칸 띄우는** **규칙**	H. L. Mencken과 W. E. B. DuBois처럼 사람 이름의 일부만 이니셜로 나타낼 때는 이니셜 각 글자 뒤에 마침표도 찍고 각 글자 사이를 한 칸씩 띄운다. 단, JFK와 FDR처럼 사람 이름 전체를 이니셜로 표현할 때는 마침표도 찍지 않고 한 칸씩 띄우지도 않는다.	**B S A**
	기사 표기법에서는 사람 이름의 일부를 이니셜로 나타낼 때는 마침표를 찍지만 한 칸씩 띄우지는 않는다. H.L. Mencken, W.E.B. DuBois	**N**
소문자의 복수형	소문자의 복수형은 s 앞에 아포스트로피를 찍는다. **The name Mississippi has multiple i's, s's, and p's.** 미시시피라는 이름에는 i, s, p가 여러 개씩 있다.	**B N S A**
소유를 나타내는 of	of가 들어간 Queen of England(잉글랜드의 여왕)나 chairman of the board(이사회 의장)처럼 단수 명사를 나타내는 합성어는 다음과 같이 꾸밈을 받는 단어 바로 앞에 오는 단어에 아포스트로피와 s를 추가하여 소유격을 만든다. **the Queen of England's crown** 영국 여왕의 왕관 (the Queen's of England crown이 아님) **chairman of the board's leadership** 이사회 의장의 지도력 (chairman's of the board leadership이 아님)	**B N S A**

ㄱ-ㅎ

수식어로서의 달러 금액에 하이픈 연결하기	구두법 자문단 구성원들은 형용사로 쓰이는 복잡한 달러 표현을 하이픈으로 연결하는 방법에 대해 의견이 나뉘어 a $25 million losing proposition / a $25 million-losing proposition / a $25-million-losing proposition(2,500만 달러를 손해 볼 제안)의 세 가지 표현을 똑같이 선택했디.	**+**
연결동사 뒤에서 합성 형용사의 하이픈 연결	연결 동사(linking verb, copular verb)는 존재나 감각을 표현하며, become(~가 되다), seem(~인 듯 보이다, ~인 것 같다), appear(~인 것 같다), smell(~ 냄새가 나다), act(~처럼 행동하다) 등이 연결 동사다. 기사 표기법은 be동사 뒤에 합성 형용사가 올 경우 하이픈으로 연결하도록 명시하는데, 그 규칙이 존재를 나타내는 다른 동사들에도 적용되는지 여부는 명시하지 않는다. 구두법 자문단 대다수는 연결 동사를 be동사와 같은 방식으로 취급하기로 했다. Their service eventually became family-style. 그들의 서비스는 결국 가정식이 되었다. This dessert seems guilt-free. 이 디저트는 죄의식이 느껴지지 않는 것 같다.	**+**
열거형 쉼표	옥스퍼드 쉼표(Oxford comma)라고도 부르는 열거형 쉼표(serial comma)는 단어, 구, 절이 3개 이상 열거될 때 and나 or 같은 등위접속사 앞에 오는 쉼표를 말한다. The flag is red, white, and blue. 그 깃발은 붉은색, 흰색, 파란색으로 되어 있다. Barry bought his ticket, entered the theater, and took his seat. 배리는 표를 사서 극장으로 들어가 자기 자리에 앉았다.	
	열거형 쉼표는 도서, 과학 문헌, 학술적 글에서 사용한다. The flag is red, white, and blue. 그 깃발은 붉은색, 흰색, 파란색으로 되어 있다. Barry bought his ticket, entered the theater, and took his seat. 배리는 표를 사서 극장으로 들어가 자기 자리에 앉았다.	**B S A**
	기사에서는 열거형 쉼표를 생략한다. The flag is red, white and blue. 그 깃발은 붉은색, 흰색, 파란색으로 되어 있다. Barry bought his ticket, entered the theater and took his seat. 배리는 표를 사서 극장으로 들어가 자기 자리에 앉았다.	**N**
영화 제목 표기 : 큰따옴표 vs. 이탤릭체	도서, 과학 문헌, 학술적 글에서는 이탤릭체를 쓴다. (p. 97~99 '작품 제목 표시: 큰따옴표 vs. 이탤릭체' 참고)	**B S A**
	기사 표기법에서는 영화 제목을 큰따옴표로 표시한다.	**N**
이중 접두사	하이픈을 넣는다. sub-subgroup 하부 하부 집단　pre-prewar 전쟁 전전 anti-antimatter 반반물질	**B N**
인용문을 이끄는 said와 쉼표	어떤 인용문을 누가 말했는지 알려 줄 때 said는 관례상 쉼표로 구분한다. Bill said, "That's nice." 빌이 말했다. "그거 좋네요." "That's nice," Bill said. "그거 좋네요." 빌이 말했다.	**B N S A**

인용문을 이끄는 that 뒤에는 쉼표 안 찍음	인용문 앞의 that 뒤에는 쉼표를 찍지 않는다. He said, "There's profit to be made." 그는 "이익을 낼 수 있어요."라고 말했다. He said that there's "profit to be made." 그는 "이익을 낼 수 있어요."라고 말했다.	**B N S A**
임시 합성어	임시 합성어(temporary compound)는 사전에 올라 있지 않은 합성 명사, 합성 형용사, 합성 부사, 합성 동사를 가리킨다. 예를 들어, well-spoken은 사전에 올라 있는 영구 합성어이지만, well-spent는 사전에 올라 있지 않다. 따라서 well-spent는 임시 합성어다. 합성어에 하이픈을 쓸지 말지를 결정할 때는 우선 그 단어가 사전에 올라 있는지를 확인해야 한다. 사전에 하이픈이 들어 있으면 그에 따라 하이픈을 넣는다. 사전에 하이픈이 들어 있지 않다면, 이 책에서 설명한 하이픈 연결 규칙을 적용한다. 독자의 편의를 위해 흔히 쓰이는 임시 합성어와 영구 합성어를 이 책에 수록해 두었다.	
전치사, 전치사구	전치사는 명사나 대명사 앞에 쓰여서 전치사구를 이루어 문장의 다른 요소들을 꾸며 준다. 전치사에는 다음과 같은 것들이 있다. about, above, across, after, against, along, among, around, at, before, behind, below, beneath, beside, between, beyond, by, concerning, despite, down, during, except, for, from, in, inside, into, like, near, of, off, on, onto, out, outside, over, past, regarding, since, through, throughout, till, to, toward, under, underneath, until, up, upon, with, within, without 하지만 단어들은 여러 품사로 쓰일 수 있기 때문에 확정적인 전치사 목록은 만들 수 없다.	
전치사와 쉼표, 전치사구와 쉼표	전치사와 그 목적어(명사, 대명사)로 이루어진 전치사구는 쉼표로 구분하는 경우가 많지만, 늘 쉼표로 구분해야 하는 건 아니다. With great care, he opened the door. 매우 조심스럽게 그는 문을 열었다. On Tuesday, will we visit our grandparents. 화요일에 우리는 할아버지 할머니를 찾아뵐 것이다. (더 자세한 내용은 Chapter 2 참고)	
점수 표기	점수(score)가 들어간 문장은 to를 쓸 수 있다. The Patriots beat the Dolphins 21 to 7. 패트리어츠가 돌핀스를 21 대 7로 이겼다. 혹은 to를 구두점으로 대체할 수 있다.	
	도서에서는 엔 대시를 쓴다. The Patriots beat the Dolphins 21–7. 패트리어츠가 돌핀스를 21 대 7로 이겼다.	**B**
	기사, 과학 문헌, 학술적 글에서는 하이픈을 쓴다. The Patriots beat the Dolphins 21-7. 패트리어츠가 돌핀스를 21 대 7로 이겼다.	**N S A**

접두사의 하이픈 연결	주요 편집 스타일들은 접두사(prefix)가 고유명사 앞이나 숫자 앞에 올 때 (pre-1960s 1960년대 이전, post-Edwardian 에드워드 7세 시대(1901~1910) 이후의), a나 i로 끝나는 접두사가 같은 모음으로 시작하는 단어와 결합할 때 (anti-icing 결빙 방지), 다른 단어와 헷갈릴 수 있는 용어가 만들어질 때 (recreate 휴양하다, 기분 전환하다 vs. re-create 다시 만들다, 개조하다)가 아니면 접두사 뒤에 하이픈을 쓰지 않는다는 데 동의한다. (이 기본 지침의 예외에 대해서는 p. 149~157의 '접두사' 참고)	
접미사의 하이픈 연결	접미사를 넣어 만든 대부분의 합성어에는 하이픈을 넣지 않는다. 물론 예외가 있는데, 가장 흔한 예외는 하이픈을 넣지 않을 경우 동일한 자음이 세 번 반복될 수 있는 합성어와 고유명사가 들어간 합성어다. bill-less 지폐가 없는 Austin-wide 오스틴 전역 (더 자세한 내용은 p. 157의 '접미사' 참고)	**B N S A**
정기간행물 제목 표기	도서와 학술적 글 표기법에서 정기간행물 제목은 이탤릭체로 쓰며, 큰따옴표로 묶지 않는다.	**B A**
	기사 표기법에서는 신문, 잡지 등 정기간행물 제목을 큰따옴표로 묶거나 이탤릭체로 쓰지 않는다.	**N**
	과학 문헌 표기법에서는 관례상 정기간행물을 본문으로 다루지 않고, 문서 끝에 저자 및 연도와 함께 이탤릭체로 참고 문헌으로 나열한다.	S
제한적인 절/구	제한적인(restrictive) 절이나 구는 그것이 꾸미는 명사를 구체적으로 명시하거나 범위를 좁혀 주는 절이나 구를 가리킨다. The workers who respect the boss do well. 사장을 존경하는 직원들이 일을 잘한다. 이 예문에서, who respect their boss라는 절은 제한적인데, 이 절이 the workers를 모든 직원들이 아니라 '사장을 존경하는 직원들'로 좁혀서 구체적으로 명시해 주기 때문이다. 흔히 쉼표의 유무가 어떤 용어가 제한적인지 아닌지 이해하는 데 열쇠가 된다. The workers, who respect the boss, do well. 이 두 번째 예문에는 who가 이끄는 절 앞뒤에 쉼표가 찍혀 있다. 이 쉼표는 모든 직원들이 일을 잘하며, 그들 모두 사장을 존경한다는 것을 알려 준다. 이 비제한적 예문에서 who respect the boss라는 절은 직원들의 범위를 좁히지 않는다. (더 자세한 내용은 p. 44의 '계속적이거나 삽입된 단어/구/절을 구분하는 쉼표' 참고)	
준 소유격	'준 소유격(quasi possessive)'은 two weeks' notice(2주 전의 통지), a half-hour's pay(30분의 급료), a year's supply(1년분의 보급량), a day's drive(하루의 운전) 같은 표현들을 묘사할 때 사용하는 용어이다. 이 용어들은 관례상 소유격으로 취급하고 아포스트로피를 찍는다.	
최상급의 하이픈 연결	합성 수식어의 하이픈 연결 표준 규칙을 적용한다. 일반적으로, 의미의 명확성이나 가독성에 도움이 되면 하이픈을 쓴다.	**B N A**

	과학 문헌에서, 최상급 형용사(slowest, fastest, longest 등)는 명사 앞이나 뒤에 올 때 하이픈으로 연결하지 않는다. the slowest burning fuel 가장 느리게 타는 연료 the fuel that is slowest burning 가장 느리게 타는 연료	S
치수를 나타내는 표현의 하이픈 연결 (measurement)	크기, 넓이, 길이, 두께, 깊이 등 치수를 나타내는 표현이 형용사로 쓰이는 경우, 의미의 명확성에 도움이 되면 하이픈을 넣을 수 있다. a 300-acre farm 300에이커의 농장 a 40-mile drive 40마일의 운전 a 25-inch waist 25인치짜리 허리 그렇지 않은 경우에는 보통 하이픈을 넣지 않는다. 300 acres 300에이커 40 miles 40마일 25 inches 25인치	B N S A
치수 표현의 하이픈 연결 (dimension)	치수는 하이픈 연결 표준 규칙의 적용을 받는다. 일반적으로 명사 앞에서 합성 형용사로 쓰이는 치수는 하이픈으로 연결된다. an 11-by-9-inch pan 11x9인치 크기의 팬 그러나 다른 문맥에서는 하이픈으로 연결되지 않는다. The pan is 11 by 9 inches. 그 팬은 크기가 11x9인치이다. (p. 138의 '숫자가 들어간 합성 형용사'와 p. 189의 '수를 아라비아 숫자로 쓰기 vs. 단어로 쓰기' 참고)	B N S A
큰따옴표로 묶인 단어의 복수형 만들기	다양한 표기법에서 특정 제목을 큰따옴표로 묶어 준다. 예를 들어, 기사 표기법은 "Casablanca(카사블랑카)"처럼 영화 제목을 큰따옴표로 묶고, 단어를 강조할 때 "if"처럼 큰따옴표로 묶는다. 이런 단어들을 복수로 만들려면 s를 큰따옴표 안에 쓴다. How many "Casablancas" can Hollywood churn out? 할리우드는 〈카사블랑카〉 같은 영화를 몇 편이나 대량으로 만들어낼 수 있을까요? We will hear no "ifs," "ands," or "buts." 우리는 '만약에'나 '그리고', '하지만' 같은 말은 듣지 않을 것입니다.	B N S
큰따옴표로 묶인 단어의 소유격 만들기	큰따옴표로 묶인 단어의 소유격을 만들려면 소유격을 나타내는 아포스트로피, 그리고 적절한 경우 s를 큰따옴표 안에 쓴다. "Casablanca's" cinematography 〈카사블랑카〉의 촬영술	B N S
텔레비전 방송국 호출 부호	텔레비전 방송국의 호출 부호는 모두 대문자로 쓰고, 각 글자에 마침표는 찍지 않는다. The segment will appear on KTLA. 그 부분은 KTLA에 나올 것이다.	B N
합성 명사에서 turned의 하이픈 연결	an accountant-turned-criminal(회계사에서 범죄자가 된 인물) 같은 합성어에 대해 구두법 자문단은 이 단어가 하나의 명사로 쓰인다는 것을 보여 주기 위해 하이픈이 필요하다고 명시했다.	✦

합성 부사	합성 부사는 흔히 하이픈으로 연결된 두 개 이상의 단어로 이루어진 용어로, 동사나 형용사, 부사를 꾸며 준다. 일부 합성 부사는 사전에 올라 있고, 하이픈을 넣어야 하는지 여부가 나와 있다. 사전에 올라 있지 않은 합성 부사의 경우, 주요 표기법들은 하이픈 연결 여부에 대한 표준화된 규칙을 제공하지 않는다. 일반적으로, 글쓴이가 합성이에서 하이픈이 가독성에 도움이 되는지를 스스로 판단해서 결정할 수 있다. (p. 143. 합성 부사에 하이픈을 넣을지 말지에 대한 구두법 자문단의 의견 참고)
합성 수식어	합성 형용사나 합성 부사
합성어의 일부인 소유격	소유격을 포함하는 합성어에는 하이픈 연결 표준 규칙을 적용한다. crow's-nest view 돛대 위의 망대에서 바라본 전망 quail's-egg omelet 메추리알 오믈렛 **B N S A**
합성 형용사	합성 형용사는 둘 이상의 단어가 하이픈으로 연결되어 명사를 수식하는 것을 말한다. a good-looking man 잘생긴 남자 an ill-intentioned woman 악의 있는 여자 a well-known fact 잘 알려진 사실 영구 합성 형용사는 사전에 올라 있어서 하이픈이 쓰이는지 안 쓰이는지 알 수 있다. 사전에 올라 있지 않은 합성 형용사는 임시 합성어라 부르기도 하는데. Chapter 11에 나와 있는 지침에 따라 하이픈을 넣는다. 일반적으로, 명사 앞이나 be동사 뒤에 오는 합성 형용사는 ly 부사가 들어 있지 않다면 하이픈을 넣는다. a snow-covered roof 눈 덮인 지붕 a nicely dressed man 멋지게 차려입은 남자 The man is ill-intentioned. 그 남자는 악의가 있다. (자세한 정보 및 예외 사항은 Chapter 11 참고)
허공에 뜬 하이픈	허공에 뜬 하이픈(Suspensive hyphenation)은 일련의 합성어들이 하나의 요소를 공유하는 것을 가리킨다. a Grammy- and Emmy-award-winning actor 그래미상과 에미상을 수상한 배우 (더 자세한 내용은 p. 140의 '허공에 뜬 하이픈' 참고)

문법 단위 이해하기: 구, 절, 문장, 문장의 단편

구두법을 잘 적용하기 위해서는 구, 절, 문장, 그리고 문장의 단편이라는 기본 문법 단위를 이해하는 것이 중요합니다.

구

문법에서 구(phrase)는 하나의 품사 역할을 하는 단어나 단어들의 무리입니다.

> Jack the accountant was running very fast.
> 회계사 잭이 매우 빨리 달리고 있었다.

위 예문에서 Jack the accountant는 명사구이고, was running은 동사구이며 very fast는 부사구입니다.

참고로, 개별 단어들도 같은 역할을 하기 때문에 구문론적 분석을 위해 개별 단어들도 구로 분류합니다.

> Jack ran fast. 잭은 빨리 달렸다.

위 예문에서 명사구는 하나의 단어인 Jack이고 동사구는 ran이며 부사구는 fast입니다.

명사구, 동사구, 부사구뿐만 아니라 형용사구(beautiful 아름다운, extremely beautiful 대단히 아름다운)도 있고 전치사구(on time 시간을 어기지 않고, 정각에, with great dignity 매우 위엄 있게)도 있습니다.

구는 다른 구를 포함하기도 합니다. 형용사구 extremely beautiful은 부사구(extremely)와 형용사구(beautiful)를 포함하고 있습니다.

절(clause)은 주어와 동사가 들어 있는 문법 단위입니다. Jack ran에서 주어는 Jack 이고 동사는 ran입니다. Jack was running에서 주어는 Jack이고 was running이 라는 구가 동사 역할을 합니다.

독립절은 문장으로 홀로 설 수 있는 절을 가리킵니다. 독립절은 종속절과 구분 되는데, 종속절은 종속 접속사가 이끌고 하나의 문장으로 홀로 설 수 없습니다.

> Jack ran = 독립절
>
> Jack was running = 독립절
>
> If Jack ran = 종속절
>
> Because Jack ran = 종속절

주어는 명사인 경우가 많지만, 항상 명사인 건 아닙니다.

> To give is better than to receive. 주는 것이 받는 것보다 낫다.

위 예문에서 to부정사 to give가 주어 역할을 하고, 동사는 is입니다.

독립절을 식별하는 것이 쉼표 사용법을 이해하는 데, 특히 접속사가 연결해 주 는 독립절들 사이에 쉼표를 찍어야 한다는 쉼표 사용 규칙을 따르는 데 중요합 니다.

> Barbara saw what you did yesterday, and she is going to tell everyone who will listen.
> 바바라는 당신이 어제 한 일을 보았고, 귀 기울여 들을 모든 사람에게 이야기할 것이다.

위 예문에서 and로 연결된 단위들은 둘 다 독립절이기 때문에 사이에 쉼표가 필 요합니다. 두 번째 절이 종속절이면 쉼표가 쓰이지 않을 겁니다.

> Barbara saw what you did yesterday because she was spying.
> 바바라는 염탐하고 있었기 때문에 당신이 어제 한 일을 보았다.

위 예문에서 문장의 두 번째 부분은 because 때문에 종속절이 되어 앞에 쉼표를 찍지 않습니다.

문장

문장(sentence)은 최소한 하나의 독립된 절을 포함하고 하나의 완전한 생각을 표현하는 단위입니다.

> Aaron watched. 아론이 지켜보았다.
>
> Aaron watched with great interest. 아론이 매우 흥미롭게 지켜보았다.
>
> Aaron watched eagerly. 아론이 간절히 지켜보았다.
>
> Aaron watched and learned. 아론이 지켜보며 배웠다.
>
> Aaron watched as Carrie left. 캐리가 떠날 때 아론이 지켜보았다.

완전한 문장은 마침표나 물음표, 느낌표로 끝납니다.

문장의 단편

문장의 단편(sentence fragment)은 문장의 최소 요건을 충족시키지 못하는 단어들의 무리이지만 문장처럼 구두점이 찍혀 있는 것을 말합니다.

> No. 아니요.
>
> Soda? 탄산음료?
>
> Confess? Not me. 자백? 난 안 해.
>
> Jerk. 멍청이.
>
> Beautiful. 아름다워.
>
> He is a great man. Was a great man.
> 그는 훌륭한 사람이에요. 훌륭한 사람이었어요.

문장의 단편은 때로 틀린 것으로 보기도 합니다. 특히 학술적 글에서 그러합니다. 그러나 의도적으로 문장의 단편이 쓰이는 경우가 많은데, 특히 문학적 글에서, 그리고 완전한 문장이 부자연스럽거나 불필요해 보일 때 쓰입니다.

더 나은 구두법 사용을 위해 품사 식별하기

여기서는 구두법 사용에 필요한 품사인 명사, 동사, 형용사, 부사, 접속사, 전치사를 다룹니다.

명사

명사(noun)는 사람이나 장소, 사물을 나타냅니다. 동사의 한 형태인 동명사(gerund)도 명사로 분류된다는 걸 기억하세요. 동명사는 동사에 ing를 붙인 형태로, 문장에서 명사 역할을 합니다. 동명사는 현재분사(present participle)와 혼동하면 안 되는데, 현재분사는 동명사와 형태는 같지만 문장에서 (be동사 등과 함께 쓰여) 동사 역할을 합니다.

> 동명사: **Walking** is good exercise. 걷기는 좋은 운동이다.
> (Walking은 동사 is의 주어로 명사 역할을 합니다.)

> 현재분사: He was **walking**. 그는 걷고 있었다.
> (walking은 행동을 나타내며 동사 역할을 합니다.)

명사는 일반적으로 동사의 동작을 수행하는 주어이거나(Shoes are required. 구두가 필요하다.) 동사나 전치사의 목적어(He wore shoes. 그는 신발을 신었다.; They only serve guests with shoes. 그곳은 신발을 신은 손님만 받는다.)입니다. 그러나 명사는 한정 용법(명사 앞에서 수식하는 용법)의 형용사로도 쓰일 수 있습니다. a shoe store(신발 가게), a milk crate(우유 상자), a broom closet(빗자루 벽장). 이렇게 다른 명사를 그 앞에서 꾸며 주는 것은 하이픈 연결 여부를 결정하는 요인이 되기도 합니다.

예를 들어, 사전에 두 단어로 올라 있는 동사에 대응하는 한 단어의 명사가 있을 때(예: 동사 shut down, 명사 shutdown), 동사를 하이픈으로 연결하거나(the nightly shut-down procedure 야간 폐쇄 절차) 한 단어 명사를 명사 앞에 사용함으로써(the nightly shutdown procedure 야간 폐쇄 절차) 형용사를 만들 수 있습니다.

✚ 구두법 자문단은 대부분의 경우 명사를 형용사로 사용하는 쪽을 선호합니다.

동사

동사(verb)는 행동이나 존재를 나타냅니다.

> Larry **left.** 래리가 떠났다.

> Sarah **is** nice. 사라는 착하다.

> Kevin **wants** ice cream. 케빈은 아이스크림이 먹고 싶다.

동사는 형태가 바뀌는데, 이를 활용이라고 합니다. 동사의 활용형은 행동을 언제 했는지와 주어가 단수인지 복수인지를 나타냅니다.

> Brad **reads.** 브래드는 책을 읽는다.

> Brad and Jerry **read.** 브래드와 제리는 책을 읽는다/읽었다.

> Brad **was reading.** 브래드는 책을 읽고 있었다.

> Brad **had been reading.** 브래드는 책을 읽어 왔었다.

> Brad **will read.** 브래드는 책을 읽을 것이다.

> Brad **will be reading.** 브래드는 책을 읽고 있을 것이다.

동사를 식별하는 능력은 정확한 하이픈 연결을 위해 중요합니다. 많은 용어에서 하이픈을 연결할지 여부는 그 용어가 동사 역할을 하는지 다른 품사 역할을 하는지에 달려 있습니다. 예를 들어, 사전에 따르면 trade-in(신품 구입 대금의 일부로 내놓는 중고품, 그 거래)은 명사입니다. 그러나 동사형은 하이픈을 쓰지 않습니다.

> He's going to trade in his car.
> 그는 자기 차를 웃돈을 주고 신차와 바꿀 것이다.

machine gun(기관총)은 명사로 두 단어이지만, 동사로 쓰일 때는 machine-gun 처럼 하이픈으로 연결해야 한다고 사전에 나옵니다.

> The gangsters planned to machine-gun their enemies.
> 갱스터들은 적을 기관총으로 쏠 계획이있다.

그런 많은 단어에서 하이픈을 적절히 연결할 수 있느냐 없느냐는 그 단어가 동사 역할을 하는지 여부를 식별하는 능력에 달려 있습니다.

분사는 조동사와 함께 쓰이는 동사의 한 형태입니다. 과거분사(past participle)는 be동사, 조동사 have/has/had와 함께 쓰입니다. 과거분사는 흔히 ed나 en으로 끝나지만, 불규칙한 형태도 많으며, 그것들은 사전에 올라 있습니다.

> Ed has **written** a play. 에드는 희곡을 한 편 썼다.

> That store has **closed**. 그 상점은 문을 닫았다.

> Marcia had **known** about the party.
> 마르시아는 그 파티에 대해 알고 있었다.

> I shouldn't have **eaten** so much. 나는 그렇게 많이 먹지 말았어야 했다.

과거분사를 식별하는 것은 특정 하이픈 연결 규칙을 따르는 데 중요합니다. 예를 들어 도서, 과학 문헌, 학술적 글에서 과거분사를 포함한 합성 형용사는 명사 앞에 올 때 하이픈을 씁니다. a moth-eaten sweater(좀먹은 스웨터)와 a little-known fact(잘 알려지지 않은 사실) 등이 그 예입니다. 그러나 기사에서는 의미의 명확성을 위해 필요할 때만 하이픈으로 연결합니다.

> a little known fact 잘 알려지지 않은 사실

> a well worn sweater 낡아빠진 스웨터

> acid-washed fabric 염소 표백제로 가공한 직물

현재분사는 동사에 ing를 붙인 형태로, 보통 be동사와 함께 쓰여서 진행의 의미를 나타냅니다. 그래서 영어로는 progressive participle(진행형 분사)이라고도 부릅니다.

> Beth is **walking**. 베스가 걷고 있다.

> The dogs are **barking**. 개들이 짖고 있다.

현재분사는 수식어로도 쓰일 수 있는데, 특히 문장 앞에서 수식어로 쓰일 수 있습니다.

Barking fiercely, the dogs scared off the prowler.
맹렬히 짖으면서 그 개들은 어슬렁거리는 사람을 겁을 주어 쫓아냈다.

현재분사를 식별하는 것은 위 예문에서 barking fiercely처럼 도입부의 분사구 뒤에 쉼표를 찍는 규칙을 따르기 위해서 중요합니다.

연결동사(linking verb, copular verb)는 주어와 주어에 대한 정보를 연결해 주는 be동사 및 그와 유사한 동사들을 말합니다.

He **is** nice-looking. 그는 잘생겼다.

She **seems** well-intentioned. 그녀는 선의인 것으로 보인다.

연결동사라는 사실은 하이픈 연결에 중요한데, 연결동사 뒤에 오는 단어는 He sang happily.에서처럼 부사가 아니라 He was happy.에서처럼 형용사일 때가 많기 때문입니다. 연결동사 뒤에 오는 합성 수식어는 형용사를 관장하는 규칙에 따라 하이픈을 연결합니다. 하이픈 연결 규칙에 대해서는 Chapter 11을 참고하세요.

형용사

형용사(adjective)는 명사를 꾸며 줍니다. a small house(작은 집)와 a nice person(착한 사람)에서처럼 흔히 형용사는 단어 하나입니다. 하지만 하이픈으로 연결한 합성어가 형용사 역할을 하는 경우도 많습니다.

a **small-animal** hospital 소동물 병원

a **good-looking** man 잘생긴 남자

형용사 역할을 하는 합성어에 하이픈을 연결할지 여부의 문제(명사 앞에 쓰이든 뒤에 쓰이든)는 Chapter 11에서 자세히 다뤘습니다. 일반적으로, 명사 앞에 오는 합성 형용사는 가독성에 도움이 될 때는 늘 하이픈으로 연결합니다. 명사 뒤에 오는 합성 형용사는 하이픈으로 연결하지 않는 경우가 많은데, 기사 표기법에서는 be동사 뒤에 오는 합성 형용사에 하이픈을 연결한다는 예외 규정이 있습니다.

That man is **smooth-talking**. 그 남자는 말을 부드럽게 한다.

형용사가 여러 개 올 때 언제 그 사이에 쉼표를 찍는가 하는 문제는 Chapter 2 에서 다루었습니다. 일반적으로, 등위 형용사(형용사들을 and로 연결할 때 의미가 자연스러운 형용사)는 and 대신 쉼표로 구분할 수 있습니다.

> a nice and intelligent and friendly man
> = a nice, intelligent, friendly man
> 착하고 똑똑하고 친절한 남자

형용사들을 and로 연결할 때 어색하면 형용사들 사이에 쉼표를 찍으면 안 됩니다.

> 맞는 표기: a flashy red sports car 화려한 빨간색 스포츠카

> 틀린 표기: a flashy, red, sports car

부사

부사(adverb)는 동사를 수식하고(She exited gracefully. 그녀는 우아하게 퇴장했다.; He dances well. 그는 춤을 잘 춘다.) When? 의문문과 Where? 의문문에 답합니다. 또 문장 전체나 절 을 수식하고, 형용사와 다른 부사를 수식하기도 합니다.

> He worked **diligently**. → 행동을 수식하는 ly 부사
> 그는 근면하게 일했다.

> He worked **hard**. → 행동을 수식하는 비 ly 부사
> 그는 열심히 일했다.

> He sang **today**. → When? 의문문에 답하는 부사
> 그는 오늘 노래를 불렀다.

> He sang **outside**. → Where? 의문문에 답하는 부사
> 그는 밖에서 노래를 불렀다.

> **Unfortunately**, he sang "At Last." → 문장 전체를 수식하는 부사
> 유감스럽게도 그는 〈마침내〉를 불렀다.

> He ruined a **perfectly** good song. → 형용사를 수식하는 부사
> 그는 완벽하게 멋진 노래를 망쳤다.

> We met a **very** recently divorced couple. → 다른 부사를 수식하는 부사
> 우리는 아주 최근에 이혼한 커플을 만났다.

부사 역할을 하는 단어들이 다양한 품사일 수 있다는 사실을 기억하세요. 예를 들어, today는 부사일 뿐만 아니라(I'm leaving today. 나는 오늘 떠나요.) 명사일 수도 있습니다(Today was wonderful. 오늘은 멋졌다.). 문장에서 어떤 역할을 하느냐에 따라 품사가 정해집니다.

부사와 부사 역할을 하는 다른 단어들을 식별하는 능력은 하이픈을 적절히 쓰는 데 특히 도움이 됩니다. 예를 들어, after-hours라는 형용사는 an after-hours club(영업 시간 후의 클럽)에서는 하이픈을 쓰지만, The club stays open after hours.(그 클럽은 영업 시간 후에도 영업을 한다.)에서는 하이픈을 쓰지 않습니다. 이 문장에서 after hours는 부사로 쓰이는데, 사전에서는 부사형에 하이픈을 쓰지 않기 때문입니다. as is(있는 그대로), arm in arm(팔짱을 끼고), first class(일등석으로), full time(전임으로, 상근으로), over the counter(처방전 없이, 장외 거래로), upside down(거꾸로) 등이 형용사로 쓰일 때는 단어들을 하이픈으로 연결하고 부사 역할을 할 때는 하이픈으로 연결하지 않는 예입니다.

ly로 끝나는 명사, 형용사와 부사를 구별하는 것은 하이픈 연결 규칙을 바르게 적용하기 위해 무척 중요합니다. 주요 편집 스타일들에서 ly 부사는 합성 수식어의 일부로 쓰일 때 하이픈으로 연결하지 않습니다.

> a happily married couple 행복한 결혼생활을 하는 부부

그러나 이 규칙은 ly로 끝나는 명사와 형용사에는 적용되지 않습니다.

> a family-friendly resort 가족 친화적인 휴양지 (family는 명사)
>
> a lovely-faced woman 사랑스러운 얼굴의 여자 (lovely는 형용사)

접속사

구두법을 제대로 사용하기 위해서는 접속사(conjunction)를 두 범주로 생각하면 도움이 됩니다. 바로 1) 등위 접속사, 2) 나머지 접속사들입니다. 주요 등위 접속사는 and, or, but입니다. 나머지 접속사에는 if, because, until, when 등의 종속 접속사가 포함됩니다.

등위 접속사는, 특히 and는 등위 형용사들 사이에 쓰일 때 쉼표로 대체할 수 있습니다.

> a nice **and** sweet **and** friendly man
> = a nice, sweet, friendly man 착하고 상냥하고 친절한 남자

등위 접속사는 독립절들을 결합할 수 있습니다.

> I don't mind grocery shopping in the morning, **but** I hate going to the store during rush hour.
>
> 나는 아침에 장을 보는 건 상관없지만, 혼잡한 시간에 가게에 가는 건 싫다.

> Bob likes the pancakes at the Sunrise Cafe, **and** he speaks highly of a lot of their other menu items.
>
> 봅은 선라이즈 카페의 팬케이크를 좋아하고, 그곳의 다른 많은 메뉴들을 높이 평가한다.

등위 접속사가 독립절들을 연결할 때는, 위 예문처럼 등위 접속사 앞에 쉼표를 찍습니다(절들의 길이가 매우 짧고 서로 밀접하게 연관될 때는 쉼표를 생략할 수 있습니다).

그러나 등위 접속사로 연결된 단위 중 하나가 독립절이 아닐 때는 관례상 쉼표는 사용하지 않습니다.

> I don't mind grocery shopping in the morning **but** hate going to the store during rush hour.
>
> (두 번째 절에 주어 I가 빠져 있으므로, 즉 독립절이 아니므로 등위 접속사 but 앞에 쉼표를 찍지 않습니다.)

> Bob likes the pancakes at the Sunrise Cafe **and** speaks highly of a lot of their other menu items.
>
> (두 번째 절에 주어 he가 빠져 있으므로, 즉 독립절이 아니므로 등위 접속사 and 앞에 쉼표를 찍지 않습니다.)

because, if, until, while 같은 종속 접속사도 절들을 연결할 수 있습니다. 종속 접속사에 쉼표를 어떻게 사용할지에 대한 상세한 규칙은 Chapter 2를 참고하세요. 일반적으로, 종속절이 주절 뒤에 올 때, 대부분의 표기법에서는 두 절 사이에 쉼표를 찍지 않습니다.

> Mark wanted to drive **because** Evelyn had been drinking.
>
> 에블린이 술을 마셨기 때문에 마크는 운전을 하고 싶었다.

종속절이 주절보다 앞에 올 때는 두 절 사이에 쉼표를 찍기도 합니다.

> **Because** it was raining, Mark wanted to drive.
>
> 비가 오고 있어서 마크는 운전을 하고 싶었다.

전치사

전치사(preposition)는 대개 to, at, with, until, in, on처럼 짧지만, between, throughout, regarding처럼 길이가 긴 것도 있습니다. 전치사는 목적어를 취하여 전치사구를 만듭니다.

to the store 가게로

at John's house 존의 집에서

with ice cream 아이스크림과

until Thursday 목요일까지

in trouble 곤란한

on time 제시간에

between friends 친구 사이에

throughout his lifetime 그 사람 평생에 걸쳐

regarding work 업무 관련하여

전치사구는 보통 쉼표로 구분하지 않습니다.

감사의 글
THANKS
TO

구두법 자문단 구성원 여러분, 제 에이전트 로리 앱커마이어,
편집자 리사 웨스트모어랜드, 그리고 이 책의 교정 교열을 보느라
애쓴 숨은 능력자 분들께 깊은 감사를 드립니다.
테드 에이버리, 스테파니 디애니, 마리사 디피에트로 박사,
맥신 누네스, 트리시 콜버트, 도나 스털링스, 조시 제니시에게도
감사드립니다.

저자

준 카사그랜드(June Casagrande)
영문법과 어법을 전문 분야로 하는 미국의 작가. 지금까지 5권의 책을 썼으며, 〈로스앤젤레스 타임스(Los Angeles Times)〉에 주간 문법 칼럼 'A Word, Please'를 연재하고 있다. 기자, 특집 기사 필자, 교정 교열 전문가, 캘리포니아대학교 샌디에이고 캠퍼스 평생교육원(UC San Diego Extension)의 교정 교열 강사로 일해 왔다. 쓴 책으로 《당신은 영문법을 잘 안다고 생각하는가?(Grammar Snobs Are Great Big Meanies, 2006)》, 《치명적인 구문론(Mortal Syntax, 2008)》, 《최고의 문장, 최악의 문장(It Was the Best of Sentences, It Was the Worst of Sentences, 2010)》, 《구문론의 즐거움(The Joy of Syntax, 2018)》이 있다. 캘리포니아주 패서디나에서 남편과 함께 살고 있다. 홈페이지는 www.junecasagrande.com.

구두법 자문단

마크 앨런(Mark Allen)
신문 기자와 편집자로 20년 넘게 일하는 동안 문법과 구두법에 대해 《AP통신 표기법책》의 지침을 따랐다. 기자와 편집자 생활을 그만둔 후, 지침서에 나와 있는 내용과 아울러 사람들이 글을 쓰는 방식을 관찰하면서 문법과 구두점 사용법을 더 넓게 바라보게 되었다. 지금은 오하이오주 콜럼버스 자택에서 프리랜서로 교정일을 하고 있다. 트위터 @EditorMark와 블로그 www.markalleneditorial.com에 매일 편집 팁을 올리고 있다. 미국 교정자 협회(American Copy Editors Society)에서 프리랜서 편집자로는 처음으로 이사회에 선출되었다.

에린 브레너(Erin Brenner)
20년 가까이 다양한 매체에서 일해 온 출판 전문가다. '교정(Copyediting)'의 뉴스레터 편집자이며 그곳 블로그 메뉴에 글을 쓰고 있다. 프리랜서 편집자로도 일하고 있고 Visual Thesaurus에 정기적으로 글을 쓰고 있으며 캘리포니아대학교 샌디에이고 캠퍼스 평생교육원의 교정 프로그램에서 학생들을 가르치고 있다. 트위터 계정은 @brenner, 페이스북 계정은 www.facebook.com/erin.brenner.

헨리 퍼먼(Henry Fuhrmann)
〈로스앤젤레스 타임스〉의 부편집장으로, 교정을 감독하고 사내 편집 표준 및 관행 위원회를 이끌고 있다. 1990년 이후로 여러 부서를 거치며 〈로스앤젤레스 타임스〉 뉴스실 편집자로 일해 왔다. 뉴스 업계에 들어오기 전에 캘리포니아 공과대학(Caltech)과 UCLA에서 공학을 공부한 단어광이자 숫자광이다. 저널리즘에서 두 개의 학위를 가지고 있는데, 캘리포니아 주립대학교 로스앤젤레스에서 학사 학위를, 컬럼비아대학교에서 석사 학위를 받았다. 미국 교정자 협회와 아시아계 미국인 기자 협회(Asian American Journalists Association)에서 활동하고 있다.

폴 리치먼드(Paul Richmond)
세계 최대의 과학, 기술, 의학 출판사인 엘스비어 주식회사(Elsevier Inc.)의 다양한 부서에서 20년 넘게 일하며 역량을 발휘해 왔다. 캘리포니아대학교 샌디에이고 캠퍼스 평생교육원에서 교정 자격증 프로그램의 강사이자 자문으로 15년 이상 일해 왔다. 지역 내 기상 관측소(파블로코 관측소, Station Pabloco)의 소유자이자 관리자로서 미국 기상청을 지원하는 일을 취미로 하고 있기도 하다. 또한 수영장과 바다에서 장거리 수영을 즐기기도 한다. 아내 바바라와 두 마리의 고양이, 개 한 마리와 함께 캘리포니아 라 메사에 살고 있다.

한눈에 정리하는 구두법

CHAPTER 3   마침표

거의 모든 영어의 구두법

지은이 June Casagrande
옮긴이 서영조
초판 1쇄 인쇄 2023년 6월 1일
초판 1쇄 발행 2023년 6월 13일

발행인 박효상　**편집장** 김현　**기획·편집** 장경희, 김효정　**디자인** 임정현
마케팅 이태호, 이전희　**관리** 김태옥

기획·편집 진행 김현
본문·표지 디자인 고희선

종이 월드페이퍼　**인쇄·제본** 예림인쇄·바인딩

출판등록 제10-1835호　**발행처** 사람in　**주소** 04034 서울시 마포구 양화로 11길 14-10 (서교동) 3F
전화 02) 338-3555(代)　**팩스** 02) 338-3545　**E-mail** saramin@netsgo.com
Website www.saramin.com

책값은 뒤표지에 있습니다.
파본은 바꾸어 드립니다.

ISBN
978-89-6049-805-1 14740
978-89-6049-936-2 세트

우아한 지적만보, 기민한 실사구시　사람in